南京稀见文献丛刊

后湖志

（明）赵官 等 编纂

点校 吴福林
审校 濮小南

南京出版社

《南京稀见文献丛刊》学术顾问

茅家琦　蒋赞初　梁白泉

《南京稀见文献丛刊》编委会

总　序

南京是我国著名的七大古都之一，又是国务院首批公布的24座历史文化名城之一。有将近2500年的建城史，1700年的建都史，号称“六朝古都”、“十朝故都”。南京的地方文献是中华历史文化资源的一个重要组成部分，是研究我国政治、经济、军事、文化和民风民俗的重要资料。按照南京市委、市政府以科学发展观统领全局的要求，配合经济发展与城市建设，深度挖掘历史文化资源，做好历史文献整理出版工作，不仅有利于传承、弘扬南京历史文化，提升南京品味，扩大南京知名度，也有利于当前的物质文明、精神文明、政治文明和社会文明建设。

长期以来，南京地方文献还没有系统地整理出版过，大量的南京珍贵文献散落在全国各地的图书馆和民间。许多珍贵的南京文献被束之高阁，无人问津，有的随着岁月的流逝而湮没无闻。广大读者想要查找阅读这些散见的地方文献，费时费力，十分不便。为开发和利用好这一祖先留给我们的文化瑰宝，充分发挥其资治、存史、教化、育人功能，南京出版社与南京市旅游园林局、玄武湖公园管理处联合组成丛书编委会，组织了一批专家和相关人员，致力于搜集整理出版南京历史上稀有的、珍贵的经典文献，并把《南京稀见文献丛刊》精心打造成古都南京的文化品牌和特色名片。为此，我们在内容定位上是全方位、多视角地展示南京文化的深层内涵和丰富魅力；在读者定位上是广大知识分子、各级党政干部以及具有中等以上文化程度的人；在价值定位上，丛书兼顾学术研究、知识普及这两者的价值。这套丛书的版本力求是国内最早最好的版本，点校者力求是南京地方文化方面的专家学者，在装帧设计和印刷上也力求高质量。

总之，我们力图通过这套丛书的出版，扩大稀见文献的流传范围，让更多的读者能够阅读到这些文献；增加稀见文献的存世数量，保存稀见文献；提升稀见文献的地位，突显稀见文献所具有的正史史料所没有的价值。

《南京稀见文献丛刊》编委会

导 读

一

《后湖志》是明代管理南京后湖黄册诸官吏共同努力编纂而成的一部志书。最早由明赵官等编纂。赵官，字惟贤，合州人，正德六年（1511 年）进士。不久，任南京户科给事中，管理后湖黄册。此间，他发现后湖所藏黄册的重要性及珍贵性。“黄册，所载人丁、事产二者，其经也；旧管、新收、开除、实在四者，其纬也。”（杨廉《〈后湖志〉序》）黄册，记载天下户籍和田赋，切实关乎民生。而且，至正德时，洪武以来册籍，全国各地多散逸废缺，惟后湖独全。加之，多年来积累了许多黄册管理制度和经验，赵官简直赞叹为“尽善”矣。于是，“给事赵君惟贤……谓湖中诸例甚多，不有以集之，将至于散乱而不可收，磨灭而不可考矣”（同上）。正德八年春，赵官乃偕主事张君济宽极力搜罗，参互考订，着手此志。历时两年，于正德九年秋，经过八易其稿，乃成。全志共八卷，诗文附录二卷，为版总七十有奇。

至嘉靖年间，近 40 年下来，“旧板脱落者半，不堪展阅。凡其所当续与其所未备者，亦复阙如”（万文彩语）。嘉靖二十八年（1549 年），南京户科给事中万文彩又偕同给事中李万实等，在赵志的基础上，重加修辑。“事迹仍为三卷；事例五卷，今增其二，为七；古今文艺别为一卷，以附其后。”（万文彩语）万文彩，生平不详，进士出身，嘉靖二十五年为成安知县，后任给事中。从现存志书来看，续志增补了后来的大量内容，成十一卷，凡30余万言。

据志书所列名单以及现存志书，《后湖志》还有第三次重修。重修者为陆凤仪，南京户科给事中。这次重修，只略作增加，分量不大。陆凤仪，生平不详，只知其为南京户科给事中，嘉靖四十一年在任。

古代修志，多为政府官员主持，邀约名家高手担纲，而这部《后湖志》却宛如当今修志格局，由政府主持，政府各部门抽人编写。这大概是由此志的内容，多为官方文件，外界很难涉足，而决定的。

这些官员虽然责任不小，事务繁忙，却职位不高。正由于此，《后湖志》的一些主要编纂人员，如赵官、万文彩、陆凤仪等，知名度不高，存史资料亦少。其中惟赞成此举、参与校勘、并为之作序的罗钦顺，乃为“江右”大儒，明代重要思想家。罗钦顺（1465～1547年），《明史》有传。其略云：泰和人，字允升，自号整庵，学者称“整庵先生”。弘治六年（1493年）进士，授编修，迁南京国子监司业。以犯宦官刘瑾怒，被夺职为民。瑾诛，复官，历任南京太常少卿、南京吏部右侍郎、吏部左侍郎、南京吏部尚书。父死还乡，不再仕。里居20余年，足不入城市，潜心格物致知之学。钦顺为学，专力于穷理、存心、知性。治理学，主理得于天而具于心，理气本是一物，气为宇宙万物之根本。其时王守仁“良知”说盛行，钦顺以为“见闻之知不可废”，与书守仁往复辩论。著有《困知记》。

赵官为修志与之谋划、得到鼓励、参与校正、并为之作序的杨廉，亦为知名学者。杨廉(1452～1525 年)，《明史》亦有传。其略云：丰城人，字方震。父崇，受业于吴与弼门人胡九韶。廉承家学，早以文行称。成化末年进士，弘治三年授南京户科给事中，迁南京光禄少卿。正德初，就改太仆，历顺天府尹。明年，擢南京礼部右侍郎。嘉靖初，就迁尚书。廉与罗钦顺善，为居敬穷理之学，文必根《六经》，自礼乐、钱谷至星历、算数，具识其本末。学者称“月湖先生”。

罗钦顺、杨廉皆为学执着，为官正直，为人刚烈。物以类聚，人以群分。以此，当窥赵官、万文彩、陆凤仪等一斑也。杨廉在序中，就给赵官为政有八个字评价：“在言路直，谅持大体”。

二

《后湖志》，实为我国千古志坛一朵奇葩。

以内容视之，此志虽以“南京后湖”为名，却绝非一般而言山川类之湖志。民国《首都志》将其归入地理类山川属，显然欠妥。全志虽有记载“后湖沿革”、“后湖形胜”者，仅寥寥数千言而已，而绝大部分内容“专以国家版籍为主，朝廷制度禁例为重”，收录一些诗文，着眼点也在于“湖中故实”，还附于卷末。编纂者说得极为明白:“今以此书为本朝册府而作,非其他志书可比。”(以上引文皆见《凡例》)故而南京户科给事中乐頀在跋中说:“《后湖志》,志一湖之事耳,而凡为天下国家之志者,莫大于此志。……此书之志,实天下之版籍,而生民之息耗见焉。天之立君,君之设官,凡以为民[生]民之息耗,则气运之盛衰,政治之得失,从可推矣。一展卷间,而天运、人事了然在目,可警可鉴。天下国家之为志,孰有大于此哉!”此后,虽有多部名为“后湖”、“玄武湖”的志书,如清王作械等纂《后湖志》、民国夏仁虎纂《玄武湖志》,都是名符其实的山川类小志。而明《后湖志》貌似小志,实为大志,以湖为名,实记湖中全国黄册收藏,此种情况,在我国浩如烟海的历代方志中确为罕见。此其一奇。

《后湖志》的准确志名,其实应如《千顷堂书目》所载,为《后湖黄册志》。户籍的黄册制度,始创于明朝。明洪武十四年(1381 年),诏天下府、州、县编赋役黄册,册凡四:一上户部,其三则分别存于布政司、府、县。上户部的清册,册面黄纸,故称黄册。黄册制度,是我国封建社会后期比较高级、系统的户籍赋役制度。南京礼科给事中在跋中说:“自有山川即有此湖,而版藏则自我朝姑[始]。自置版藏即有此文实,而志则自此编始。”这句话用今语诠释,后湖作为国家专业档案馆始于明朝,而《后湖志》则为我国目前现存最早的一部国家级专门档案馆馆志,对研究明代黄册、人口、土地、赋役,具有重要参考价值。此二奇也。

后湖黄册库，至明末，已有库房900余间，黄册170万余册。其规模，不但在我国古代首屈一指，即使在世界古代档案馆历史上也堪称最。后湖所存黄册，后湖公署所存旧时案卷，极为宝贵，即使当时也非一般人可见。可惜的是，明朝末年，随着明朝衰亡，清军逼近南京，南明弘光小朝廷竟然以黄册作为抵御工具。在战火中，南京后湖黄册毁于一旦。《后湖志》重点记载了南京后湖黄册数目、户口、事产、库架和进册衙门，黄册职官和巡湖职役，后湖界址和公署，以及历年有关黄册管理和库房修建等的职臣题奏、皇帝敕谕，除了本身原有的珍贵性，更成为逾加珍贵的活化石。要了解明代黄册制度，唯读此志，别无他途。此三奇也。

三

赵官原编志书，今已不见。今日所见，乃为经过万文彩等续编、陆凤仪略有增补的《后湖志》。具体说，有三个版本：

明刊本，美国国会图书馆藏；影印明刊本，南京图书馆藏，未见刊本年月；

手抄本，即明刊本的手抄本，南京图书馆藏，未见手抄年月；

影印手抄本，即影印上述手抄本，江苏广陵古籍刻印社1987年11月出版。

三个版本，实出于一。明刊本（包括影印明刊本），为母本；手抄本，抄者尊重原本，基本上字按原字，行按原行，页按原页，照本实录，除缺漏依旧外，原本中17幅图皆作缺页处理，而错字、怪字等等皆照样依葫芦画瓢；影印手抄本，所选原本较差，常有页面漫漶，亦有影印不全页面，如下侧、右侧漏印半字等等。这次点校，本应以明刊本为依据。但是，影印明刊本，年代久远，字迹往往不十分清晰，看起来比较吃力，加之纸质已经发脆，已不忍、不能多所翻阅。至图书馆阅读，还有诸多限制。在这种情况下，只得求其次而选择以手抄本为主要点校依据。手抄本，虽总体完好，字迹清晰，但是，手抄30余万字，亦很累人，难免错漏，遇有疑难，再以影印明刊本查对。点校应该绝对尊重原著，要让读者看到原貌。为此，凡是手抄本的错处，在依据影印明刊本改正的同时，皆加注说明。个别错页，如志中卷十有两个三十三页，手抄本置于前后连接，显然不对。现按影印明刊本，将其中一个三十三页"年方行解齐……所费不多，有"移后至卷十的一百卅二页之后，便通畅了，文中不再加注说明。

手抄本，保留了明刊本的重复、缺漏和增补痕迹。如卷十有缺页（如123页、124页、128页、130页等），有重页（如129页、131页等），有乱页（如132页后接33页、34页；又，万历二十三年、二十八年、三十七年、四十年、天启元年题奏，俱各篇独标立页码，一页、四页、七页、二页、五页等等），乃至独立一页不标页码者（如南京户部尚书郑□题本）。卷十一收录诗中，在"皇明"朝下，归有古风、五言律诗、七言绝句、七言律诗数类。七言律诗后居然又出现古风、五律、七律，且有混杂。如此种种，是否为陆凤仪"重修"烙痕？再者，目录中卷十仅列到嘉靖四十一年，而正文中尚有隆庆、万历、天启年间多年题奏。以上种种，看来都可能是陆凤仪的“重修”之处。

所谓点校，一是标点，仅是还原古人句读是不行的，力求在彰显原意的基础上，同时兼顾当今标点习惯和读者的接受能力，尽量面向大众。一些题奏，长达数千言，尝试作分段处理。一是校勘，本应寻求不同版本，对照比较。点校者在这方面也作了一些努力，发现不少异处错处，详见志中注释。但是，志中大量题奏，就无力查对了；还有众多明代管湖官吏的诗作，因作者文名不显，或无留存，无法查对。

最难的是字。字本无难，依法可处，但错字较多，便生疑问：是用字习惯差异，还是真错？如为真错，虽然改对了，但志书已失原貌，令读者不识原本优劣；如若未错，反而改错，那真过莫大矣。因而，保持原貌，不厌其烦，加注说明。古人用字，喜用通假（如“搬”写作“般”），喜用俗字（如“职”写作“軄”），喜用古文本字（如“宇”写作“寓”），还有用字过僻之处（如“留”，《说文》作“畱”，俗字作“畄”，或“畄”，却偏写为古钱币上的变体“畱”），这些皆无可厚非。但用字随意而为，就极不规范了。如“栋”写作“楝”，而“谏”又写作“诛”，“阑”又写作“闲”，随手改正，并不费事，却失原貌。一般皆已改正，却保留了几个互用字，以见其随意性。如“班”和“斑”、“答”和“荅”、“奈”和“柰”、“俸”和“奉”等。还有不少生造字，有把握者径改，如“佞”写作“倿”，“寖（今作“浸”）”写作“寖”；没有把握者保留原字，如“栞”、“宕”等。还有的字，一字多解，如

"讙",是"欢"的异体字,又通"喧"。"兀坐公除午梦残,龙舟深锁寂无讙。"(艾希淳《宿湖直重五》)从诗韵着眼,似是"欢"字,从文意来看,又当是"喧"字。只好保留原字,让读者定夺。

点校《客座赘语》时,还年近七旬,如今却已真正"老"矣。这个年龄的人已无意钱财,只想踏踏实实地做些什么。只要有益于世,便于愿足矣。这个年龄的人做事都是认真的,做什么事都想尽量做得好些。在濮小南先生悉心审校和对冷辟古字及稀见典故的注释,南京出版社卢海鸣先生的鼓励下,终于完成了此项工作。

在此,还需要感谢的是大力协助点校的江苏省地方志办公室黄静女士和南京图书馆张琪敏女士。她们不计名计,仅仅出于友情,出于对地方文献的热爱,对点校工作,付出了辛勤的劳动。

吴福林

2010 年 10 月 6 日于蜗云阁

目　录[1]

---

①　原书中目录从“卷之一”开始，前有序、敕谕、《明远堂记》、《凡例》等，未列入。为读者阅读方便，今俱补列。原书目录卷十内容有缺，卷十一及后面的“跋”等均未列，今亦补列。

②③　原书无题。

卷之三

卷之四

卷之五

卷之六

卷之七

卷之八

卷之九

卷之十

卷之十一

---

① 大类：疑为“文类”，正文同。

② 原文无题。

《后湖志》序

太祖高皇帝建都金陵，藏天下黄册于后湖。至太宗文皇帝定都北平，诸司庶务类多随驾以北，独后湖之藏不动如故。祖宗深谋远虑灼见于此，故都可迁而藏册之所不可改。不然，辇毂之下，知顺天畿辅之近如真保定之类，何为而不之京师而必之南京乎？盖后湖之周遭四十里，中突数洲，断□□尺，由是而库于其上，由是而□于其间，诚天造而地设者也。其为图籍万年之计，殆无逾于此矣！给事赵君惟贤来莅后湖，谓湖中诸例甚多，不有以集之，将至于散乱而不可收，磨灭而不可考矣。乃偕主事张君济宽极力搜罗，加诠次焉。既成，以《后湖志》名其编，复征廉序之。夫今制，黄册所载人丁、事产二者，其经也；旧管、新收、开除、实在四者，其纬也。事产，著田赋轻重之数，□流于《禹贡》，九州厥田九等、厥赋亦九等之法也。人丁，著户口登耗之数，权舆于《周礼》，三岁大比，献万民之数于王之意也。然黄册之田赋，乡有所分，邑有所别，殆不止于举九州，而概言之，则密而详矣。黄册必十年一造，而民数无□岁之献，则简而要矣。岂□□□□□□□□。廉弘治中至癸丑日月□□□□□□□□之余，惟时于波光万顷之间，仰本朝版籍既极其善，而藏之又极其善，以为即此一事，亦足以见其高出千古矣！然则，兹志之成，所系岂小哉。赵君，合州人，正德辛未进士，传胪，在言路直，谅持大体。志凡八卷，诗文附录二卷。君之初意，欲如司马温公编《通鉴》例，不收诗赋，一主于严。或谓是亦足以备湖中故实，欲务于博，君虽不用以入正志，然竟收之，盖取中云。

正德八年，岁在癸酉春正月中旬，赐同进士出身、中顺大夫、南京通政使司右通政、前南京户兵二科给事中、翰林院庶吉士、丰城杨廉序。

《后湖志》序

金陵之有后湖，其来尚矣。后湖有库，宅中洲之爽垲，以藏天下之图籍，则出我圣祖之神谋远虑，所以诒之万世子孙者。顾其地禁，其库管，其法久而益详。而记载无文，宁非阙典？合州赵君惟贤以名进士擢南京户科给事中，来莅湖事，爰始作志；户部主事、眉州张君济宽相与参订以成。于是，湖之源流，库之规制，图籍之目，官职之□，禁令之条，莫不粲然可见。赵君既征月湖杨先生之序，以冠于篇端矣。及是，始命工锓梓，图永其传。乃持副本示余，属缀一言于其后。钦顺披阅之，既窃以为斯志之作不徒然也。自今以往有事于湖上者，既得有所据，以适夫损益之宜，以谨厥藏，将永永无弊。缙绅君子有志于斯世者，亦得有所考，以知夫民生之庶。其于图惟殷阜，容不既厥心乎？盖所书虽不出于一湖，而其所关系可谓远且大矣。以赵君之明达，固宜惓惓于是也。志凡八卷，而附录诗文二卷。读之，又可以想见湖中景物之胜，乐近同于鱼鸟，忧远系于庙堂。庶几有若人焉，亦可以想见其风采也。于戏，将欲奉延圣祖之德！微斯人，吾谁与归，庸书以为后序。

正德九年，岁次甲戌秋七月二十一日壬午，赐进士及第、中顺大夫、南京太常寺少卿、前国子司业、翰林编修、经筵官、泰和罗钦顺序。

敕谕一道

敕南京户科：先该户部题称，国赋重事，系于黄册。往年民间攒造，多被里书人等变乱户籍，埋没军匠，飞洒税粮，诡寄田地，漏报人丁，脱免差徭，那移里甲，以致版图日消，人民益困。兼以纸张粉饰，差错稽迟，为弊多端。兹当十年大造之期，今特命尔严督所属，躬责稽查；参互磨算，专一管理；攒造黄册，刻期编造。务将各项弊端尽行裁革，俾图籍有据，赋册均平，以称朕均国足民之意。造完之日，奏缴以闻。如或因循怠忽，凭信奸宄，变乱旧规，致起弊端，听尔指名参奏。尔其慎之慎之。故敕。

广　运

万历十一年七月二十三日

之　宝①

---

① 宝：手抄本误写为“实”，据影印明刊本改。“广运之宝”，为帝玺印文，钤于敕谕等皇帝行文、命令。又，手抄本将“天启”年月日并帝玺，印文排于“万历”之前，此据影印明刊本改。

敕谕一道

敕南京管理黄册科道等官：十年大造黄册，系国家重务。近来各省委官管理督造，往往视为故事，完解愆期。该科臣建言，欲照营务事例，给敕以示专责。特允所请，今命尔等专管大造黄册事务，查照该部节年题准事理，移文各该抚按官，转行司、道、府、州、县该管官员，照式开造，勒限完解。如有变化、埋没、飞洒、诡寄、那移、脱漏等弊，即照例查驳；有违限未解者，通行助俸，严限督催；已解在道者，严并批回，获日方准开俸；未完者，通限十二月以里解部送湖。如仍故违，听尔等指实参究。若州、县册已解府而府有延阁，府册已解司而司或愆期，则罪坐所由，听抚按官查提问罪。若抚按官市恩宽纵，亦听科道官指名参奏。尔等受兹委任，须持法秉公，殚心竭力，务使册籍早完，版图咸正，庶称任使，毋得徒事虚文，苟且塞责。尔等其慎之。故敕。

广　运

天启元年三月　　日

之　宝

明远堂记

明兴，收天下图籍，贮之玄武湖，设科部官各一人，专司其事，著为厉禁。圣祖神谟，所以为万世子孙虑，至深远也。湖在南京太平门外，距东南城阙可半里。是为湖口济渡之处，旧有检阅厅王[①]楹。厅之前一楹，名曰式民堂。库隘，又周缭以垣，不见湖，而莅湖事者每出入，坐堂上稽剔。府[②]史诸役奸伪，始用关防付舟人，递呼之，印其面手以待验。然弊在接睫间，且垣隔，莫可悉辨也。武进翼云吴君，以名司理征入为南京户科给事中，莅湖事博大而精明，卓著风采，乃于检阅厅前建屋三楹，倚城而面湖。颜其堂曰明远，以见志焉。而诸后从堂下过湖，辄又更关防为竹筹，标识而膏涂之。人给一筹，乃渡；否则，禁止。于是，湖之稽剔益严，出入以度。而登斯堂者，轩豁神爽，帘栊[③]外山色湖光，一望辉**瞙**，目前无复面墙之隔矣。丁亥秋，吴君偕户部主事刘君诣阙，复命归，而是堂适成，属予为之记。予惟吴君列南省，为天子耳目臣。其所献替，关宗社生灵，至计将不可胜书，区区一厅事之更

---

① 王：当为“三”字之误。

② 史：疑为“吏”字之误。

③ 栊：手抄本缺，据影印明刊本补。

建，曾何足记？顾君所以名堂之意，则所系有大者焉，予不得而天[①]言也。夫天下之患，莫大于壅蔽。壅蔽不去，则虽几席之近，犹有遗瞩，矧四海九州之辽邈乎？虽事之闻且见者，不免以曲蔽之，矧幽隐倚伏之畿微乎？昔汉地节间，宣帝励精综核于上，而丙魏为之相，然胶东王成犹得以伪增户口蒙赏。以是知版籍之登耗，虽当时综核，亦有所弗能尽，而闾阎疾若[②]愁叹之声，固安得一上闻也。比者，皇上恩同尧舜，虽喘拱九重，而聪明恒见。万里[③]北[④]水旱，诏旨所以蠲赈之甚厚。顾今又告亟矣！麦秋未期，米价腾踊。两都下已嗷嗷待哺；而东陕河洛间，人犹相食；苏湖诸大郡，饿殍盈野。有可拮据，廪粟□粥以少延赤子旦夕之命。不知筹国者将奚以复请于上？破格蠲赈极捐瘠之众，而销未形之患也。夫此目前事耳！天下固有势之极重所必反，而法之已穷所当变，安危治乱之机，庸众人之所因循苟安，侥幸无事，而荩臣哲士所惶惶，以为迄今不理，不致于大坏极敝不丘者也。古之君子，其心公平天下，故内不障于有我，外不障于有人。人我无所障，故耳无私听，目无私视，而合天下以为视听。是故，虚明之体通宇宙为一身，而长虑却预不遗于千万世之远。吴君之为是堂也，岂不以我为天子耳目臣，宜周知乎民隐，以直告之乎上，休戚与共，然后能称塞吾职。如一厅事之壅蔽，时凡席间

① 天：当为“矢”字之误。

②④ 若：疑为“苦”字之误。

③ “万里”后，或有缺字。

④ 北：手抄本缺，据影印明刊本补。

耳，犹有遗嘱，谓九重何故？祛其面墙之隔，而扩以旷达之观，君之所以寓意于兹者，遐哉眇已。君洞悉民隐，其于目前间阎疾若[4]愁叹之声，固已一一上闻，俾待哺之众藉以生全，而四海九州之辽邈，幽隐倚伏之几微，所以为宗社生灵千万世计者，夫岂无慨于中者乎！予故曰，君之所以名堂意，盖所系有大焉。余不得而无言也。是后也，创议于吴君之鹏、刘君绮。二君入京，而代事者则刑科给事中徐君桓及户部主事前黄君文炳、今梁君鵬[1]。其工费盖甚省云。

万历戊子岁季春月望，赐进士、奉训大夫、右春坊、右谕德、掌南京翰林院事、前右中允、两京国子司业、翰林修撰、纂修国史会典兼理诰敕、经筵官，庐陵习孔教撰。

---

① 鵬："鹏"的异体。

岁辛亥，余承乏督册之役，□□□令甲天下版籍，凡十载而一献天子。天子嘉纳焉，属之藏府，时维后湖。后湖者何？古所称玄武者也。明年，为皇上御宇之四十年，郡国复当以岁事进。先期缮修，涉而胥宇。奔奏加数，焉讨故实？而贞崧之守者，以志应。举筴，则韦脱；引贯，则简蓰。篇目徒存，旧章莫考也。余乃峙粻鸠工，庀梓杀青，需以期月。爰政亥鲁，披揽纪载，粲乎全书，宜叙其志。余惟留京雄概，钟阜龙蟠，石城虎踞，长江列堑，淮海扼津，尽人伟之。若乃玄武一湖，豁如天辟，镇若神诃，函玉镜于坤垠，炳灏灵于围簿，阴阳之气，盖有特钟者矣！高皇帝定鼎金陵，系自泰畤明堂，以迄埤壝，景观靡不相隩纬，奠重址而维黄册，则寄水一方。文皇帝更浣日月，再剂方宇，昭前之光，因革大备，缵丕绪于燕都，鼎吕俱北，建本振枝，无大民数者，乃此湖之制特如故皇哉。烝哉，岂徒以据胜宅奇远，苏㸅便周御而已。二圣于册不啻重哉，重民耳，然民等也。国初，天下方定，藩维经始，营建繁兴，皇祖赋胜国之籍，而轻重之民不称病。成祖深犹远虑，卜鼎营都，再见兴革，创夷耆夏，大师娄勤，民不称扰。我皇上承熙洽之余，既庶且康，御以神明，海滏不波，燹燧无恐，阛阓晏如，而幅员有加焉。意如汉田租半三十取一之诏，可下也。然而司农时告匮水衡钱，岁不继。牧圉枵腹。期门佽飞日弱。百姓皇皇，杼轴其空。何哉？且上下已交困矣，民犹不务其所生。富者，或割膏腴为游观，坟墓居家，拟于王者，不耕之地倍于耘耔。夫一夫有三亩之园，则终身不饥。令一家而弃田数百亩，是一岁而捐数世之入也。且家一而岁输数世之供，其何堪？又况臧获婢妾服食器用之物，且称是乎。天下**嚣嚣**，重不可返。县官督责不前，下亦作奸避征，**縒**[1]不暇给。贫民不聊生，易与为非，而内帑之征必如额。如是，而欲国不贫，天下无事，胡可得也？方策烂焉，奚裨朽索，司是册者惧已。吾为此惧，乃所以志也。

万历辛亥冬十月，赐进士、文林郎、署后湖事南京兵科给事中，大梁高节识。

---

① **縒**：音义均同"参差"之"差"。

《后湖志》凡例

一、此书之编，专以国家版籍为主，朝廷制度禁例为重。凡事之不关于此者，不敢滥入。

一、凡为志者，必先分野。后湖本《禹贡》扬州之域，星分十牛，载之天文地理志者可考。今以此书为本朝册府而作，非其他志书可比，故不暇及此云。

一、后湖，自吴以来已有名号，今略采史传所载者，著于篇端，以备参考。

一、各年黄册户口事产之数不能尽纪，今姑载国初及弘治十五年、嘉靖二十一年定数，以见登耗之实，庶几有迹可据而足以信后也。如洪武初年据诸司职掌《大明会典》，弘治十五年、嘉靖二十一年据本湖□奏之数是也。

一、事例，多因旧时案卷，录其实也。于中颇加删削铨次，润以夹也。

一、湖中诸例甚多，岁久，寖以磨灭散逸，立难遍考，今[①]特以旧案所存与今闻见所及者，编入志中。其所不及，以俟君子。

一、志书类有题名，如名宦人物之例，所以存姓氏、备考

① 今：手抄本误写为“人”，据影印明刊本改。

索也。本湖官职，国初自侍郎带管，其名已无可考。宣德以后，虽专设给事中主事，然亦更替不常，南大查之职，抑又甚焉，故今不敢编。

一、湖志主严，诗文不当收入，或谓此亦以备湖中故实，故略存之，以附卷末云。按：后湖，即晋宋以来已有题咏，或专本湖之事，如颜光绿①《北湖应诏》诗、李白《游北湖感古作》②之类是已；或因咏事而带言之，如陶靖节"昨日北湖花"③、太白"空余后湖月"④之类是已。今以其自前贤，当收之以备参考。若本朝诗文，则不在此间。

一、中洲地势广阔，册库之制，规模宏敞，列⑤整密，环以湖光树色，望之如画图。今以朝廷禁地故，特于后湖图中隐然见之，盖不敢详备其制，而别为一图也。

---

① 颜光绿：当为颜光禄，即颜延之，因官青紫光禄大夫，故称。其诗全名为《从上乐游苑中观北湖收田勤苦应诏》，见后诗文卷。

② 李白诗：全名为《春日陪杨江宁及诸官宴北湖感古作》，见后诗文卷。

③ 陶靖节：即陶潜，诗句出自李白《新杜浦阻风寄友人》。此处误记在陶潜名下。"北湖花"应为"北湖梅"。

④ 太白：即李白，诗句出自《金陵》，见后诗文卷。

⑤ "列"字前，原文似缺一字。

后湖，旧未有志。正德癸酉岁，合州赵君惟贤来莅事，爰始创为于事。湖之沿革、建直、条章、艺藻，莫不粲然备具，今得以有所持循遵守焉。其搜罗，良以勤矣。自癸酉迄今，将及四纪，旧板脱落者半，不堪展阅。凡其所当续与其所未备者，亦复阙如。文彩承乏，滥职斯事，窃惧其久而浸灭，后将何稽，乃商于同寅诸君，相与重加修辑。事迹仍为三卷；事例五卷，今增其二，为七；古今文艺别为一卷，以附其后。虽其中小有增易，大要悉仍赵君之旧，视昔盖加详矣。夫后湖，为前代盘游之所。我国家以之收藏图籍，其地禁，其事重，其法整而益详。是我圣祖之訏谟与虑，良可仰窥，而其所谓持循遵守者，盖兢兢乎与日俱新，不无望于典守者之恪且励也。稽古以准今，册务湖政，岂无有因循玩愒而寖失其初意者乎？噫，弊也久矣！惟恪则慎，惟励则严。慎则职守敦，严则奸魄褫。振制宿弊而恢复成观者，是其庶矣乎。使徒循期而入，会餐而归，日棹尽舫而泛泛于凫鸥莲蒲之间，其于政务漫焉不省，则是亦盘游而已矣，宁不重可惧哉！夫惟据其实而录之，其善其弊，其当行其不当行，以为稽古准今者取则焉，则斯志亦奚可少也？予故续而梓之，因以纪夫岁月云。

嘉庆己酉仲秋，临安万文彩谨识。

南京户科给事中、合州赵官编次

南京通政使司右通政、丰城杨廉

南京太常寺少卿、泰和罗钦顺校正

南京户部广西司主事、眉山张愈严同校

南京户科给事中、临安万文彩

南京户科给事中、南丰李万实重修

南京户部广西司主事、江陵刘大武重校

南京户科给事中、滇南郭斗

南京户部广西司主事、关中王学谟重刊

南京户科给事中、兰溪陆凤仪重修

南京户部广西司主事、番禺王道广重校

南京户科给事中、益都张焕

南京户部广西司主事、顺德郑昊

南京户部江西司郎中、莆田方沆同校

卷之一

事迹一

后湖沿革

谨按:版图重事,后湖胜地。载考古今民数,惟汉及本朝为盛,而藏得其地,则未有如今日者也。谨因闻见所及,略采史传之纪录者,辑后湖沿革、后湖形胜、民数考略三篇于一书之首,以备稽考。后之君子,其将详览于斯焉。

后湖之号,汉末之闻也。吴赤乌四年,凿青溪,泄后湖水。《实录》:辛酉冬,凿东渠,名青溪,通城北堑湖沟,阔五丈,深八尺,泄湖水①。宝鼎二年,开城北渠,引后湖水流入新宫,巡绕殿堂,其名始著。后又名练湖,晋元帝创,出湖以肄舟师。大兴三年,始创北湖,筑长堤以壅北由之水,东自覆舟山,西至宣武城,六里余。宋文帝元嘉二十三年,堰习武湖于筑②游苑。筑北堤,立习武湖于乐游苑之北。湖中亭台门所③。二十五年,黑龙见,因改玄武湖,立庙祀焉。四月丁丑,□④龙见于湖南。五月戊戌,黑龙见。因改玄武湖。立三神山于湖中,春秋祀之。寻立浮泽庙于湖侧,号黑龙潭庙,祀之。宋绍兴中,祷雨辄应。张焘以闻,因赐额。张永开玄武湖,得西汉甄邯墓。永开

---

① 《实录》:即唐许嵩著《建康实录》。此句原文为:(赤乌四年)“冬十一月,诏凿东渠,名青溪,通城北堑潮沟。”

② 筑:当为“乐”字之误。

③ 门所:误写,据《景定建康志》引《古迹编》,当为“四所”。

④ 缺字:据《建康实录》,当为“青”字。

湖，遇古冢。冢上得一铜斗，有柄。文帝以访朝士，著作即向①承天曰："此亡新岁②斗。王莽时，三公亡，皆赐之。一在冢外，一在冢内。时三台居江左者，惟甄即③为大司徒，必邯之墓无疑也。"又启冢内，更得一斗，复有一石，铭云"大司徒甄邯之墓"。孝武大明三年，筑上林苑于玄武湖北。又于湖侧作大窦，通水入华林园天渊池，引殿内诸沟，经太极殿，由东、西液④门下注城南堑。故台中诸沟水，常萦回不息。五年，阅武于湖西。七年，诏于湖中大阅水军，因号昆明池，而俗亦呼为饮马塘。元徽中，建平王景素举兵，萧道成出屯焉。齐永明二年，车驾幸玄武湖。十月，幸青溪宫，设金石乐，在位者赋诗，遂幸玄武湖。梁太清中，侯景举兵，引湖水以灌台城。太平元年，徐嗣徽引齐兵至湖。陈大建十一年，宣帝阅武于大壮观，命任忠帅师陈于湖。至德四年，后主幸湖阅武，燕群臣，赋诗。唐乾元中，诏于太平桥东接青溪、北通后湖者，置放生池。池凡八十一所，有碑，昇⑤州刺史颜真卿文。宋淳熙间，史待制正志□⑥青溪，阁于上云。南唐冯谧欲乞后湖，未果。谧爱后湖之景。一日，举玄宗赐贺监三百里镜湖，曰："余非敢望此，但德⑦赐后湖，亦畅平生也。"徐铉怡声面⑧对曰："主上尊贤下士，常若不及，岂惜一后湖？所乏者，知章耳！"冯大惭。宋天禧元年，丁谓请减城北后湖租贯，从之。自后稍废为田，开十字河，立四斗门，以泄湖水。□⑨河为桥，以通往来。岁久，湮塞。四年，改曰放生池。按：旧《图经》：唐乾元中，已置此池。此盖复其旧耳。熙宁八年，王安

① 即、向：当为"郎"、"何"之误。
② 岁：据《南史》，当为"威"字。
③ 即：当为"邯"字之误。
④ 液：当为"掖"字之误。
⑤ 昇：手抄本缺，据影印明刊本补。
⑥ 缺字：据《景定建康志》，当为"移"字。
⑦ 德：似为"得"字之误。
⑧ 面：似为"而"字之误。
⑨ 缺字：据《景定建康志》，当为"跨"字。

石奏请废湖为田，奉敕依允。奏状见第九卷。绍兴二年，赵善湘增收后湖田租，遂为例。按此：则废湖为田，盖始于王安石；增收后湖田租，则始于赵善湘也。淳祐十年五月，增先贤祠，拨后湖田七千余亩。元大德五年，下钟山乡开后湖河道。盖自是以后，惟有一池，而他皆菑畲之所也。国朝平定海宇，始贮天下册籍于湖之中洲，防范有法。见后。遂为一代禁地，人不得窥伺矣。

后湖形胜

湖，在京城之北，太平门外，周回四十里。其外，名山大川，掩映如画。《南唐迩事》①：金陵，北有湖，周回数十里。名山大川，紫映如画。六朝遗迹，多出其间。正东曰钟山。亦号蒋山，古维金陵山。其山，为之六十里，磅礴奇秀，比诸山特高。本朝侯维贞诗："钟山突兀楚天西，王柱鲁经御笔题。云拥金陵龙虎壮，明月珠树凤凰栖。气吞江海三山小，势压乾坤五岳低。华祝声中人中上，万年帝业与天齐。"詹同文《应制》②诗："天驾春晴临宝地，钟山老翠拥金仙。瑶花如雨三千界，紫气成龙五百年。风送香烟浮□眠，池涵树影拂青天。词臣侍从何多幸，安得诗才似涌泉？"其下有太平堤，堤下设水洞，俗称莲花洞。中设小闸，本朝筑之，以备湖水。有蒋庙，蒋子文，广陵人，自谓己骨青，死当为神。汉末为秣陵尉，逐盗至钟山下，被伤而死。后人见子文于道，侍从如平生，以为神而祠之，代著灵异。本朝倪谦诗："栋宇年深喜建休，巍巍庙貌照岩陬。地连玄武神功著，山接诸丘正气孚。箫鼓乞灵喧士女，牲牢③共祝重□□。福民驱疠山之右，永保皇图④亿万秋。"周洪谟诗："蒋王宫殿倚钟山，马革翚飞紫气间。护国棱威传汗简，庇民膏泽洒尘寰。云岚近隔麒麟市，岩障遥连虎豹关。松柏苍苍最高处，曾因祷旱亦跻攀。"有佛国寺，有涵虚阁。山之阳，是为孝陵，懿文陵附焉。正

---

① 《南唐迩事》：手抄本误为《南唐通事》，据影印明刊本改。

② 《应制》：原题为《春驾幸钟山应制》。据《全明诗(1)》，首句"天驾"作"大驾"，缺字句"□眠"作"衮服"。影印明刊本，亦作"衮服"。

③ 牲牢：手抄本误作"性牢"，据影印明刊本改。

④ 图：手抄本缺，据影印明刊本补。

南曰覆舟山，亦号真武山。以北临玄武湖，故名。陈宣帝大建七年，幸乐游苑，采甘露宴群臣，诏龙舟山立北露亭①。鲍照②有《寺宴覆舟山》诗。杯渡僧，不知姓氏，常来木杯渡今，往来京师，神异不可前记。死葬覆舟山。③ **山之南，为乐游苑，**在覆舟山南。刘宋元□□，□④饮赋诗于此。颜延之为序。为台城。即古台城遗址。□台城，在钟阜□。其地，据高以临下，东环平□以为安，西城石头以为重，带玄武湖以为险，拥秦淮、青溪以为阻⑤。今□□⑥井南至高阳基二里，为军营及民蔬圃者，皆是。唐罗隐诗："晚云阴暗下空城，六代累累夕照明。王井已干龙不起，金瓯虽破虎曾争。亦知罢世才难得，却是穷尘事最平。深谷作陵山作海，茂弘流辈莫伤情。"**西南有鸡鸣山。**一名鸡笼山。刘宋名龙山，以黑龙常见于湖，山正临湖上也。元嘉中，雷次宗开馆于此，齐□⑦陵王子良移居山下，集四学之士抄五经百家之书。本朝于此建十庙。**山之上，有寺，有窦公塔⑧。**洪武二十年建塔，置于寺后山顶。宋王安石诗："道林真骨葬青霄，窣堵千秋未寂寥。宝势旁□大江起，尊形独爱众山朝。云泉别寺分三径，□火幽人止□瓢。我亦鹫峰同听法，岁时□□岂辞遥？"⑨**下有沟，即青溪也。**吴大帝凿东渠，名青溪，以泄玄武湖水。□⑩志以为城东竹桥北接后湖者，则此正其遗迹也。古称青溪九曲七桥，盖自湖引

---

① 据《建康实录》，"龙舟山"作"覆舟山"，"北露亭"作"甘露亭"。

② 照：手抄本缺，据影印明刊本补。诗题中"寺宴"，当为"侍宴"。

③ 此段文字，错讹较多，不易理解。据《万历上元县志》，"常来木杯渡今"，当为"常乘木杯渡水"；"不可前记"，当为"不可备记"。

④ 缺字：当为"嘉中，禊"。宋张敦颐《六朝事迹编类》记为："宋文帝元嘉十一年三月，禊饮于乐游苑。"影印明刊本，有"嘉"、"禊"二字，余亦缺。

⑤ 此段文字，用宋陈亮语。原文是："旧日台城，在钟阜之侧，据高临下，东环平冈以为安，西城石头以为重，带玄武湖以为险，拥秦淮、青溪以为阻，是以王气可乘，而运动如意。"缺字可补。

⑥ 据《景定建康志》，所缺二字，当为"胭脂"。下文，"高阳基"当为"高阳楼基"，"民蔬圃"当为"居民蔬圃"。

⑦ 缺字：当为"竟"字。

⑧ 窦公塔：当为"宝公塔"之误。

⑨ 王安石诗：题为《北山三咏 · 宝公塔》。缺字，依次为"连"、"看"、"一"、"歌呗"。又，第六句中，"止"作"只"。

⑩ 缺字：疑为"旧"字。

水从东北萦回达于秦淮，其曲折有九，捧桥有七。今□□有一曲，而桥亦废坠，不详所在云。宋吴□□①游青溪词："岸柳可藏鸦，路转溪斜，忘□□□满□□。咫尺钟山远望眼，一片云遮，临水□乌纱。鬓影苍华，□□□念在天涯。几日不来春便晚，问尽桃花。"**南通秦淮**。秦淮者，秦始皇时望气者言，金陵有天子气，乃使朱衣三千，凿方山以为渎②，以断他③脉。水通大江，以秦开，故曰秦淮。今上元县④治东南三里是也。宋曾极诗："凿圃⑤山根□□人，祖龙痴绝更东巡。石城几度更新主，□□淮流尚系秦。"罗□⑥诗："秦淮横贯帝王□，□瓦鳞鳞枕碧流。系艇莫愁何安去，絮杨深巷有青楼。"**沟中设二石闸，以贮放湖水**。一用木闸，一用有孔铜板，皆本朝设也。**正西有卢龙山**，一名狮子山。晋元帝初渡江，见此山绵泛⑦，以比北地卢龙，故易名。**有马鞍山，有四望山。山南为石头城**。即诸葛亮云"石头虎踞"是也。南唐朱存诗："五城楼堞各相望，山水英灵宅帝王。此地定由天造险，古来长恃作金汤。"宋程珌登石头城《满江红》："颇恨登临，浪自作骚人愁语。石城上、河⑧须苦说，死袁生褚。当日卧龙商略处，秦淮王气真何许？与君来、萧瑟北风寒，黄云暮。忱钟阜，湖玄武。生此虎，真蹲踞。看四山环合，休临江渚。可笑唐人无意度，却言此虎凌波去。君且看、明月为人来，潮生浦。"**正北有湖头路**，志云，在玄武湖东北，疑即今神策门至太平堤者是也。《南史》：崔景慧奉江夏王内向，中领军王莹都督众军，据湖头筑垒，上带蒋山。又，王敬则举兵，沈文季持节、都督，屯湖头，备京口路。**有直渎山**，旁有直渎洞，东有流水入大江。**有大壮观山**，陈宣

---

① 据《景定建康志》，缺字当为"公玲"，词题为《游青溪有词呈野亭马公》。词中缺字，依次为"机鸥鹭"、"汀沙"、"整"、"酒阑却"。又，"远望眼"作"迷望眼"，"问尽桃花"作"开尽桃花"。

② "朱衣三千，凿方山"和"渎"：手抄本俱缺，据影印明刊本补。

③ 他：似为"地"字之误。

④ 县：手抄本缺，据影印明刊本补。

⑤ 据《景定建康志》，"圃"当为"断"字，缺字依次为"役万"、"赢得"。

⑥ 缺字：当为"叠"字。诗中缺字，依次为"州"、"万"字。又，"何安去"作"何处去"，"絮杨"作"绿杨"。

⑦ 绵泛：据《景定建康志》，为"绵延"。

⑧ 词中"河"：当为"何"字。"忱"，当为"枕"字。"君且看"，一作"君且住"。

帝起大壮观于此山,故名。大建中,幸大壮观。因大阅武,命任忠阵于玄武湖。上登玄武门,观宴群臣。因幸乐游苑,设丝竹之会,重幸大壮观,振武而还。**有幕府山,**一名灰石山。晋元帝初渡江,丞相王导建幕府于此。其上有仙人台、虎踞泉①。宋刘宾客诗:“幕府旧烟青。”宋马之纯诗:“当仞一马过江来,幕府权宜向此开。万里封疆吾旧物,一时宾客尔多才。建台此事虽堪羡,掩泣其人更可哀。相视不曾言及此,欲教大意此时回。”**有坡山,有梅花水。山之西北,为大江。**即长江。其下为扬子江。湖去江罄数里,凡沿江名山皆献秀焉。唐李白诗:“汉江回万里,孤作九龙盘。横溃豁中国,崔嵬飞迅湍。六帝沦亡后,三吴不足观。我君混区宇,垂拱众流安。今日任公子,沧浪罢钓竿。”**湖之中,有五洲:**洲相向秀起,中有十字河,疑即宋所开也。**西北曰旧洲,上为库以贮册籍;**规制备见后卷。**西南曰新洲,**弘治十五年,为库以贮新册。**上有郭璞墓;**洲南有大墩,里俗相传为郭璞墓。璞,东晋人也,有才学,精于术数。明帝时,王敦起璞为记室参军。以忤敦意,敦收斩之。按:璞之斩,在太平路姑孰南冈;旧志谓死于武昌者,昔人已证其非;而金山之郭璞墓,《三山志》亦谓水啮苔侵,不可辨,则湖中之墓差是,然亦难辨其真伪也。**前抱一洲**中有沟萦环,如溪涧。正德七年,奏移厨房于此。**及东二洲,皆号荒洲。**以未建册库,故云。**近西小洲,号别岛。**秀山可爱。**西南之水,独深而澄,则所谓黑龙潭也。**即刘宋时龙见处。**金陵壮丽,以钟阜为称首,**汉诸葛亮曰:“钟阜龙蟠,石城虎踞,真帝王之宅。”**而秀气实钟于此湖。陈亮所谓建邺带玄武湖以为险,周应合所谓天然之池,所谓湖开形势,所利者大,**应合论宋人废湖曰:“田出谷麦,所利者小;湖开形势,所利者大。故著废湖之由,以待后湖之人也。”**皆非虚语也。民数重事,而贮以此湖,岂非天生胜地固有所待也与?然晋宋相承,迄于五季,皆为练兵、游乐之所,而宋、元又废之以为田,**事见前篇。**至我皇明,始复其旧,而藏册于中。版图既得其地,而形胜亦有**

---

① 虎踞泉:《景定建康志》记为“虎跑泉”。

所归。信夫，大圣人之所作为，出于寻常万万也！

民数考略

谨按：黄册所载，至为浩繁。其大要，则天下之人丁、事产而已。人丁，即前代之户口；事产，即前代之田赋。然不稽诸古，无以见今日之盛也。故窃采经传所录者，辑为此篇。而今之人丁、事产，则详备其数，而别为二条焉。盖见千古者，其辞略，故合而为一；行乎今者，其事悉，故分而为二。理固然也。

禹平水土，为九州。人口，千三百五十五万三千九百二十三。地之定垦者，九百一十万八千二十顷。《禹贡》：冀州，厥土惟白壤，厥赋惟上上错，厥田惟中中；兖州，厥土黑坟，厥田惟中下，厥赋贞；青州，厥土白坟，厥田上下，厥赋中上；徐州，厥土赤坟，厥田惟上中，厥赋中中；扬州，厥土惟涂泥，厥田惟下下，厥赋下上上错；荆州，厥土惟涂泥，厥田惟下中，厥赋上下；豫州，厥土惟壤下土坟垆，厥田惟中上，厥赋错上中；梁州，厥土青黎，厥田惟下上，厥赋下中三错；雍州，厥土惟黄壤，厥田惟上上，厥赋中下。涂山之会，诸侯执玉帛者万国。周武王定天下，列五等之封，凡千七百七十二国。周公相成玉[①]，制理啇运，人口千三百七十万四千九百二十三。帡美之极盛也[②]。《周礼》：小司寇及大比，三年，比教化、司民之众寡，乞矣。民数自生齿以上，登于天府。内府司会冢钟贰之，以制邦用。司民，主民数者。掌登万民之数，自生齿以上，皆书于版。籍也。办其国中，王国之内。与其都鄙，及其郊野，异其男女。岁登上也。下除也。其死生。每岁，有生者登而

---

① 成玉：应为“成王”之误。

② 语出唐·杜佑《通典》卷七，云：“周公相成王，致理刑措，人口千三百七十万四千九百二十三，此周之极盛也。”

载之，死者下而除之。及三年大比，以万民之数诏司寇。司寇，及孟冬祀司民之口，祀司之神。献其数于王。王拜受之，登于天府。内史司会冢宰二之，以赞王治。秦孝公十二年，初为赋。纳商鞅说，开阡陌，制贡赋之法。汉自高祖，讫于孝平，民户千二百二十三万三千余，口五千九百五十九万四千余，垦田八百二十七万五百三十六顷。汉极盛矣。此西汉户口、田赋极盛之数。东汉桓帝永寿二年，户千六百七万九百，口五千六万六千八百五十六，垦田六百九十三万一百二十三顷三十八亩。田亩，据质帝本初元年数。此东汉户口、田赋极盛之㑪①。又按：三国鼎峙之时，合其户数，不能满百五十万。昔人以为才及盛汉时南阳、汝南两府之数。盖战争分裂，户口虚挂，十不存一。理故然也。晋平吴之后，九州攸同，大抵编户一百四十五万九千八百四，口千一百一十六万三千八百六十三。此晋之极盛也。晋之后，南北分裂，运祚短促者，皆难稽据。今以其极盛者计之，宋文帝元嘉以后，户九十万六千八百有奇，魏孝文迁洛之后，户五百余万，则混南北言之，稽六百万而已。隋混一之后，至大业二年，户八百九十万七千有奇，垦田五千五百八十五万四千四十顷。此隋极盛之数。唐制，凡丁附于籍帐者，春附，则课役并征；夏附，则免课从役；秋附，则课役俱免。制，每岁一造帐，三年一造籍。州县留五比，尚书省留三比。天保②十三载，户九百六万九千一百五十四，应受田一千四百三十万三千八百六十二顷十三亩。此唐户口、田赋极盛之数。马氏曰：隋③唐土地，不殊两汉，而户口极盛之时，才及其三之一。何也？盖两汉时，户赋轻故。当时，郡国所上户口版籍，其数必实。自魏钟④以来，户口之赋

① 㑪：似为“数”字之误。
② 天保：当为“天宝”之误。
③ 隋：手抄本误写为“惰”，据影印明刊本改。
④ 钟：似为“晋”字之误。

顿重，则版籍容有隐漏不实，固其势也。又曰：均此宇宙也，田日加于前，落日削于旧。何也？盖一定而不可易者，田。出通以乱节之后，容有荒芜，而顷亩犹在，可沿选。沿径麻蓝口汉，复垦之余，并𨓜①为扰，便税数难凭。杜佑以为，唐有武德初至天宝末，凡百三十八年，可以比崇汉室，而人户才比于隋氏，盖有司不以经国驭远为意，法令不行，所在隐漏之甚。其说是矣。宋至道元年，诏复造天下郡国户口版籍。自唐末，四方兵起，版籍亡失，故户口、税赋，莫得周知。至是，始命复造焉。元丰间，天下总四京一十八路，田四百六十一万六千五百五十六顷。此元丰间天下垦田之数，比治平时所增者二十余万顷。宋之土宇，北不得幽蓟，西不得灵夏，南不得交趾，然三方之在版图，亦半为边障屯戍之地，垦田未必多，未应倍于中洲之地。然则，其故何也？按：《治平会计录》谓，田数特计其赋租，以知其顷亩，而赋租所不加者，十居其七，率而计之，则天下垦田无虑三千余万顷。盖祖宗重扰民，未尝穷按其数，莫考其实耳。崇宁元年，户三十万二千四百九十五，口四十万九千一百六十三。此宋户口极盛之数。按此，则古今户口无如崇宁、大观之盛，然观政和间详定《九域图志》，而蔡假、何志同言，天下户口之数，类多不实。志同言，本所取会天下户口数，类多不实。且以河北□州言之，德州，主客户五万二千五百九十九，而口才六万九千三百八十五；霸州，主客户二万二千四百七十七，而口才三万四千七百一十六。通二州之数，率三户四口，则户版欺隐，不待校而知之。乞敕有同，申严法令，务在核实。徐闳中乞参考户口，闳中言，《九□②志》：在元丰间，主客户共一千六百余万，大观初已二千九十一万。乞照诸路应奏户口，岁终再令提举司参考同③。则当时版籍，殊欠核实，所纪不足凭矣。

---

① 𨓜：应为“缘”。
② 缺字：当为“域”字。
③ 此处：下似有缺字。或“同”字为衍文。

卷之二

事迹二

黄册数目

谨按:天下黄册之数,国初至今,增减不一。今特据洪武初年本库见在之数,与弘治十五年、嘉靖廿一年奏缴之数,以备考云。

国初,直隶府、州、县并十三布政司黄册,共五万三千三百九十三本:直隶府、州、县一万一百五十五本;浙江布政司一万二千五百零五本;四川布政司一千七十一本;广西布政司四百三十一本;江西布政司八千一十一本;湖广布政司二千七百三十七本;山东布政司三千八百七十本;陕西布政司二千八百零四本;山西布政司二千一百五十三本;福建布政司三千四百八十二本;广东布政司一千九百三十九本;河南布政司一千七百五十本;北平布政司二千二百六十四本;云南布政司二百一十九本;贵州布政司二本。

弘治十五年,南、北直隶府、州、县并十三布政司黄册,共六万七千四百六十八本:南直隶一万三千三百八十五本;北直隶三千一百八十本;浙江布政司一万四百四十四本;江西布政司一万三百六十九本;湖广布政司三千一百四十八本;四川布政司一千五百五十五本;广东布政司三千二百二十本;广西布政司一千二百零四本;山东布政司五千九百八十八本;山西布政司四千四百零三本;河南布政司三千六百九十七本;贵州布政司一百七十五本;云南布政司六百四十一本;陕西布政司二千四百六十九本;福建布政司三千五百九十本。

嘉靖二十一年,南、北直隶府、州、县并浙江等十三布政司黄册,共六万五千八百五十九本:南直隶一万三千一百七十四本;北直隶三千三十八本;浙江布政司一万四百五本;江西布政司一万五十二本;湖广布政司三千二十三本;山东布政司五千七百八十四本;山西布政司四千二百本;河南布政司三千二百六十六本;福建布政司三千七百本;四川布政司一千五百五十四本;陕西布政司三千四百三十一本;广东布政司三千二百六十五本;广西布政司一千一百七十九本;云南布政司六百五十五本;贵州布政司一百三十三本。

黄册户口

谨按:《大明会典》:国初,核实天下户口,具有定籍,令各务所业。其后,休养既乂,生齿渐繁,户籍分合及流移附属并脱漏不报者多。其数乃涉于旧。今以近岁造册数目,备列于后,以见增减之故云。

国初,直隶府、州、县并十三布政司,户总计一千六十五万二千七百八十九,口总计六千五十四万五千八百一十二。直隶府、州、县,户一百九十一万二千八百三十三,口一千七十五万五千九百三十八;浙江布政司,户二百一十三万八千二百二十三,口一千四十八七千五百六十;四川布政司,户二十一万五千七百一十九,口一百四十六万六千七百七十八;广西布政司,户二十一万一千二百六十三,口一百四十八万二千六百七十二;江西布政司,户一百五十五万三千九百二十三,口八百九十八万二千四百八十一；湖广布政司，户七十七万五千八百五十一，口四百七十万二千六百六十；山东布政司，户七十五万三千八百九十四，口五百二十五万五千八百七十六；陕西布政司，户二十九万四千五百二十六，口二百三十一万六千五百六十九；山西布政司，户五十九万五千四百四十四，口四百七万二千一百二十七；福建布政司，户八十一万五千五百二十七，口三百九十一万六千八百六；广东布政司，户六十七万五千五百九十九，口三百万七千九百三十二；河南布政司，户三十一万五千六百一十七，口一百九十一万二千□百四十二；北平布政司，户三十三万四千七百九十二，口一百九十二万六千三百九十五；云南布政司，户五万九千五百七十六，口二十五万九千二百七十。

□[①]治十五年，南、北直隶府、州并十三布政司，户总计九百六十九万一千五百四十八，口总计六千一百四十一万六千三百七十五。南直隶，户一百九十万九千二百二十七，口一千一十七万九千二百五十二；北直隶，户四十二万七千一百四十四，口四百二十万五千三百四十七；浙江布政司，户一百五十万一千三百四，口五百二十七万七千八百六十二；四川布政司，户二十五万七千三百五十七，口二百六十六万八千七百九十一；广西布政司，户一十八万二千四百二十二，口一百万五千四百十二；江西布政司，户一百三十八万五千一百三十，口六百八十九万五千二百九十三；湖广布政司，户五十一万七千六百七十四，口四百一十七万三千二百八十五；山东布政司，户八十五万八千五

① 缺字：当为“弘”字。

百五十七，口七百六十二万一千二百一十；陕西布政司，户三十六万二千五十一，口三百九十三万四千一百七十六；山西布政司，户五十八万八千九百六十二，口四百八十七万九百六十五；福建布政司，户五十万八千六百四十九，口二百六万二千六百八十三；广东布政司，户四十七万一千八百六十二，口一百八十五万八千二百五十七；河南布政司，户五十五万九百七十三，口四百九十八万九千三百二十；云南布政司，户一十二万六千八百七十四，口一百四十一万九十四；贵州布政司，户四万三千三百五十四，口二十六万四千七百九十八。

嘉靖二十一年，户总计九百九十七万二千二百二，口总计六千二百五十三万一百九十五。南直隶，户四十四万五千六百四十六，口一千四十万二千一百九十八；北直隶，户四十四万八千六十一，口四百五十六万八千二百五十九；浙江布政司，户一百五十二万八千一百五十七，口五百一十万八千八百五十五；江西布政司，户一百三十五万七千四十八，口六百九万八千九百三十一；湖广布政司，户五十四万二千九百一十五，口四百四十三万六千二百五十五；山东布政司，户八十三万七千三百四十五，口七百七十一万八千二百二；山西布政司，户五十九万二千八百九十，口五百六万九千五百一十五；河南布政司，户六十万三千八百七十一，口五百二十七万八千二百七十五；福建布政司，户五十一万九千八百七十八，口二百一十一万一千二十七；四川布政司，户二十六万八百八十五，口二百八十万九千一百七十；陕西布政司，户三十九万五千六百七，口四百八万六千五百五十八；广东布政司，户田[①]十九万二千九百六十二，口二百五万二千三百四十三；广西布政司，户二十万九千一百六十四，口一百九万三千七百七十；云南布政司，户一十二万三千五百三十七，口一百四十三万一千一十七；贵州布政司，户四万四千二百五十七，口二十六万六千九百二十。

黄册事产

说见户口条下。

国初，直隶府、州并十三布政司，田土总计八百八十万四千六百二十三顷六十八亩，夏税，麦四百六十九万一千五百二十石；秋粮，米二千四百七十二万九千四百五十石。直隶府、州、县，田土计一百五十六万六千二百七十四顷五十二亩，夏税，麦九千六万九千六十一石，秋粮，米六百二十四万四千三百七十九石；浙江布政司，田土计五十一万七千五十一顷五十一亩，夏税，麦八万五千五百二十石，秋粮，米二百六十六万七千二百七石；四川布政司，田土计一百一万二千三十二顷五十六亩，夏税，麦三十二万五千五百五十石，秋粮，米七十四万一千二百七十八石；广西布政司，田土计一十万二千四百三顷九十亩，夏税，麦一千八百六十九石，秋粮，米四十九万二千三百五十五石；江西布政司，田土计四十三万一千一百八十六顷一亩，夏税，麦七万九千五十石，秋粮，米二百五十八万五千二百五十六石；湖广布政司，田土计二百二十万二千一百七十五顷七十五亩，夏税，麦一十三万八千七百六十六石，秋粮，米二百三十二

① 田：当为"四"字之误。

万三千六百七十石；山东布政司，田土计七十二万四千三十五顷六十二亩，夏税，麦七十七万三千二百九十七石，秋粮，米一百八十万五千六百二十石；陕西布政司，田土计三十一万五千二百五十一顷七十五亩，夏税，麦六十七万六千九百八十六石，秋粮，米一百二十三万六千一百七十八石；山西布政司，田土计四十一万八千六百四十二顷四十八亩零，夏税，麦七十万七千三百六十七石，秋粮，米二百九万三千五百七十石；福建布政司，田土计一十四万六千二百五十九顷六十九亩，夏税，麦六百六十五石，秋粮，米九十七万七千四百二十石；广东布政司，田土计二十三万百四十顷五十六亩，夏税，麦五千三百二十石，秋粮，米一百四万四千七十八石；河南布政司，田土计一百四十四万九千四百六十九顷八十二亩零，夏税，麦五十五万六千五十九石，秋粮，米一百六十四万二千八百五十石；北平布政司，田土计五十八万二千四百九十九顷五十一亩，夏税，麦三十五万三千二百八十石，秋粮，米八十一万七千二百四十石；云南布政司，田土，原无数目。夏税，麦一万八千七百三十石，秋粮，米五万八千三百四十九石。

弘治十五年，南、北直隶府、州并十三布政司，田土总计四百二十九万二千三百一十顷七十五亩零，夏税，麦五百一十八万四千二百九十六石九斗四升，秋粮，米二千四百四十八万八千二百二十三石六斗一升。南直隶，田土计六十九万六千七百二十顷一十二亩，夏税，麦一百三十二万七千七百一十三石七斗四升，秋粮，米六百二十三万六千一百八十三石七斗五升；北直隶，田土二十七万四千三十三顷一亩，夏税，麦四十三万五千八百二十七石九升，秋粮，米一百一万七千五百六石六升；浙江布政司，田土计四十七万三千八百九十六顷，夏税，麦一十五万四千二百三十八石九斗八升，秋粮，米二百三十六万三千三百八十六石三斗八升；江西布政司，田土计四十万二千四百六十五顷二十七亩，夏税，麦八万七千九百一十二石九斗八升，秋粮，米二百五十五万九千七百五石六斗五升；湖广布政司，田土计二十万九千二百六顷五十八亩，夏税，麦一十三万九百一十石二斗六升，秋粮，米二百三万六千九百九十五石一斗八升；四川布政司，田土计一十万七千九百五十六顷九十六亩，夏税，麦一十四万五千五百九十二石七斗一升，秋粮，米七十一万五千三百四十五石九斗九升；山西布政司，田土计三十九万一千五百五十四顷四十七亩，夏税，米[①]六十八万二千二百九十二石三斗五升，秋粮，米二百二万六千九百二十二石三斗二升；山东布政司，田土计五十五万五千八百六十六顷六十二亩，夏税，麦八十九万八千六百七十八石八斗五升，秋粮，米二百九万八千六百九十九石六斗九升；河南布政司，田土计四十一万六千二百九十三顷六十一亩，夏税，麦六十二万二千一百二石六斗二升，秋粮，米一百七十八万二千一百八石一斗四升；陕西布政司，田土计二十六万三千七百一十七顷五十四亩，夏税，麦七十四万四千四百四十五石一斗一升，秋粮，米一百二十万五百四十二石八升；福建布政司，田土计一十三万五千二百五十九顷九十二亩，夏税，麦八百七十六石八斗，秋粮，米八十四万一千三百

① 米：似为“麦”字之误。

五十三石二升；广东布政司，田土计二十五万五千七百八十八顷四十九亩，夏税，麦六千七石五斗一升，秋粮，米一百一万八千三百七十七石三升；广西布政司，田土计九万二千四百七十三顷四亩，夏税，麦三千三百八十石六斗一升，秋粮，米四十三万六千九百八十七石八斗八升；云南布政司，田土计一万七千二百七十九顷一十二亩，夏税，麦三万四千六十一石八斗八升，秋粮，米一十万五千七百七十五石七斗八升；贵州布政司，田土，自来原无丈量顷亩。夏税，麦二百五十三石四斗五升，秋粮，米四万八千三百三十四石八斗八升。

嘉靖二十一年，南、北直隶并十三布政司，田土总计四百三十六万五百六十三顷六十亩九分，夏税，麦四百九十九万二千一百三十四石四斗，秋粮，米二千四百一十九万八千四百七十二石九斗。南直隶，田土七十一万六千二百九十八顷二十一亩，夏税，麦一百三十五万七千二百四十四石八斗三升，秋粮，米六百一十三万二百九十一石九斗七升；北直隶，田土二十七万六千三百二十六顷七十亩五分，夏税，麦四十三万五千八百五十三石三斗四升，秋粮，米一百一万九千六百六十五石九升；浙江布政司，田土四十七万三千一百七十顷七十七亩，夏税，麦一十五万三千九百五十一石七斗八升，秋粮，米二百三十六万八千三百六十九石一斗三升；江西布政司，田土四十万一千七百三十九顷一十三亩五分，夏税，麦一十一万七千三百一十二石六斗二升，秋粮，米二百五十二万七千九百五石二斗七升；湖广布政司，田土二十四万九千五百九十三顷九十一亩八分，夏税，麦一十万一千石三斗二升，秋粮，米二百三万二千六百一石一斗二升；山东布政司，田土五十五万五千八百八十三顷九十三亩四分，夏税，麦八十九万九千四百二十二石二斗三升，秋粮，米二百九万九千五百五十五石六斗五升；山西布政司，田土三十九万一千五百六十七顷一十四亩四分，夏税，麦六十八万一千四百一十一石八斗七升，秋粮，米二百二万四千三百四十石二升；河南布政司，田土四十一万六千三百二十一顷七十九亩四分，夏税，麦六十二万一千一百一十六石九斗二升，秋粮，米一百八十万七千七百九十九石二斗七升；福建布政司，田土一十三万五千四百七十五顷三十三亩一分，夏税，麦八百七十六石八斗，秋粮，米八十四万二千七十二石四斗；四川布政司，田土一十万九千九百七顷四十一亩四分，夏税，麦三万五千二百七石四斗四升，秋粮，米六十八万四千八百七十二石三斗七升；陕西布政司，田土二十六万三千七百八十五顷六十亩九分，夏税，麦六十六万四千七百一十七石二升，秋粮，米一百四万五千九百二十石一斗八升；广东布政司，田土二十五万六千九百六十八顷三十四亩一分，夏税，麦四千三百九十七石九斗，秋粮，米一百一万三千六百二石八斗；广西布政司，田土九万二千八百六十八顷六十七亩七分，夏税，麦一千九十八石五斗一升，秋粮，米四十三万九千五百二十五石四斗五升；云南布政司，田土一万七千六百六十五顷九十一亩四分，夏税，麦三万四千九百四十九石五斗九升，秋粮，米一十万六千五百九十三石七升；贵州布政司，田土二千九百五十一顷六十二亩九分，夏税，麦二百三十九石四斗，秋粮，米四万五千二十六石二升。

黄册库架

国制，每十年造册。先期题准，行工部，转行南京工部，盖造册库三十间。东西向。每间前后有窗，以受日色□气。库名，或分东西，或分南北，或分前后，因库势也。每库一间，为册架四□①。每架三层，列一木板。架顶用板，盖为披水，以防渗漏焉。

旧洲册库架

洪武十四年分　计九间，册架三十五座。

洪武二十四年分　南、北库，计二十五间，册架一百座。

永乐元年分　南、北库，计二十九间，册架一百二十座。内二十座，又贮永乐十年册。

永乐十年分　南库，计十七间，册架六十八座。小库，计七间，册架二十八座。架二十座，寄贮永乐元年册库。

北库，计十七间，册架六十八座。小库，计七间，册架二十八座。

永乐二十年分　南、北库，计三十间，册架一百二十七座。

宣德七年分　南、北库，计三十间，册架一百四十二座。

正统七年分　南、北库，计三十间，册架一百二十座。

景泰三年分　前、后库，计二十四间，册架九十八②座。

天顺六年分　南库，计十二间，册架四十八座。南小库，计五间，册架二十座。北小库，计五间，册架二十座。

成化八年分　前、后库，计三十间，册架一百座。

成化十八年分　前、后库，计三十间，册架九十四座。

弘治五年分　前、后库，计三十间，册架一百十八座。

---

① 缺字：似为“座”字。

② 九十八座：若以每间 4 座计算，当为九十六座。

中洲册库架中洲，即天语亭下龙引洲。

弘治十五年分　东、西库，计三十间，册架一百二十座。

正德七年分　东、西库，计三十间，册架一百二十座。

嘉靖元年分　东、西库，计三十间，册架一百二十座。

新洲册库架新洲，即莲革①洲。

嘉靖十一年分　东、西库，计三十间，册架一百二十座。

嘉靖二十一年分　东、西库，计三十间，册架一百二十座。

嘉靖三十一年分　东、西库，计三十间，册架一百二十座。

嘉靖四十一年分　东、西库，计三十间，册架一百二十座。

进册衙门

谨按：《大明会典》：国初，沿元以京畿、应天等府，直隶六郡，改行中书省为十三布政使司。永乐十八年，革北平布政使司为直隶，添设贵州、云南、交趾三布政使司。宣德十年，交趾裁②革。今按后湖黄册，洪武年间已有云、贵，而永乐十八年以后，无所谓交趾册者，岂此或后之补造而彼则除其籍也与？然天下进册衙门，国初至今，开添不一，今特据近年定数，以便检阅耳。

弘治十五年，各处进册衙门总计一千七百三十一。府一百四十二，州二百三十四，县一千一百三十八，军民府一十一，宣慰司一十二，宣抚司一十一，安抚司二，招讨司一，长官司一百六十二。南直隶，府二，县九十五；北直隶，府八，州一十七，县一百一十七；山西布政司，府三，州二十一，县七十五；山东布政司，府六，州一十五，县九十九；河南布政司，府七，州一十三，县九十四；陕西布政司，府八，州二十二，县九十四；浙江布政司，

① 革：当为“华”之误，华，同“花”。

② 裁：手抄本缺，据影印明刊本补。

府十一，县七十六；江西布政司，府一十三，州一，县六十八；湖广布政司，府一十四，州一十七，县一百四，宣慰司二，宣抚司四，安抚司九，长官司二十五；四川布政司，府七，州一十七，县一百六，军民府四，宣慰司一，宣抚司四，安抚司七，招讨司一，长官司二十七；广东布政司，府一十，州七，县六十四；广西布政司，府十一，州四十一，县五十三，军民府□[①]，长官司□[②]；云南布政司，府一十四，州三十九，县三十四，军民府七，宣慰司八，宣抚司三，安抚司三，长官司二十五；福建布政司，府八，州一，县五十三；贵州布政司，府八，州六，县六，宣慰司一，安抚司一，长官司八十二。

嘉靖二十一年，各处进册衙门总计一千六百八十三。府二百四十，州二百三十，县一千一百三十九，军民府一十三，宣慰司四，宣抚司五，安抚司八，招讨司一，各卫军民指挥使司一十七，长官司一百一十人[③]，千户所一，盐运司一，盐课提举司二，上林苑监一，巡检司二。南直隶，府一十四，州一十七，县九十五；北直隶，府八，州一十九，县一百十六，上林苑监一；浙江布政司，府十一，州一，县七十五；江西布政司，府一十三，州一，县七十三；湖广布政司，府一十五，州一十六，县一百六，宣慰司二，宣抚司一，安抚司四，长官司二，卫一，巡检司一；山东布政司，府六，州一十三，县八十九；山西布政司，府四，州二十，县七十七；河南布政司，府八，州一十二，县九十六；福建布政司，府

---

①② 两处：原文即缺数字。“□”，为点校者所加。

③ 人：疑为“八”字，或为衍文。

八，州一，县五十六，盐运司一；四川布政司，府七，州二十一，县一百五，军府[1]府三，宣慰司一，宣抚司四，安抚司三，卫六，军民指挥司一，招讨司一，千户所一，长官司二十一，巡检司一；陕西布政司，府八，州二十一，县九十五，卫四；广东布政司，府一十，州七，县六十七，盐课提举司二；广西布政司，府一十，州三十九，县五十二，军民府一，长官司二；云南布政司，府一十，州三十四，县三十一，军民府九，卫一，长官司一十二；贵州布政司，府八，州六，县六，宣慰司一，安抚司一，卫四，长官司八十一。

北京并直隶，共府八，州十九内直隶州二，县一百一十六。

顺天府，领州五，县二十二。附郭县二：大兴九十四里、宛平一百十二里。外，永清十二里、良乡二十二里、固安三十八里、东安四十四里、香河十里。通州二十六里，属县四：三河二十里、武清十五里、漷县十里、宝坻三十二里。昌平州十六里，属县三：顺义十二里、密云十里、怀柔八里。涿州四十六里，属县一，房山十一里。霸州三十一里，属县三：文安三十二里、大城二十三里、保定六里。蓟州十三里，属县四：玉田七里、丰润十三里、遵化十二里、平谷八里。

保定府，领州三，县十七。附郭县一，清苑二十四里。外，满城十一里、安肃十六里、定兴二十二里、新城二十四里、唐县二十二里、博野二十一里、庆都十里、容城六里、完县十八里、蠡县二十九里、雄县十九里。祁州十八里，属县二：深泽十五里、束鹿二十九里。安州十六里，属县二：高阳十四里、新安五里。易州三十八里，属县一，涞水二十六里。

---

① 原文“府”字被墨圈删除，据上下文，当为“民”字之误。

河门[1]府，领州二，县十六。附郭县一，河间二十七里。外，献县二十七里、阜城十一里、肃宁十五里、任丘三十三里、交河十六里、青县十一里、兴济十一里、静海十里、宁津二十五里。景州二十八里，属县三：吴桥十四里、东光九里、故城八里。沧州十七里，属县三：南皮九里、盐山三十里、庆云十一里。

真定府，领州五，县二十七。附郭县一，真定十四里。外，井陉十四里、获鹿十八里、元氏二十一里、灵寿十四里、藁城十六里、栾城十二里、无极十四里、平山二十一里、阜平十一里。定州三十四里，属县三：新乐十三里、曲阳二十五里、行唐二十三里。冀州二十四里，属县四：南宫二十四里、新河十二里、枣强二十里、武邑二十五里。晋州二十一里，属县三：安平十五里、饶阳十九里、武强十六里。赵州二十四里，属县六：柏乡十二里、隆平十三里、高邑十二里、临城十六里、赞皇十四里、宁晋二十里。深州二十七里，属县一，衡水十二里。

顺德府，领县九。附郭县一，邢台三十二里。外，沙河十六里、南和十七里、平乡十四里、广宗十五里、钜鹿十七里、唐山十三里、内丘十七里、任县十五里。

广平府，领县九。附郭县一，永年三十二里。外，曲周二十四里、肥乡二十七里、邯郸三十里、鸡泽十一里、广平十八里、成安十里、威县十里、清河八里。

大名府，领州一，县十。附郭县一，元城三十九里。外，大名十九里、南乐三十二里、魏县四十五里、清丰四十里、内黄三十四里、浚县四十里、滑县七十九里、东明三十六里。开州九十三里，属县一，长垣六十里。

---

① 河门府：当为“河间府”之误。

永平府，领州一，县五。附郭县一，卢龙十一里。外，迁安十七里、抚宁十七里、昌黎二十七里。滦州六十七里，属县一，乐亭二十七里。

隆庆州十四里，属县一，永宁五里。

保安州七里。

上林苑监六里。在京城。

南京并直隶，共府十四，州十七内直隶四州，县九十六，河泊所二。

应天府，领县八。附郭县二：上元一百九十五里、江宁一百五里。外，句容二百十四里、溧阳二百十三里、溧水一百六里、江浦十九里、六合十九里、高淳三十一里。

凤阳府，领州五，县十三。附郭县一，凤阳三十四里。外，临淮四十六里、怀远四十七里、定远三十三里、五河十五里、虹县十九里。寿州五十四里，属县二：霍丘三十七里、蒙城二十五里。泗州五十里，属县二：盱眙三十七里、天长十三里。宿州七十里，属县一，灵璧四十里。颍州八十里，属县二：颍上十九里、太和三十五里。亳州四十九里。

苏州府，领州一，县七。附郭县二：吴县五百十一里、长洲七百四十一里。外，昆山三百四十五里、常熟四百八十里、吴江五百六十六里、嘉定六百六十八里。太仓州二百三十四里，属县一，崇明一百十里。

松江府，领县三。附郭县一，华亭八百十一里。外，上海三百七十里、清浦。

常州府，领县五。附郭县一，武进四百五十七里。外，无锡四百十四里、江阴三百七十四里、靖江六十里、宜兴三百七十里。

镇江府，领县三。附郭县一，丹徒二百四十八里。外，丹阳一百四十五里、金坛一百四十二里。

扬州府，领州三，县七。附郭县一，江都一百十九里。外，仪真十四里、泰兴一百十九里。高邮州八十六里，属县一[1]，兴化九十里、宝应三十四里。泰州，属县一，□[2]皋四十二里。通州一百五里，属县一，海门二十一里。

淮安府，领州二，县九。附郭县一，山阳一百二十□里。外，盐城九十一里、清河四十里、安东六十一里、桃源四十八里、沭阳八十一里。海州□十□□，属县一，赣榆五十六里。邳州四十七里，属县二：宿迁五十九里、睢宁五十四里。

庐州府，领州二，县六。附郭县一，合肥六十四里。外，舒城四十五里、庐江二十里。无为州四十九里，属县一，巢县二十里。六安州五十三里，属县二：英山二十五里、霍山。

安庆府，领县六。附郭县一，怀宁四十二里。外，桐城四十七里、潜山四十四里、太湖五十四里、宿松三十八里、望江十五里。

太平府，领县三。附郭县一，当涂一百三十九里。外，芜湖三十里、繁昌十二里。

宁国府，领县六。附郭县一，宣城二百十九里。外，宁国五十六里、泾县七十里、太平十九里、旌德四十里、南陵八十六里。

池州府，领县六。附郭县一，贵池三十九里。外，青阳十七里、铜陵十五里、石埭十一里、建德九里、东流七里。

徽州府，领县六。附郭县一，歙县二百六十七里。外，休宁二百四十四里、婺源一百二十二里、祁门四十九里、黟县三十一里、绩溪三十五里。

---

① 一：据下文，当为“二”字之误。

② 缺字：当为“如”字。

广德州二百四十里，属县一，建平一百十四里。

和州五十一里，属县一，含山二十三里，裕溪河泊所一里，青沙河泊所一里。

滁州十二里，属县二：全椒十二里、来安七里。

徐州一百二十里，属县四：萧县四十六里、砀山二十五里、丰县十九里、沛县三十八里。

浙江布政司，领府十一，州一，县七十五。

杭州府，领县九。附郭县二：钱塘一百六十里、仁和三百六十里。外，海宁三百五十六里、富阳七十二里、余杭七十三里、临安四十八里、于潜十二里、新城十三里、昌化十里。

嘉兴府，领县七。附郭县二：嘉兴三百八十一里、秀水二百三十五里。外，嘉善二百四里、海盐一百六十一里、崇德二百十一里、平湖一百十四里、桐乡一百七十九里。

湖州府，领州一，县六。附郭县二：乌程二百九十里、归安二百九里。外，长兴二百四十三里、德清二百十四里、武康六十九里。安吉州六十七里，属县一，孝丰五十三里。

严州府，领县六。附郭县一，建德八十四里。外，淳安八十里、桐庐五十三里、遂安五十九里、寿昌三十里、分水十八里。

金华府，领县八。附郭县一，金华一百八十六里。外，兰溪二百四十一里、东阳一百八十七里、义乌一百四十二里、永康一百十七里、武义九十四里、浦江一百二里、汤溪八六①。四②

① 原文如此，疑或为“八里”，或为“八十六里”之误。

② 四：似为衍文。

处州府，领县十。附郭县一，丽水一百十六里。外，青田一百二十三里、缙云九十七里、松阳一百九里、遂昌七十九里、龙泉一百六十六里、庆元五十三里、云和五十三里、宣平四十五里、景宁五十六里。

绍兴府，领县八。附郭县二：山阴二百一十里、会稽一百二十二里。外，萧山一百四十里、诸暨一百五十里、余姚二百九十四里、上虞二百四十六里、嵊县八十二里、新昌三十七里。

宁波府，领县五。附郭县一，鄞县四百四十里。外，慈溪二百里、奉化一百四十八里、定海九十里、象山三十三里。

台州府，领县六。附郭县一，临海一百五十三里。外，黄岩七十九里、天台三十六里、仙居六十八里、宁海一百二里、太平六十六里。

温州府，领县五。附郭县一，永嘉二百八十八里。外，乐清一百三十四里、平阳二百三十一里、瑞安一百三十九里、泰顺十八里。

衢州府，领县五。附郭县一，西安一百六十八里。外，龙游一百八十四里、常山一百十里、江山一百二十九里、开化一百五十四里。

江西布政司，领府十三，州一，县七十三。

南昌府，领州一，县七。附郭县二：南昌六百三十八里、新建二百十四里。外，丰城二百七十七里、进贤二百二十六里、奉新一百四十九里、靖安二十八里、武宁五十四里，宁州八十七里。

饶州府，领县七。附郭县一，鄱阳三百二十一里。外，余干一百五十四里、浮梁一百十五里、德兴七十五里、安仁八十二里、万年六十五里、乐平二百四十里。

广信府，领县六。附郭县一，上饶九十九里。外，玉山五十九里、戈阳[①]六十一里、贵溪一百十二里、铅山五十七里、水丰六十七里、兴安二十三里。

南康府，领县四。附郭县一，星子二十八里。外，都昌五十九里、建昌八十六里、安义四十六里。

九江府，领县五。附郭县一，德化十七里。外，德安十八里、瑞昌十三里、湖口十七里、彭泽十八里。

建昌府，领县四。附郭县一，南城二百五十八里。外，新城七十八里、南丰一百二十二里、广昌二十二里。

抚州府，领县六。附郭县一，临川四百四十八里。外，崇仁二百十五里、金溪一百八十里、宜黄六十四里、乐安二百十六里、东乡一百十九里。

临江府，领县四。附郭县一，清江二百五十四里。外，新淦二百二十六里、新喻二百七十五里、峡江一百七十七里。

吉安府，领县九。附郭县一，庐陵六百三里。外，泰和二百五十六里、吉水四百三十四里、永丰三百二十五里、安福二百四十二里、龙泉六十七里、万安九十三里、永新一百八十四里、永宁四十二里。

瑞州府，领县三。附郭县一，高安二百八十六里。外，上高一百六十七里、新昌一百二十三里。

赣州府，领县十一。附郭县一，赣县一百九里。外，雩都十五里、信丰七里、兴国五十七里、会昌六里、安远五里、宁都一百十七里、瑞金八里、龙南五里、石城九里、定南四里。

南安府，领县四。附郭县一，大庾十六里。外，南康三十一里、上犹七里、崇义七里。

---

① 戈阳：当为“弋阳”之误。

袁州府，领县四。附郭县一，宜春一百四十八里。外，分宜一百九里、萍乡一百二十里、万载一百四里。

山东布政司，领府六，州十五，县八十九。

济南府，领州四，县二十六。附郭县一，历城九十八里。外，章丘一百三里、邹平五十七里、淄川六十里、长山六十三里、新城四十五里、齐河二十七里、齐东五十五里、济阳四十里、禹城五十六里、临邑一十二里、长清四十四里、肥城三十二里、青城三十三里、陵县二十二里。泰安州九十七里，属县二：新泰二十一里，今归并作五里、莱芜四十里。德州三十四里，属县二：德平四十一里、平原四十六里。武定州九十八里，属县四：信阳七十里、海丰四十三里、乐陵五十六里、商河六十八里。滨州七十八里，属县三：利津四十里、沾化二十四里、蒲台五十九里。

兖州府，领州四，县二十三。附郭县一，滋阳二十四里。外，曲阜十六里、宁阳三十三里、邹县三十三里、泗水十五里、滕县八十七里、峄县三十六里、金乡一十二里、鱼台二十七里、单县四十二里、城武二十三里。曹州七十四里，属县二：曹县四十八里、定陶十九里。济宁州五十四里，属县三：嘉祥十四里、钜野三十五里、郓城二十四里。东平州三十三里，属县五：汶上四十八里、东阿二十四里、平阴十七里、阳谷三十九里、寿张十五里。沂州八十九里，属县二：郯城四十五里、费县四十二里。

东昌府，领州三，县十五。附郭县一，聊城二十四里。外，堂邑十七里、博平十八里、茌平三十里、清平十二里、莘县十八里、冠县二十七里。临清州四十一里，属县二：丘县二十七里、馆陶二十七里。高唐州四十里，属县三：恩县三十七里、夏津三十一里、武城二十一里。濮州三十六里，属县三：范县十二里、观城一十里、朝城二十里。

□[①]州府，领州一，县十二。附郭县一，益□[②]一百七十七里。外，□□[③]□□八里、博兴七十六里、高苑二十八里、乐安九十三里、寿光一百三十二里、昌乐城七里、临朐一百十一里、安丘一百七十四里、诸城一百八十一里、蒙阴四十九里。莒州一百七十七里，属县二：沂水一百四十四里、日照八十三里。

登州府，领州一，县七。附郭县一，蓬莱六十六里。外，黄县四十八里、福山二十九里、栖霞四十六里、招远四十八里、莱阳一百四十一里。宁海州八十里，属县一，文登六十九里。

莱州府，领州二，县五。附郭县一，掖县八十三里。胶州九十三里，属县二：高密八十八里、即墨八十五里。平度州二百二十六里，属县二：潍县八十六里、昌邑九十四里。

山西布政司，领府四，州二十内直隶州四，县七十七。

太原府，领州六，县二十二。附郭县一，阳曲七十一里。外，太原五十里、榆次九十五里、太谷七十九里、祁县四十五里、徐沟十九里、清源二十八里、交城四十三里、文水七十九里、寿阳二十六里、临县十七里、盂县二十三里、静乐十里、河曲七里。平定州二十三里，属县一，乐平十里。忻州五十四里，属县一，定襄十九里。代州四十一里，属县三：五台十五里、繁峙十九里、崞县三十八里。岢岚州十一里，属县二：岚县十里、兴县九里。永宁州四十一里，属县一，宁乡十三里。保德州五里。

平阳府，领州六，县二十九。附郭县一，临汾一百四十四里。外，襄陵七十二里、洪洞八十九里、浮山十九里、赵城三十五里、太平五十一

① 缺字：当为“青”字。

② 缺字：当为“都”字。

③ 缺字：当为“博山”二字。

里、岳阳十八里、曲沃六十八里、翼城八十四里、汾西十四里、蒲县八里。蒲州八十四里，属县五：临晋五十九里、荣河二十五里、猗氏四十五里、万泉三十一里、河津三十六里。解州三十里，属县五：安邑九十五里、夏县六十六里、闻喜六十六里、平陆三十五里、芮城四十里。绛州五十二里，属县三：稷山四十二里、绛县三十四里、垣曲十里。霍州二十里，属县一，灵石十八里。吉州十四里，属县一，乡宁十里。隰州二十七里，属县三：大宁十里、石楼十三里、永和十里。

大同府，领州四，县七。附郭县一，大同二十六里。外，怀仁八里。应州二十里，属县一，山阴七里。朔州六里，属县一，马邑四里。蔚州十五里，属县三：广灵九里、广昌四里、灵丘十里。浑源州十四里。

潞安府，领县八。附郭县一，长治一百七十七里。外，长子九十三里、屯留五十里、襄垣六十二里、潞城八十一里、壶关八十五里、黎城三十七里、平顺二十一里。

汾州九十五里，领县三：孝义二十八里、平遥五十七里、介休四十五里。

辽州三十里，领县二：榆社三十里、和顺二十二里。

沁州四十六里，领县二：沁源十五里、武乡三十六里。

泽州一百七十一里，领县四：阳城九十九里、陵川八十里、沁水五十四里、高平一百六十一里。

河南布政司，领府八，州十二内直隶州一，县九十六。

开封府，领州四，县三十。附郭县一，祥符一百四十四里。外，陈留三十九里、杞县八十三里、封丘二十六里、延津八里、尉氏二十里、洧川十七里、鄢陵二十六里、扶沟二十里、中牟二十六里、通许十二里、太康三十五里、阳武四十五里、兰阳二十九里、仪封十五里、原武十四里。陈州四十三里，属县四：商水十二里、西华二十二里、项城十五里、沈丘十三里。许州四十八里，属县四：临颍十八里、襄城三十二里、郾城二十二里、长葛二十二里。钧州六十四里，属县二：新郑十九里、密县二十三里。郑州三十三里，属县四：荥阳十四里、荥泽十里、河阴八里、汜水十里。

归德府，领州一，县八。附郭县一，商丘二十七里。外，宁陵七里、鹿邑三十四里、夏邑十三里、永城二十三里、虞城十四里。睢州四十里，属县二：考城十一里、柘城九里。

河南府，领州一，县十三。附郭县一，洛阳八十六里。外，郾师二十六里、巩县二十二里、孟津十八里、宜阳四十八里、登封三十五里、永宁六十五里、新安十八里、沔池二十五里、嵩县五十九里、卢氏四十里。陕州三十里，属县二：阌乡二十里、灵宝四十六里。

南阳府，领州二，县十一。附郭县一，南阳二十一里。外，镇平七里、唐县九里、泌阳十七里、桐柏十四里、南召五里。邓州二十一里，属县三：内乡十六里、新野十六里、淅川十四里。裕州三十二里，属县二：舞阳四十四里、叶县二十九里。

□□①府，领州二，县十二。附郭县一，□□②。□，□□③□□□□、西平二十二里、上蔡三十六里、遂平二十八里、真阳十五里、确山二十□里。□④阳州十七里，属县一，罗山二十里。光州二十二里，属县四：光山三十里、固始四十九里、息县二十八里、商城二十六里。

彰德府，领州一，县六。附郭县一，安阳八十四里。外，汤阴四十二里、临漳三十九里、林县三十五里。磁州四十一里，属县二：武安三十四

---

① 缺字：当为“汝宁”二字。

② 缺字：当为“汝阳”二字。

③ 缺字：似为“外，新蔡”三字。

④ 缺字：当为“信”字。

里、涉县十八里。

卫辉府，领县六。附郭县一，汲县四十里。外，胙城十九里、新乡三十四里、获嘉二十八里、淇县二十二里、辉县三十七里。

怀庆府，领县六。附郭县一，河内八十三里。外，济源五十里、修武二十九里、武陟五十一里、孟县三十里、温县二十一里。

汝州五十四里，属县四：鲁山四十里、郏县四十五里、宝丰三十八里、伊阳三十里。

陕西布政司，领府八，州二十一，县九十五，卫四，千户所一。

西安府，领州六，县三十。附郭县二：长安四十九里、咸宁六十六里。外，咸阳十里、兴平十五里、临潼四十里、高陵十五里、鄠县二十三里、蓝田二十里、泾阳四十四里、盩厔四十里、三原三十里、醴泉十八里、渭南五十六里。商州二十六里，属县四：镇安十七里、洛南二十一里、山阳二十里、商南十二里。同州三十四里，属县五：朝邑六十五里、郃阳四十四里、澄城四十里、白水二十里、韩城三十六里。华州四十一里，属县二：华阴三十里、蒲城五十五里。耀州十四里，属县二：同官十三里、富平四十里。乾州二十七里，属县二：武功十五里、永寿十里。邠州二十七里，属县二：淳化十八里、三水十二里。

凤翔府，领州一，县七。附郭县一，凤翔三十九里。外，岐山二十九里、宝鸡四十九里、扶风二十九里、郿县十八里、麟游十六里。陇州二十八里，属县一，汧阳十六里。

汉中府，领州二，县十四。附郭县一，南郑二十里。外，褒城七里、城固二十三里、洋县三十六里、西乡十六里、凤县九里。宁羌州四里，属县二：略阳四里、沔县五里。金州二十二里，属县六：平利八里、石泉八里、洵阳十七里、汉阴七里、白河八里、紫阳五里。

平凉府，领州二，县七。附郭县一，平凉二十三里。外，崇信四里、华亭八里、镇原二十里、隆德五里、庄浪七里。泾州十七里，属县一，灵台二十里。静宁州十四里。固原州十里。

巩昌府，领州□[①]，县十四。附郭县一，陇西三十二里。外，安□□□□□[②]、会宁十二里、通渭十六里、□[③]县五里、宁远十四里、伏羌十□里、西和八里、成县九里。秦州三十二里，属县三：秦安七里、清水八里、礼县十九里。阶州十二里，属县一，文县三里。徽州十八里，属县一，两当五里。

临洮府，领州二，县三。附郭县一，狄道二十三里。外，渭源六里。兰州六里，属县一，金县五里。河州三十一里。

庆阳府，领州一，县四。附郭县一，安化三十二里。外，合水十八里、环县五里。宁州四十八里，属县一，真宁二十一里。

延安府，领州三，县十六。附郭县一，肤施二十七里。外，安塞十六里、甘泉十二里、安定九里、保安六里、宜川二十四里、延川十里、延长十一里、清涧九里。鄜州五十一里，属县三：洛川六十三里、中部二十四里、宜君三十八里。绥德州七里，属县一，米脂五里。葭州七里，属县三：吴堡三里、神木五里、府谷六里。

宁夏卫指挥使司经历司，四里。

西宁卫军民指挥使司，四里。

洮州卫军民指挥使司，三里。

---

① 原文上下连写，未示缺，细察下文，当缺一“三”字。

② 此处缺字甚多，当为“定”字及里数。

③ 缺字：似为“漳”字。

岷州卫经历司，十七里。西固城军民千户所，四里。

湖广布政司，领府十五，州十六内直隶州二，县一百七，长官司三，宣慰司二，宣抚司三，安抚司五，卫一，巡检司一。

武昌府，领州一，县九。附郭县一，江夏六十七里。外，武昌二十七里、嘉鱼十二里、蒲圻三十里、咸宁十六里、崇阳十一里、通城十五里。兴国州四十里，属县二：大冶二十五里、通山六里。

汉阳府，领县二。附郭县一，汉阳十九里。外，汉川八里。

黄州府，领州一，县八。附郭县一，黄冈八十四里。外，蕲水五十八里、罗田二十五里、麻城七十四里、黄陂四十八里、黄安四十里。蕲州四十里，属县二：广济三十里、黄梅四十二里。

承天府，领州二，县五。附郭县一，钟祥二十一里。外，京山三十一里、潜江二十三里。沔阳州四十三里，属县一，景陵二十五里。荆门州五十九里，属县一，当阳八里。

德安府，领州一，县五。附郭县一，安陆十里。外，云梦六里、孝感二十九里、应城十里。随州十九里，属县一，应山十一里。

荆州府，领州二，县十一。附郭县一，江陵一百二十五里。外，公安三十三里、石首二十一里、监利三十三里、松滋二十二里、枝江八里。夷陵州十一里，属县三：长阳六里、宜都九里、远安八里。归州五里，属县二：兴山五里、巴东十里。

岳州府，领州一，县七。附郭县一，巴陵四十九里。外，临湘十里、华容十八里、平江四十三里。澧州三十八里，属县三：石门二十四里、慈利五十八里、安乡十一里。

郧阳府，领县七。附郭县一，郧县十九里。外，房县十五里、竹山十二□[①]、上津八里、竹溪九里、郧西九里、保康八里。

襄阳府，领州一，县六。附郭县一，襄阳三十五里。外，宜城十六里、南漳二十九里、枣阳二十三里、光化十三里、谷城二十七里。均州二十五里。

辰州府，领州一，县六。附郭县一，沅陵五十八里。外，卢溪十二里、辰溪八里、溆浦三十四里。沅州二十六里，属县二：黔阳二十一里、麻阳七里。大剌巡检司一里。

常德府，领县四。附郭县一，武陵四十五里。外，桃源二十六里、龙阳三十里、沅江七里。

衡州府，领州一，县八，。附郭县一，衡阳四十五里。外，衡山十七里、耒阳十七里、常宁七里、安仁八里、酃县十一里。桂阳州四十八里，属县二：临武三十三里、蓝山十八里。

永州府，领州一，县六。附郭县一，零陵二十五里。外，祁阳十四里、东安八里。道州三十一里，属县三：宁远四十四里、永明十七里、江华五里。

长沙府，领州一，县十一。附郭县一[②]：长沙二十一里、善化十六里。外，湘潭二十里、湘阴三十二里、宁乡十九里、浏阳五十里、醴陵二十五里、益阳二十三里、湘乡四十六里、攸县三十里、安化九里。茶陵州三十三里。

宝庆府，领州一，县四。附郭县一，邵阳四十二里。外，新化二十二里、城步十里。武冈州三十里，属县一，新宁七里。

---

① 缺字：当为“里”字。

② 一：据下文，当为“二”字。

郴州十三里，属县五：永兴十五里、宜章八里、兴宁十四里、桂阳七里、桂东五里。

靖州十九里，属县三：会同二十八里、通道五里、绥宁二十七里。

施州卫，军民指挥使司三里，施南宣抚司三里，高罗安抚司二里，散毛宣抚司三里，金冈宣抚司一里，唐崖长官司一里，东乡五路安抚司一里，大旺安抚司一里，忠路安抚司一里。

保靖州军民宣慰使司一里，五寨蛮夷长官司五里，筸子坪长官司一里。

永顺军民宣慰使司一里。

九溪卫，桑植安抚司二里。

福建布政司，领府八，州一，县五十八，盐运司一。

福州府，领县十。附郭县三：闽县一百二十六里、候宫[①]六十八里、怀安四十六里。外，古田五十八里、闽清七里、长乐一百九里、连江四十二里、罗源十六里、永福九里、福清一百十二里。

泉州府，领县七。附郭县一，晋江一百三十五里。外，南安四十九里、惠安三十里、德化八里、安溪十七里、同安五十三里、永春十四里。

建宁府，领县八。附郭县二：建安一百四十二里、瓯宁一百九十一里。外，建阳二百七里、崇安八十八里、浦城一百五十六里、政和五十里、松溪六十三里、寿宁二十一里。

延平府，领县七。附郭县一，南平九十九里。外，将乐六十七里、沙县一百四里、尤溪六十二里、顺昌五十八里、永安六十三里、大田三十一里。

汀州府，领县八。附郭县一，长汀四十六里。外，宁化五十一里、

---

① 候宫：当作“候官”，或作“侯官”。

上杭四十里、武平二十里、清流五十六里、连城三十一里、归化四十三里、永定十九里。

兴化府，领县二。附郭县一，莆田一百八十四里。外，仙游十四里。

邵武府，领县四。附郭县一，邵武一百七十里。外，光泽五十三里、泰宁五十二里、建宁五十二里。

漳州府，领县十。附郭县一，龙溪一百一里。外，漳浦五十二里、龙岩十四里、南靖十七里、长泰十一里、漳平二十四里、平和十二里、诏安二十二里、宁洋十一里、海澄十里。

宁州五十七里，领县二：福安四十六里、宁德三十九里。

都转盐运使司，领场七：海口场十一里、上里场二十三里、牛田场六里、浔美场四里、浯州场三里、炳州场二里、惠安场一里。

四川布政司，领府八，军民府四，州二十七内直隶州六，县一百八，卫七，长官司二十三，宣慰司一，宣抚司三，安抚司三，招讨司一，千户所一，巡检司一。

成都府，领州六，县二十五。附郭县二：成都十四里、华阳十一里。外，双流五里、温江七里、新繁四里、金堂八里、仁寿十二里、新都七里、井研四里、郫县八里、灌县七里、资县十里、彭县六里、安县六里、内江十六里、崇宁四里、资阳七里。崇庆州十三里，属县一，新津七里。汉州九里，属县三：什邡四里、绵竹七里、德阳六里。绵州七里，属县二：彰明四里、罗江四里。简州十里。威州一里，属县一，保县二里。茂州七里，属县一，汶川一里；属长官司三：静州长官司一里、陇水头长官司一里、岳溪蓬长官司一里。

保宁府，领州二，县八。附郭县一，阆中十一里。外，苍溪六里、南部九里、广元三里、昭化二里。巴州十四里，属县二：通江七里、南江四里。剑州三里，属县一，梓橦[①]二里。

顺庆府，领州二，县八。附郭县一，南充十一里。外，西充八里。蓬州八里，属县二：营山四里、仪陇八里。广安州二十里，属县四：渠县十一里、大竹十四里、岳池十四里、邻水十六里。

□[②]州府，领县十一。州□□[③]一，宜宾二十里。外，庆符六里、富顺七十里十里[④]、南溪十九里、长宁十七里、高县十七里、筠连七里、珙县九里、戎县九里、隆昌[⑤]、兴文□□里[⑥]。

重庆府，领州二，县十七。附郭县一，巴县八十里。外，江津三十八里、长寿二十七里、安居七里、大足三十三里、永川二十五里、荣昌二十三里、璧山十里、綦江五里、南川八里、黔江二里。合州四十二里，属县三[⑦]：铜梁二十六里、定远十四里。忠州七里，属县二：丰都四里、垫江十二里。涪州十三里，属县一[⑧]：武隆二里、彭水七里。

夔州府，领州一，县十二。附郭县一，奉节四里。外，巫山四里、大昌二里、云阳九里、大宁三里、万县五里、开县七里、建始五里、梁山十一里、新宁七里。达州八里，属县二：东乡四里、太平二里。

马湖府一里，领长官司四：泥溪长官司五里、平夷长官司三里、沐川长官司八里、蛮夷长官司三里。宁戎巡检司一里。

---

① 梓橦：即梓潼。

② 缺字：当为“叙”字。

③ “州”和两缺字：当为“附郭县”三字。

④ 十里：二字当为衍文。

⑤⑥ 下缺里数。

⑦ 三：当为“二”字之误。

⑧ 一：当“二”字之误。

龙安府十一里，领县二：石泉二里、江由二里。

潼川州六里，领县七：射洪四里、盐亭三里、中江五里、遂宁十七里、蓬溪六里、安岳二十里、乐至六里。

嘉定州十里，领县六：峨眉六里、洪雅六里、夹江九里、犍为十里、荣县七里、威远四里。

眉州二十一里，领县三：彭山五里、丹棱五里、青神四里。

泸州六十九里，领县三：纳溪四里、合江七里、江安十七里。

邛州十一里，领县二：大邑七里、蒲江五里。

雅州四里，领县三：名山三里、荣经二里、卢山三里。

东川军民府、乌蒙军民府、乌撒军民府、芒部军民府。

会川卫军民指挥使司，领州七，县一。黎溪州二里、永昌州三里、会理州二里、通安州二里、武安州三里、隆州三里、姜州二里。麻龙县一里。

建昌卫军民指挥司十三里，领长官司三：昌州长官司三里、普济长官司一里、威龙长官司一里。

盐井卫军民指挥司二十三里，领长官司一，马剌长官司二里。

松藩军民指挥司一里。

重庆卫石柱宣抚司三里。

天全六番招讨司十里。

宁番卫军民指挥使司四里。

播州宣慰使司十七里，领长官司六：容山长官司一里、余庆长官司一里、播州长官司四十三里、白泥长官司一里、真州长空[1]司四里、

---

① 空：当为“官”字之误。

重安长官司一里。安抚司二：黄平安抚司二里、草塘安抚司一里。

酉阳宣抚司十一里。

永宁宣抚司一里，领九姓长官司一里。

黎州安抚司一里。

叠溪守御千户所一里，领叠溪长官司一里、郁郎长官司一里。

邑梅洞长官司一里。

平茶洞长官司三里。

□□□卫邛部长官司。

广东布政司，领府十，州七，县七十四，盐课提举司二。

广州府，领州一，县十五。附郭县二：南海三百二十里、番禺一百六十一里。外，顺德一百五十九里、东莞一百八十三里、香山四十四里、增城八十三里、新安一百四十一里、清远十一里、从化十八里、新宁六十里、龙门十一里、三水五十四里、新安①。连州二十一里，属县二：连山十里、阳山八里。

韶州府，领县六。附郭县一，曲江四十三里。外，乐昌十二里、仁化六里、乳源六里、翁源十一里、英德二十二里。

南雄府，领县二。附郭县一，保昌四十四里。外，始兴七里。

惠州府，领县十。附郭县一，归善四十五里。外，博罗五十一里、海丰二十九里、长宁②、河源六里、龙川七里、长乐十一里、兴宁七里、和平四里、永安一里。

潮州府，领县十。附郭县一，海阳二百里。外，潮阳一百三十三里、揭阳七十八里、程乡十五里、饶平一百一十里、太埔四十三里、惠来三十

① 原本下缺里数。

② 原本下缺里数。

里、平远十一里、澄海九十四里、普宁三十一里。

肇庆府，领州一，县十一。附郭县一，高要九十八里。外，四会三十里、新兴二十七里、阳春十里、阳江二十九里、高明三十五里、恩平二十二里、广宁十一里。德庆州四十六里，属县三：泷水十三里、封川九里、开建四里。

高州府，领州一，县五。附郭县一，茂名二十八里。外，电白十二里、信宜八里。化州二十三里，属县二：吴川十五里、石城十一里。

廉州府，领州一，县二。附郭县一，合浦三十里。外，钦州，□□[①]一，灵山二十二里。

雷州府，领县三。附郭县一，海康五十一里。外，遂溪三十一里、徐闻三十里。

琼州府，领州三，县十。附郭县一，琼山一百七里。外，澄迈四十八里、定安二十六里、文昌三十八里、会同七里、乐会十二里、临高五十二里。崖州二十一里，属县一，感恩六里。儋州三十二里，属县一，昌化六里。万州三十四里，属县一，陵水九里。

盐课提举司十八里。

海北盐课提举司十五里。

广西布政司，领府十一，军民府一，州四十六，县四十二，长官司二，巡检司一。

桂林府，领州二，县七。附郭县一，临桂一百十八里。外，兴安二十五里、灵川五十里、阳朔十三里、永福十里、义宁十二里。全州二十七里，属县一，灌阳六里。永宁州十里。

---

① 缺字：当为“属县”二字。

平乐府，领州一，县六。附郭县一，平乐七里。外，恭城二里、富川十里、贺县二十一里、荔浦三里、修仁三里。永安州五里。

梧州府，领州一，县九。附郭县一，苍梧二十六里。外，藤县三十八里、容县十一里、岑溪七里、怀集五里。郁林州四十里，属县四：博白三十三里、北流十六里、陆川十五里、兴业七里。

南宁府，领州三，县四。附郭县一，宣化三十八里。外，武缘十五里、隆安十里。横州十四里，属县一，永淳六里。上思州二里。新宁州四里。

柳州府，领州二，县十。附郭县一，马平七里。外，洛容五里、罗城十六里、柳城十二里、怀远八里、融县七十里、来宾九里。象州十里，属县一，武宣七里。宾州十八里，属县二：迁江二里、上林十一里。

浔州府，领州一，县三。附郭县一，贵平二十三里。外，平南三十二里、贵县三十六里。武靖州无里，止抄册一。

太平府，领州十七，县四。恩城州二里、茗盈州一里、安平州五里、思同州一里、养利州二里、万承州二里、镇远州一里、全茗州一里、结安州一里、龙英州二里、太平州四里、结纶州一里、都结州一里、上下栋州一里、左州四里、思陵州二里、归德州一里。崇善县六里、陀陵县四里、罗阳县一里、永康县一里。

庆远府，领州四，县五，长官司二。附郭县一，宜山二十八里。外，天河十七里、忻城一里。河池州十七里，属县二：思恩二十二里、荔波十六里。南丹州十九里。那地州三里。东兰州十三里。永顺长官司三里、永定长官司四里。

刀州府二十三里，属州一，归顺州一里。

思明府二里，属州六：思明州□里、果化州一里、上西石州□里、忠州□里、下西石州一里、凭祥州□里。

镇安府二里。

思恩军民府二里。巡检司九里。

龙州十一里。

向武州抄报，属县一，富劳一里。

奉议州一里。

田州，上林县一里。

都康州一里。

江州三里，属县一，罗白一土里知。

泗城州□里。

利州□里。

上隆州□里。

云南①，府二十内军民府八，州三十七，县三十一，卫一，长官司十三，巡检司一。

云南府，领州四，县九。附郭县一，昆明二十六里。外，富民三里、宜良四里、罗次三里。晋宁州五里，属县二：归化二里、呈贡四里。安宁州十里，属县一，禄丰三里。昆阳州四里，属县二：三泊二里、易门三里。嵩明州十一里。

临安府，领州四，县四，长官司八，巡检司一。附郭县一。建水州八里、外宁州四里、石屏州八里、阿迷州十四里。县为通海二里、习峨七里、蒙自十五里、河西四里。长官司为纳楼茶河长官司十一里、王弄山长官司八里、教化三部长官司、溪处甸长官司、思陀甸

① 此处：下应有"布政司"三字。

长官司、左能寨长官司、亏容甸长官司、落恐甸长官司。纳更山巡检司。已上，六长官司、一巡检司俱无里。各抄报册一本。

大理府，领州四，县三，长官司一。附郭县，太和五十里。外，赵州十五里，属县一，云南十二里；邓川州十二里，属县一，浪穹二十一里；宾川州十二里；云龙州无里。十二关长官司。无里。已上二处，俱抄报册。

楚雄府，领州二，县五。附郭县一，楚雄十二里。广通五里、碍嘉一里、定远七里、定边三里。南安州五里、镇南州八里。

澂江府，领州二，县三。附郭县一，河阳六里。外，阳宗二里、江川□□。新兴州三里、路南州四里。

广西府，领州二[①]。师宗十六里、弥勒十六里、维摩。

广南府本府四里。

蒙化府本府三十五里。

景东府。

永宁府。

顺宁府。已上三府，俱抄报总册。

鹤庆军民府本府十三里，领州二：剑川州十二里、顺州三里。

寻甸军民府本府七里。

镇沅府本府四里。

姚安军民府，领州一，姚州九里，县一，大姚九里。

永昌军民府，领州一，县二，长官司二。附郭县一，保山十里。外，永平九里。腾越州八里。凤溪甸长官司、施甸长官司俱抄

---

① 二：似为“三”字之误。

报册。

曲靖军民府，领州四，县二。附郭县一，南宁三里。外，亦佐一里。霑益州十九里、陆凉州八里、马龙州四里、罗雄州无里抄报。

武定军民府，领州二，县一。和曲州六里，属县一，元谋五里。禄劝州八里。

丽江军民府，领州四，县一。通安州十二里、宝山州、兰州、巨□①州。临西县。已上三州一县，俱抄报册。

沅江军民府属因远罗必甸长官司九里。

□□卫军民□②。

□化州③。

比胜州十四里。

者乐甸长官司无里。抄报一本。

贵州布政司，宣慰司一，州六，卫四，长官司八十，府八，县六，安抚司二。

宣慰使司，领长官司九：水东长官司一、青山长官司一、札佐长官司一、龙里长官司一、白纳长官司一、底寨长官司一、垂西蛮夷长官司一、养龙坑长官司一、中曹蛮夷长官司。

镇远府，领县二，长官司二。附郭县一，镇远县二里。外，施秉县一里。邛水十五洞长官司二里、偏桥长官司一里。

黎平府，领长官司十二，县一。潭溪蛮夷长官司三里、八舟蛮夷长官司二里、洪州泊里蛮夷长官司四里、曹滴洞蛮夷长官司六

① 缺字：当为“津”字。

②③ 两处：上下文缺字颇多。

里、古州蛮夷长官司五里、湖耳蛮夷长官司一里、亮寨蛮夷长官司一里、欧阳蛮夷长官司一里、新化蛮夷长官司一里、中林验洞蛮夷长官司一里、龙里蛮夷长官司一里、赤溪湳洞蛮夷长官司一里。永从县二里。

都匀府本府一里，领州二，长官司八，县一。本府属长官司四：都匀长官司一里、邦水长官司一里、平浪长官司一里、平州六洞长官司一里。独山州一里，属长官司二：丰宁长官司一里、合江陈蒙烂土长官司一里。麻哈州一里，属长官司二：乐平长官司一里、平定长官司一里。清平。

思州府，领长官司四：都坪峨异溪蛮夷长官司三里、施溪长官司一里、都素蛮夷长官司一里、黄道溪长官司二里。

思南府，领长官司四，县二。沿河佑溪长官司二里、蛮夷长官司二里、水德江长官司四里、朗溪蛮夷长官司一里。印江县三里、婺江县三里。

□[1]仁府，领长官司六。附郭，铜仁长官司二里。外，提溪长官司一里、乌罗长官司一里、省溪长官司二里、大万山长官司一里、平头着可长官司一里。

石阡府，领长官司四。附郭，石阡长官司四里。外，龙泉坪长官司二里、葛彰葛商长官司一里、苗民长官司一里。

贵阳府，领安抚司一，长官司十八。金筑安抚司一。韦番长官司一、方番长官司一、大龙番长官司一、洪番长官司一、卧龙番长官司一、小龙番长官司一、罗番长官司一、卢山长官司

① 缺字：当为“铜”字。

一、金石番长官司一、上马桥长官司一、小程番长官司一、卢番长官司一、程番长官司一、木瓜长官司一、麻向长官司一、大华长官司一、贵竹长官司一、平代长官司一。

普安州一。

永宁州一，属长官司二：慕役长官司一、项营长官司一。

填宁州一，属长官司二：□二营长官司一、康佐二长官司一。

安顺州一，属长官司二：宁谷长官司一、西堡长官司一。

清平卫一，领凯里安抚司。

新添卫军民指挥使司二，领长官司五：新添长官司二、小平伐长官司一、把平寨长官司一、丹行长官司一、丹平长官司。

平越卫军民指挥使司一，领杨义长官司一。

龙里卫军民指挥使司二，领大平伐长官司二。

《湖志》，昉于正德间合州赵君。凡所记载，土[1]以扬祖宗宏远无疆之谟，下以垂后人祇承匪懈之则。其用心讵不伟欤？嘉靖己酉，临安万君重修之，而事与文视昔加详。继而，滇南郭君复为校辑以传。读是编也，有不油然起其畅感之怀者乎！仪不敏，莅事之暇，妄意于重订，而未之能也。窃观天下司、府、州、县之志，皆有地图，以便一览。《湖志》为各志总贯，而独是之阙，岂谓详湖事者固可略于外耶？噫，兹志匪特志湖也，志天下之广也，然则地图可少乎哉？爰与同寅平轩王君考各舆图志，复质于历谙中外诸公，乃命工绘天下一统，并两直隶、十三省各府图略，附于"进册衙门"之后。其卫、州、县及长官司图之所不能悉者，则著于叙略，以见编户之不遗，以补志之所未备。庶乎观志者一披卷，而可以概今日之盛治也已。虽然后湖一图，旧失其真，近更易之，稍有似焉，则今日舆地之图，恐亦犹前日后湖之图也。愚未敢执以为是，正有待于达观者之更定云尔。

嘉靖癸亥□至前七日，东浙陆凤仪谨识。

① 土：当为"上"字之误。

卷之三

事迹三

管册职名

官职。国初，户部侍郎带管。宣德年间，钦设户科给事中一员，自张佑始；户部广西清吏司主事一员，自朱信始，专管册籍。正德十五年，始降管理后湖黄册关防。

监生。洪武、永乐、洪熙年间，国子监取拨监生五十名晒晾。后废，不取。正统元年，张佑查例奏取，遂为定制。

吏、医。吏，正统元年张佑奏准，吏部拨办事吏三十名，送湖相兼监生、库匠，晒晾历年册籍。遇有事故，照例监补。医，正德五年给事中何亮奏准，南京太医院并应天府各拨医生一名，医治在湖人役。

匠役。库匠，先年俱行应天府所属八县编签，看守、晒晾历年黄册。近例，库匠凡遇大造之年添盖册库，另签十名。有缺，行文上、江两县，佥取少壮识字、身家无过之人充当。每月给工食银六钱。水夫，三十七名，撑驾过湖船支。南京工部龙江提①举司拨。近，每添副丁帮用。

大查职名

官职。洪武二十四年定制，每间完，奏委给事中一员、御史二员、主事四员，督同监生查对。事完，一同复命。后因程途不便，本湖奏请户部覆题，止管册官复命，道部裁□。

监生。洪武二十四年定取国子监监生一千二百名，以旧册比对新册奸弊。正统七年，减取八百名。弘治六年奏准，实取三百五十名。详见后卷。

---

① 提：手抄本误写为“举”，据影印明刊本改。

吏役。办事官，二员，收掌监生馔米，南京吏部拨。医生，四名，医治大沓①人役。太医院拨②二名，应天府医学拨二名。总书，四名，内轮流一名，宿湖三名，公厅文移应用。老人，二名，收掌馔米。抬册夫，六十名，拨运所查之册。以上俱行上元、江宁二县取用。膳夫，五十名。徒夫，五名，造官生饮馔。以上行国子监取用。近例，大查用书手③一百名；填驳语，止用三十名。

巡湖职役

一、湖外。南京东、北二城兵马指挥司并沈阳左卫牧马千户所，各差官一员，带同弓兵地方，昼夜往来，沿湖巡察。过湖日期官兵，俱于湖口听候严加盘诘。

一、湖中。旧例，南京户部十三司轮流拨吏四名，在湖巡风。今暂用本湖办事官吏。

后湖界址

弘治三年奏准，本库官厅前立石碑一通，书刻四至。

一、东北自南京都察院前湖坡地埂起，西北按至南京北城兵马指挥司所辖南京沈阳左卫旧仓基址前止，计二千六十二步。每百步立上④堆一个，界石一块，计二千步，其⑤立士准⑥二十个，界石二十块，零六十二步。

一、西比⑦自沈阳左卫旧仓基址起，至神策门城脚下止，计一千六百零三步。每百步立土堆一个，界石一块，计一千六百步，共立土堆一十六个，界石一十六块，零三步。

一、西北自神策门起，东南至太平门止，俱以城垣为限。自太平门起，至南京都察院前止，俱以湖坡为限。

后湖公署

后湖管册官员，旧无公署。嘉靖三十九年，该户科给事中郭斗奏准，行南京工部议处，

---

① 沓：似为"查"字之误。
② 拨：手抄本误写为"发"，据影印明刊本改。
③ 书手：手抄本误写为"者子"，据影印明刊本改。
④ 上：当为"土"字之误。
⑤ 其：细察下文，似为"共"字之误。
⑥ 士准：当为"土堆"之误。
⑦ 比：当为"北"字之误。

而科部公署二所自此建焉。

一、户科管湖公署。坐红花地巷内，面南坐北。东西横，前后俱二十丈；南至北，左深二十八丈三尺，右深二十七丈五尺。迤西又菜地一段，阔二丈三尺，长一十五丈五尺。

一、户部管湖公署。坐旗手卫营巷内，面东坐西。南北横十丈，东西深二十一丈一尺。

卷之四

事例一

诸司职掌

凡各处有司，十年一造黄册，分豁上中下三等人户，仍开军民灶匠等籍，除排年里甲依次充当外，其大小杂泛差役，各照所分上中下三等人户点差。

洪武十四年凡一条

诏天下府、州、县编赋役黄册。以一百一十户为里，推丁多者十人为长。余百户为十甲。甲凡十人。岁役，里长一人管摄①一里之事。城中曰坊，近城曰厢，乡都曰里。凡十年一周，先后则各以丁数多寡为次。每里编为一册。册首总为一图。鳏寡孤独不任役者，则带管于百一十户之外，列于图后，名曰畸零。册成一本，进户部，布政司及府、州、县各存一本。

洪武二十四年凡四条②

奏准攒造黄册格式。有司先将一户定式，誊刻印板，给与坊长、厢长、里长并各甲首，令人户自将本户人丁、事产依式开写，付该管甲首。其甲首将本户并十户造到□册，送各该坊、厢、里长。坊、厢、里③长各将甲首□造文册攒造一处，送赴本县。本县官吏□□比照先次原造黄册查算。如人口有增，即为作数。其田地等项，买者从其增添，卖者准令过割，务不失原额所据。排年里长仍照黄册内原定人户，应当设有消乏，许于一百

---

① 摄：手抄本误写为“慑”，据影印明刊本改。

② 手抄本漏掉“凡四条”三字，据影印明刊本补。

③ 里：手抄本误写为“甲”，据影印明刊本改。

户内选丁粮近上者补充。图内有事故户绝者，于畸零户补辏。如无畸零，方许于邻图人户内拨补。其上中下三等人户，亦照原定编排，不许更改。果有消乏事故，有司验其丁产，从公定夺。仍于各文册前面，本县照依式样，类总填图。所在有司官吏里甲，敢有团局造册，利敛害民，或将各写到如式无差文册故行改抹刁蹬不收者，许老人指实，连册绑缚。害民吏典，赴京具奏，犯人处斩。若顽民妆诬，排陷者抵罪。若官吏里甲通同人户隐瞒作弊，及将原报在官田地不行明白、扌产①收过割、一概影射、减除粮额者，一体处死。隐瞒人户，家长处死，人口迁发化外。凡编排里长，务不出本都②。且如一都有六百户，将五百五十户编为五里。剩下五十户，分派本都③，附各里长名下带管。当差不许将别都人户补辏。其畸零人户，许将年老、残疾并幼小十岁以下，及寡妇、外郡寄庄人户编排。若十岁以上者，编入正管。且如编在先次十岁者，今已该二十岁。其十岁已上者，各将年分远近编排，候长一体充当甲首。其有全种官田人户，亦编入图内轮当。凡册式内定到田地、山塘、房屋、车船各项款目，所到官司，有者如式开写，无者不许虚开。若类县总都总收，除项下，止许开写人丁、事产总数，不用撒数。其各府、州、县将各里文册总查填图完，总造黄册。具将各里人丁、事产、人户开处，另除写无者，定该内分豁各乡都事业并上总数。带管当差官吏躬亲磨算查明收到至各里长，府、州、县总册后，书名画字，乞实数正本官造。亲调正官首领官吏，于各州县造到文册，躬亲检阅，磨算相同。本府依定式另造总册一本，于内分豁各州县人丁、事产总数，并州县造到各项册后，一体开写年月，书名画字，用印。直隶府、州，本府委官一员，率各州县提调造册官吏亲赍。其布政司所辖府、州，仍申解布政司。本司官吏躬亲检阅，磨算相同，依式类造总册一本，于内分豁各府、州人丁、事产总数。于各府、州造到总册后，填写年月，书名画字，用印。委官一员，率各府、州、县官吏亲赍，俱限年终进呈。凡庵观寺院已给度牒僧道，如有田粮者，编黄册，与里甲纳粮当差，于户下开写一户，某寺院庵观某僧某道，当几年里长甲首。无田粮者，编入带管畸零下作数。凡黄册字样，皆细书，大小行款高低照坐去式样。面上乡都保分等项，照式刊印，不许用纸浮贴。其各州、县，每里造册两本进呈，册用黄纸面。布政司、府、州、县册，用青纸面。

---

① 扌产：音义均同“抽”。

②③ 本都：手抄本皆误写为“水都”，据影印明刊本改。

又奏准，边远土官不拘定式，夷民不造。凡云南各府攒造黄册，除流官及土官驯熟府分依式攒造外，其上①官用事边远顽野之处，里甲不拘定式，听从实编造。贵州宣慰司不造，播州宣慰司附近通汉语者编造，其余夷民不造。

令，黄册送后湖收架，委官员、监生对查。凡各布政司及直隶、府、州、县并各土官衙门所造黄册，俱送户部，转送后湖收架。委户科给事中一员、监察御史一员、户部主事四员、监生一千二百名，以旧册比对清查。如有户口、田粮埋没差错等项造册，径奏取旨。其官员、监生合用饮馔器械等项，并膳夫，俱于国子监取用。如不敷，于都税司并上元、江宁二县等衙门支拨。纸札，于刑部都察院关领。不敷之数，并笔墨，于应天府支给官钱置□②。查册房屋册架、过湖船及桌凳什物，俱工部等衙门添拨夫匠修造。

令，凡官员、监生、吏卒、人匠等，每五日一次过湖晒晾。司礼监、户部收掌锁钥，不许一应诸人往来。

永乐十一年凡一条

河南道监察御史张翼等奏准，医治监生。翼等奏，为查理黄册事。照得监生苏现等患病照例缘由，于十一月初九日早□□□□□□□□□□□文华门□□□□□□□□□□□③启奉令旨。但有病的，不要他过来，着太医院带药，就那里医治。

正统元年凡一条

九月十三日，户科给事中张佑题准，为黄册事。照得，钦蒙添除臣同户部主事一员专管黄册。今将合行事宜开坐具题。奉圣旨："该衙门知道。"二十五日早，本部兼部事行在礼部尚书胡濙等覆题。一件，乞添拨监生吏役：□年在库黄册不下四十余万本，内多虫蛀浥烂。原定晒晾人匠五十名，近据应天府上元、江宁二县发到人匠五十名，内有老幼残疾及死亡事故，不与佥补。黄册数多，人匠数少，实不堪用。中间识字者少，凡遇晒晾堆架，多致错杂，今合无吏部添拨办事吏三十名。照依洪武、永乐、洪熙年间事例，国子监取拨监生五十名，相兼人匠晒晾。遇有事故，俱要照例拨补便益。前件，查得

---

① 上：据上文，似为"土"字之误。

② 缺字：似为"办"字。

③ 此处缺字，字数为约数。

本部先次奏准，拨人匠五十名晒晾，今称内有老幼残疾及事故不与签补，要取办事吏三十名、国子监监生五十名相兼晒晾。所据办事吏，难准添拨，合无国子监取拨监生五十名，半年一换。原拨监生，遇有事故，随即取拨。一件，乞修理册库：后湖册库，不下三百余间，俱系洪武、永乐年间盖造。到今年远，多有梁柱污烂，门扇损坏。自宣德九年十二月以前，工部差办事官将带匠料修理。自正月以后，该部照依减省事例停罢。即今轮班人匠无物料，难以修理。今合无照依宣德年间，仍行工部差官将带匠料常川修理。前件，合行工部计料修理。一件，迄今户部吏典照旧巡风。后湖，地方僻静。原户部浙江等十三司，每两司轮流。吏典四名，五日一次宿湖巡风。今各司每次或拨一二名，或全无者，以致无籍之徒因而遇夜越湖，偷取门扇柴薪，恐伤黄册不便。今合无仍令户部照旧看守巡风便益。"前件"，合照旧轮流，吏典直宿巡风。一件，乞①补造黄册。后湖晒晾出递年虫蛀损坏黄册，原每年经由户部奏准补造，今后合无遇有浥烂损坏黄册，就今②户部行移各步③政司、府、州、县补造便益。前件，黄册浥烂损坏，合行户部，照旧奏请行移各该司、府、州、县补造。奉圣旨："部准张佑言，办事吏二十名也拨去，但是，在彼生事透漏事情都不饶。"

景泰二年凡一条

奏准攒造事宜。凡各图人户，在④父母俱亡而兄弟多年各爨者，有父母存而兄弟近年各爨者，有先因子幼而招婿、今子长成而婿归宗另爨者，有先无子而乞养异姓子承继、今有亲子而乞养子归宗另爨者，查照各人户内，如果别无军匠等项役占规避窒□⑤自愿分户者听。如人丁数少及有军匠等项役占窒碍，仍照旧不许分居。凡各里旧额人户，除故绝并全户充军不及一里者，许归并一里当差。余剩人户，发附近外里辏图编造，不许寄庄。若有诡立姓名者，许首告改正。其有自愿卖与本处人民为业，除豁寄庄户籍者听。若违例寄庄者，所在有司拘问，田地入官。其军卫官下家人、旗军下老幼余丁，曾置附近州县田地、愿将人丁、事产于所在州县附籍纳粮当差者听。凡各处招抚外地人民在境居住、及

---

① 乞：手抄本误写为"迄"，据影印明刊本改。
② 今：似为"令"字之误。
③ 步：当为"布"字之误。
④ 在：似为"有"字之误。
⑤ 缺字：似为"碍"字。

军民官员事故改调等项，遗下家人、弟男、子侄置有田地已成家业者，许令寄籍，将户内人丁、事产报官，编入图甲，纳粮当差，仍于户下注写原籍贯址、军民匠灶等户及今收籍缘由，不许止作寄籍名色。如违，所在官司解京，发口外充军，田产入官。凡攒造黄册，如有奸民豪户通同书手，或诡寄田地、飞走税粮，或隐瞒丁口、脱免差徭，或改换户籍，埋没军伍匠役者，或将里甲那移前后应当者，许自首改正入籍，免本罪。其各司、府、州、县委官并当该官吏提督书算，从实攒造。仍先以提调委官并书算姓名贯址，造册一本缴部。如有似前作弊者，事发问罪充军。

景泰三年凡一条

□定官吏、里书人等作弊罪例。凡各处攒造黄册官吏、里书人等，捏甲作乙、以有为照、以无为有者，事发，所在官司解京，并发口外为民。

景泰六年凡二条①

奏准四川威州并保县极边番夷黄册免造。

闰六月，南京国子监祭酒吴节等奏处，为查理黄册。奏曰：三月十三日，南京户部奏，将景泰三年浙江等布政司、顺天、应天二府、直隶河间、苏、松等府、州、县并各土官衙门该造黄册俱送后湖收架外，欲照正统七年事例委官，取拨监生一千二百名查理。今照南京钱粮不敷，人民艰难，止合减取八百名查理。奉圣旨：“户部知道。”十六日，户部覆题，奉圣旨：“是。钦此。”移咨南京礼部札付本监，照依户部奏拨施行。除钦遵外，今奉取拨监生查理黄册。缘本监先于景泰四年奉南京礼部札付，为存省京储事，将坐堂年深监生量存一千名在监肄业，听候差拨。其余并续考送到监生，悉照上年事例，放回原籍，依亲读书。遇有缺用，挨次行取。除已遵奉放回依亲去讫，止存年深监生一千名，在监肄业。续奉南京吏部札付，行取历事并写本监生二百三十四名。又，该南京都察院山东道手本，行取制卷监生范□等一百名，并各衙门陆续取送物料及办事监生张景监等一百一十一名。今实坐堂监生赖琰等六百零八名。今奉□依事理，将各生拨送查理黄册。名数不敷，欲□□景泰元年依亲监生徐福等四百三十一名，景泰二年刘恺等六百五十名，行

① 此处：手抄本漏写“凡二条”三字，据影印明刊本补。

取复监。□□差拨秦□□□□□□□□□□①知道。

天顺五年凡一条

奏准处置各处流移人户。各处流移人户及官民、官员事故遗下家人，先中编成里甲，开垦荒地。为业已久者，各府委官丈量，俱照轻则，每亩起科秋粮米三升三合，草一斤，造入黄册，纳粮当差。如仍寄籍及不附籍者，解原籍复业，田产入官。凡各司、府、州、县总册，各委官史亲赍进呈。各里文册，另差官径送南京户部。

成化二年凡一条

二月，都察院右都御史李□等题准，为盗取后湖黄册等事。今后敢有私受财物，偷抄洗改后湖黄册者，照犯人张成比拟盗制书，不分首从，律条皆斩监候，奏请定夺。

成化十一年凡一条

七月，南京户部议处查理黄册监生事宜。据南京国子监呈准后湖手本前事，照得本监自来凡遇一应杂办差使，举人监生不与岁贡监生混同差拨，存留在监作养，勉令进学，不致妨废。别无优免事例，欲令一一开送过湖。缘举人数少，中间多系拨历在迩，合无准令举人左庆等照例存留在监，肄业惟复，仍送后湖查册，烦为斟酌定夺，等因。到部案查先该本部奏准，委南京户科给事中一员、监察御史二员、本部委官四员、南京国子监取监生八百名，过湖查理。成化八年，天下黄册已经钦遵通行查理，去后续该本部主事吴璋等呈，称例该用监生八百名，今止有二百余名过湖。以八百名计之，仅得三分之一，有误查理，等因。又经通行查取，去后未据送到。今该前因，看得举人与岁贡所入之途虽异，及其到监，均为监生。设若岁贡监生数多，可勾查册，或可姑容举人肄业，以待下科会试。今见有监生既已数少，不勾查册，况查无举人监生优免事例，如仍容留举人在监，止令岁贡监生查册，非推人情不堪，抑且耽误查理。所据监生左庆等，俱各照例送湖查册，候有取到各项监生可勾查册之数，宜从替回，在监作养，肄业施行。

成化十五年凡一条

九月初十日，南京广东道监察御史李纪奏准，为陈言时政以

---

① 此处：缺字较多，字数为约数。

图资治事。照得天下府、州、县军民人户虽有版籍，十年一造，然而，军籍之家卒多奸佞，欲脱为民，往往买求造册书手，妄开户籍，谓之“小户”。有丁少分作二户者，有丁多分作三四户者。其原户止存一一①老弱人丁，各当差役。初则佯言，候军有缺，照旧听继，实欲延历年远，以候知因年老人等及原户人丁死亡，则泯其军籍，捏作户绝，而所分之户，尽为民矣。又有军籍全家合族逃往别府州县，置买田屋，捏作民户，于所在官司投告随产附籍当差者；及有远卫军丁畏惧勾补，投报近卫军籍，认作亲□等项，名色影射而两不着伍者。以此奸弊，非止一端，递年虽经清理，多被买求该管官旗里老人等互相掩饰。若非追究，何以复旧。乞敕该部申明军政条例，通行备榜，发仰各处司、府、州、县，张挂晓谕。仍着清军官员，严加审究。自前至今，但有军户分籍及往别处州县指以随产冒抄民户，并乘远卫投并近卫躲闪当军者，悉令首正明白发遣。如有似前夤缘置免不行首改，许诸人拮实首告，官为给赏。将脱避之人，从重问罪，等因。奉圣旨：“该衙门知道。钦此。”十月初十日，兵部覆题，查得军政条例内一款，浙江等布政司并直隶、松江等府、州、县，人民中间多有父子从军，子孙畏继军役，不于本户附籍，却于别州县过继作赘，或他人户籍，或寄异姓户内，□相事故勾丁，有司、里老受嘱，即以丁尽户绝回申。又有为事充军在后，原籍共户伯叔弟侄畏惧勾补，买嘱里书人等，各另开作民户，或顶死绝影射，捏作户绝。榜文至日，俱限两个月以里，赴所在官司，首告改正，与免本罪，仍令收入本户，听继军役。若执迷不首，被人首发，或挨究得出，正犯决杖一百，发烟瘴地面充军。里邻窝家，俱发附近卫所充军。官吏失于挨究，依律问罪。及查得先为清理军政等事，该本部尚书马□等议得各处军户子孙多有畏惧军役，不报本户，却于别府州县捏作入赘，复业寄籍等项，及至原卫发册清勾，有司里老人等受嘱，只作本军丁尽户绝回申，隐瞒作弊。又有为事充军在后，同户伯叔弟侄畏惧勾补，买嘱里书人等，各另开籍，连军作民。此等之人，今后俱许赴所在官司吏清军官处首告改正，与免本罪，就将军丁收入本户，听继军役。若是仍前执迷不首改正，被人首发，挨究得出，军丁杖断，发边远充军。里书人等，俱发附近卫所充军。官吏失于挨究，依律论罪等因，具题。天顺二年八月初九日，奉圣旨：“是。钦此。”已经通行钦遵。去后今该前因，参照御史李纪奏称，天下府、州、县军民人户虽有版图，十年一造，军籍之家率多分户脱军，乞要申明军政条例，通行备榜，发仰各处司、府、州、县，张挂晓谕

① 一：似为“二”字之误。

一节，切中时弊。缘查有前项奏行事例，难再出榜，俱恐前例通行已久，有司奉行未至相应，得为申明，□①合通行。

成化二十三年凡二条

二月初四日，户部左侍郎李□等题准，为建言民情事。照得听选官何源所言一件，原籍人民自洪武二十二年间以丁粮三户，垛充兴隆卫军，轮流应当。有因家道贫乏，起程赴卫之际，盘缠缺少，及有在卫艰难逃出，尽将田地绝卖与人，造册过割，五六十年者，有三四十年者。后或正军丁尽，或左右贴军户绝，或全户赴卫当军，转逃别处潜住。近年以来，有□奸诈军人，见得本处先年因被两广苗贼越境流劫，人民多被烧毁及遗失买地契约，乘机将绝逃军人原卖过割明白田地，有正军捏称收承左右贴军田亩者，有贴军妄作收承正军地土者，连年告争不已。有司不辨曲直，朦胧断给与军，或勒买田之人，津贴军装，以致一概仿效，词讼蜂起。民被搅扰，甚至结成仇恨，怀记在心，到卫嘱贿官吏，将买田之家儿男，捏作出继入赘名色，辄便径行。有司勾扰，其弊甚大，深为民患。嗟怨冲天，致伤和气，因而旱涝相仍。致灾之由，恐在于此。若使前项过割年远籍定田地概与军，以后军人起程艰难，有田无钱，欲将变卖，人皆疑忌不买，盘缠何由拼置，必致逃躲，诚非良法，及为妨害。臣恐各处亦有此弊，如蒙乞敕都察院，转行清军御史并布、按二司，清军官员严加禁约，今后遇有告争绝军田地，系在正统、景泰年间过割明白，造册三四次者，立案不行。如系逃军户下亲丁复业告取，亦要从公审勘的确，方许断还。如或有司未奉之先枉断与军者，悉令改正还民。若有司徇私，坚执不行改正，听被告之人赴宪司诉理。应提问者，就便提问。应奏请者，照例施行。如此，则天意回而灾咎弥，词讼息而民获安矣。前件，会官议得户部奏请行都察院禁约，看得听选官何源所言，远年军人田产卖过收户已定，□告官府，朦胧断给。又有军人将买田之家儿男，捏作出继入赘名色，行文拘扰，深为民害一节，非惟湖广一处为然，恐各处府、州、县亦有此弊。诚有如本官所言者，虽有见行事例，官司奉行未至，拟合申明禁约。案呈欲行都察院，转行各处巡按并清军监察御史，各行布、按二司守巡官员，着落府、州、县、卫、所当该官吏，严加禁约。今后有告争绝军田地曾经造册三次四次、过割田粮明白者，不许听其捏词告害。如是逃军户下亲丁复业，告取原祖田地，务要勘审的确，方许断还。其本户丁

---

① 原字为“损”，疑为“拟”字之误。

绝，而赘婿义男并亲邻人等承受产业，例该承继。军丁贴备军装者，不在此限。若有司官吏受财听嘱、朦胧枉断者，听巡按清军监察御史并分巡官究问。干□①五品以上官，径自奏请提问施行。具题次日，奉圣旨："是。钦此。"

十一月，户部尚书李□等题准，为兴利革弊等事。行移各处巡抚、巡按官，督同按察司管屯签事等官，从公踏勘，要见每卫、所设屯军若干，各屯田该若干顷亩，若干石数，逐一清查明白。中间果②有势要官军侵占军田地，不纳子粒，务要追究③明白。应奏请者奏请，应提问者提问。如律照例发落。其清出田地，照数拨与无田军人，耕种纳粮。通将查勘过屯军田地粮数，类造文册奏缴，仍将清册一本送部，以凭查考。

① 原字被墨笔去掉。

② 果：手抄本缺，据影印明刊本补。

③ 究：手抄本缺，据影印明刊本补。

卷之五

事例二

弘治元年凡二条

奏准修理石闸及禁约事宜。后湖,为因南岸石闸废滚,及城内种田军民偷引水利,以致湖水走泄干浅,人可徒涉。沿湖地土,因此得以耕种。若不就为处置,诚恐籍册失所。即将原设石闸,趁今水落时月,将见追租钱并工修理。务要坚①完经久,不许虚应故事。以后城内种田军民,不许偷引水利。其各人退出田地,照依所定界置。行令管湖官员不时巡视,若再盗耕,即便捉拿,究问加②律。其湖内鱼蟹、菱芡、薪草之类,不许附近军民擅自采取,因而作弊,窥伺黄册。南京都察院仍备云出给榜文,前去彼处张挂,通行禁约遵守,不许诸人耕种。如有故违,许科道官指实参奏。庶得湖不干浅,人知禁惧矣。

十二月二十五日,南京山西道监察御史孙纮等劾奏,为故违禁例以开弊端事。奏曰:弘治元年十一月二十□日,钦差两广公干太监郭镛,带领随从二十余人,擅架船只,过后湖中洲册库处所观望,至午而回。臣等窃维,圣祖设立收藏图籍之所,凡天下造到黄册,皆于此,故特设给事中、主事各一员,管理其事。湖中船只,系内府司礼监及南京户部分掌匙钥,以应外人不容往来。洪武年间,法禁最为严重。白③国初至今,百千④余年,人莫敢犯。今太监郭镛承差两广公干,自当夙夜不遑以副君上之命,乃于南都经过之地,逗遛日久。虽祖宗严禁之地,偃然不顾,前去游憩。其怙恩恃宠,肆己骄人,坏国家之成法,起都人之惊猜,是可忍也,孰不可忍也!或者以郭镛过湖半日之

① 坚:手抄本缺,据影印明刊本补。
② 加:疑为“如”字之误。
③ 白:似为“自”字之误。
④ 千:应为“十”。洪武(1368)至弘治(1488),120年。

间，未必能害事。殊不知钦差经过，内外官员络绎不绝，使人人效尤，欲止之，则必以郭镛为辞；不禁，则奸人乘之作弊。其源一开，末流无所不至，诚不可不虑也。如蒙准奏，将太监郭镛拿送法司，明正其罪，仍敕该部申明禁例，无容门人来往。庶使近幸者有所畏法，奸慝者无所容谋，亦久安长治之一事也。奉圣旨："该衙门知道。"

弘治三年凡四条

四月，钦差司礼监太监何穆等题准，为故违禁例以开弊端事。会同南京守备等官，亲诣后湖勘验过，应该添设制度，严加关防处所，会议明白，条陈于后。

一件，立石柱水则并四至石碑。南京太平门外、后湖中洲，先于洪武年间设立黄册官库。以后，凡遇十年一次，各处造到黄册，添盖库房收贮，四傍湖水环绕。本湖南岸城外，原设石闸一处，内有闸板二道。城内又设石闸一处，内用漏孔①钜板铺垫，撙节开闭。又于太平门外及太平堤下，各设水洞小闸。大闸字张②，浛浸册库，城垣则开闸以泄之。水干通人，往来作弊，则闭闸以蓄之。后因年久，闸板损坏，湖水常川流泄干浅，以致本湖内外种田兼收，盗取册库，偷引水利，诸弊俱生。先该监察御史等官缪樗等，踏勘占种湖田，量定界至，具奏已经都察院覆准，行移南京都察院，出榜禁约，不许诸人耕种采取及修理石闸外，但无定拟湖内蓄水深浅，湖外官民界至，犹恐日后军民人等，仍前偷引水利，占种湖田，嘱托势逼该管人员，将前闸不时启闭，走泄湖水，复有前弊。乞敕该部行移南京户、工二部，委官相计，于册库并太平门傍湖口，各立石柱，书刻湖水准则。若水大过此准则，方许开闸泄放，至准而止。若水平，或不及准则，不许擅自开闸。仍于本湖北岸，前该委官勘量界至处所，每百步置立界石一块。本库官厅内，立石碑一通，书刻四至，不许官民人等占种湖田，及假以采取柴草鱼鲜、牧放牲畜为由，窥伺作弊。仍于神策门外、东城脚下湖边，照依太平门外砌置界墙并册③栏门一所，以断人畜往来，樵牧窥伺。册库，仍令地方火里、巡捕官兵常川巡视。敢有故违，听管册给事中、主事参究拿问。

---

① 孔：手抄本缺，据影印明刊本补。

② 句中疑有错字。

③ 册：疑为"栅"字之误。

一件,盖造窝铺、石柱,锁系船只。原设过湖官船一十二只,在于太平门外湖边湾泊。缘无系锁去处,止令铁锁连串头下锁。钥匙虽在南京司礼监及户部分掌,每遇五日一次过湖之时,差监生一名,赍文前去关领。开锁之后,随即送回。过湖人员所驾船只,未必尽去,或余三五只在岸,一日不锁者有之。到库船只,亦无锁禁。及驾船回岸,管册官员关防,或不严密,上令水夫自锁。中间遗下不锁者,亦有之,以致得以擅自拨驾往来、船载柴草、装送人畜等项作弊。乞准下行令南京工部差官相计,于前船湾泊发锁岸边,盖造窝铺一间,内立石柱一根,将委官开数明白,铁索连串一头,锁系铺内。接费查理实数,除驾用外,其余船只仍皆串锁,送交管理后湖官员,俱将锁铺门封锁。虽遇串其库内绣锁损封,其过湖船只到于库边,修正铁锁连串,或亦置立石柱,或就水边树木封锁。船回之时,仍前串锁铺内柱上,封毕事体,锁匙送交。

一件,册壳不许糊背,及置青柴水薄。旧时,各处造到①黄册,俱用面糊,表皆绫壳。具库内册架,仍用竹片铺垫,易于引惹吏官,以致册籍坏烂。又因逐年晒晾,翻查远年收只册,首尾由语俱无,不知是何府、州、县者。黄册,先于正统年间,户部奏差委官一十余,呈将见在黄册,有无数目,清查一次,见有底簿有照。今经年久,但遇各处行查籍册,不知有无。见在只得偏于搬揭,愈加搬损。乞敕该部通行各处,今后但遇大造黄册,俱用厚纸为背面,粗牢绵索装钉,不许用面糊表背。仍于册内乡都图里之上,俱要书写禁府、州、县。倘后册由损坏,易于查考。其册架,用木板铺垫,不致虫蛀。仍行南京户部,将浙江等布政司并南、北直隶,见收在库黄册,每处委员外,即或主事各一员,取拨办事官吏、监生,逐一清查,置立文簿,附写有无见在数目。其首尾册由损坏不知府、州、县者,即将册内缝印辨出。本部拨给应支官钱,买办纸札,增添册面,附写明白。清查完日,通行造册奏缴。仍将文簿送该部印记,交与管册给事中、主事收掌。但遇各处行查籍册,先将簿内查看,见在,方全揭查。如此,庶使黄册不致损坏,人工亦不烦费。

一件,砍斫柴薪。黄册库外荒洲,逐年生长芦苇等项柴草,逼近库墙。秋冬之日,水落草枯,若不砍去,恐惹风火;若容外人砍斫变卖,又恐因而生弊。其五日过湖查册官吏、监生,及日逐在库宿歇、看册夫匠,俱在库外火房做造饮食。又每遇十年造到黄册,该用查理监生人

---

① 到:手抄本"黄"字写了一半,据影印明刊本改。

等数多，俱该上元、江宁二县出办柴薪送库，分给烧用。乞敕该部行令管湖官员，于每年秋冬草枯时月，督令在官夫匠，或行有司添拨甲首二十名，定限日期，相兼砍斫，成束见数若干。除给与官吏、监生、夫匠日逐烧用外，其余之数，俱用官船装送隔水州上，如法堆垛，待后大造黄册送到查理之时，分给官吏人等造饭烧用，免令有司供办。柴薪若积聚过多，恐年久固□，就行会官估价，变卖银两，送应天府官库收贮，以备修理本库等项支销。

一件，打取鱼鲜。后湖所产鱼鲜，旧例，每遇冬年二节，该南京司礼监差拨内使，带领鱼户扛抬外处鱼船，前来本湖网打鱼鲜，给俵内官内使食用。缘无议定打鱼日期及鱼船数目，或有官、私人船，一概混杂，乘机网打，难以防范。乞敕该部行今①各该衙门及管册官员知会，每遇冬年二节之前，照依旧例，网打五日，即将船网收回。其余日期，不取②采取。如违，许管册官捉拿送问。

一件，修理库房。后湖黄册库房共计四百余间，系洪武年间以来陆续盖造。缘地势低湿，岁久易于浥烂。其椽瓦、望牌、门窗、册架之类，不时损坏渗漏。正统年间，南京户部奏准，该部委官一员，将带人匠物件，常川在湖修理。后又革去。遇有坏漏，管册官具呈本部，转行南京工部，委官会勘修理。文移颇烦，往复日久，缓急难以渎事，恐致倒塌，愈费工料。若以前委官常带匠料修理，又恐久占人难。乞敕该部行移南京工部，令修仓委官带管修理后湖库房等项。遇有管册官员开报册库损坏处所，凡遇过湖日期，即便量带夫匠物件，与在库夫相兼修理完备。庶使工程不致浩繁，黄册亦免损坏。伏乞圣裁。倘有可采，敕付该部施行。人知警惧，而弊端可革矣。四月初八日，户部覆题，奉圣旨："这本所言都准，行各该衙门知道。"

又题准祭祀土神礼仪。黄册库中，原设土地神祠宇一所。前该管册官员因见本库设在阴湿之所，过湖官吏、监生、夫匠人等，多灾疾。每年春秋之时，止办牲醴祭祀。因无奏定祭祀礼仪，人或多以为言。乞敕礼部计议应否，行令附近有司，每岁春秋支给官钱，买办牲醴等项祭祀，就遣管册官行礼。奉圣旨，这本所言都准，行该衙门知道。户部移文，看得太监何穆奏称，"南京后湖黄册库中，原有土地神祠宇，要行附近有司，每年春秋，支给官钱，

① 今：当为"令"字之误。

② 取：当为"许"字之误。

买办牲醴，就遣管册官行礼”一节，即该户部奉有前项钦依事理，拟合通行，除外，合就移咨前去，烦为转行应天府所属，支给官钱，买办牲醴等项，及行管册官一体钦遵，致祭施行。

闰九月，户部议处清理后湖黄册事宜。 议曰，看得南京户部奏称，“遵依钦差司礼监太监何穆等奏，奉钦依事谨委官清查后湖黄册，合用办事官四员，办事吏三十名，监生一百名，办印生二名，并夫匠、医生。药材供给，饭米、蔬菜、器皿等物，要照成化十八年分清理、大造黄册事例，行移各该衙门取用。”一节。本部查有前例，合行南京户部，径自转行南京吏、礼、刑、工四部，并南京国子监、应天府、都悦司①、上元、江宁二县等衙门，照例斟酌取用。及称“见后在库黄册，通计七十九万二千九百余本。其远年壳面不存者，大约六十四万七千二百本有零。每本用染黄厚纸二张，计用纸一百二十九万五千二百张。装钉绵索条数，大约与本数相同。估计每纸一张用价银三厘，每索一条用价银一厘，大约共用银四千五百余两。本部查无应支官钱，无从支给，要将龙江盐仓捡②校批验所见在收积余盐五十四万八千六百余斤，暂行变卖银两支给，买办纸札、绵索。如有不敷，仍将续收余盐变卖支用。候清查完日，前项盐照旧施行。”一节。其龙江盐仓检校批验所见收余盐五十四万八千六百余斤，系折支南京文武官员俸粮之数，本难借支，但该部既称查无应支官钱，合无准其所拟，行移南京户部，委官一员，公③同应天府、上元、江宁二县各委官一员，将前项收贮在仓余盐，吊取本所原收卷簿到官，查算明白，照依时价，尽数变卖足色银两，转发应天府官库收贮，以备支给买办纸札、绵索应用。以后续收余盐，照旧折给官员俸粮，难准再用。通将变卖过盐斤，并支过银两数目，径自造册奏缴。仍造青册一本，送部查考。十六日，奉圣旨：“是。”

十一月，南京吏科给事中邵诚等奏准，为黄册事。 看得后湖收贮天下黄册，民数所在，诚非细事。偶有愚见，不敢隐默。是用条陈一二，上渎天听。伏乞圣明，俯赐裁处。庶使事能经久，奸弊可除。奉圣旨：“该部知道。”二十一日，户部覆题，看得给事中等官邵诚等所言六事，除填砌库前洲渚、移盖库前房屋、给予印信关防三事，移咨礼、工

---

① 都悦司：当为“都税司”。

② 捡：据下文，当为“检”字之误。

③ 公：似为“会”字之误。

二部，径自定夺外，今将黄册监造委官、书写字样、备开乡贯、编次恪①眼四事，逐一开立。

前件，一件，监造委官。天下大造黄册，监造官员多有衰老贪懦，不行用心防禁督造，一任里书通同作弊，以军作民，以民作军，飞走税粮，增减田亩。如户籍中间，有将军户改作民、灶等籍者，有将民户捏作军、匠等籍者，以致户籍错乱，无凭查理。如田粮中间，有开多收少者，有有收无除者，有洒派各户者，有产去税存者，以致朦胧飞走，无凭查算。奸弊多端，难以枚举。及至送湖，查封不同，驳回重报，不免科扰于民。虽经参奏问罪，视为泛常。照得弘治五年大造黄册在迩，如蒙乞敕该部，通行各处同府、州、县，选委廉干公正之人，用心监造。户籍、田粮、过割等项，务要仔细查对相同，磨算明白，方行攒造。不许将衰老、不才官员一概行委。其间，或有户籍、丁粮别有事故，应该移图者，就便明白声说。各户项下查对之时，有所凭据，免致重驳。先年若有前弊，造册之日，各准首官改正。敢有仍前隐瞒作弊者，查对得出，或被人告发，不分革前革后，事于②军伍，军，发边远充军；里书，发附近卫所充军；县正官，各治以重罪。事干田粮，责令里书候造册改正。其驳造黄册纸札等项，俱要原经里书自备，不许科扰于民。册完，仍差里书亲送到湖交割，以凭查对。如此，则人心警惧，而民亦不致重扰矣。前件，看得给事中等官邵诚等所言大造黄册之弊，至为详悉。监造官员不得其人，则丁口之增减，税粮之飞走，版籍之错乱，皆由于此。孔子曰“为政在人”，正谓此耳。然人岂易得哉。且府如知府贤能者十常七八。自府佐以下，州主县令等官，进身科目者，容有可取。若出自胄监吏胥之辈，非年力之衰迈，则资质之庸下。用之监造，惟听里书，袖手而无为，或贪贿赂，扶同而作弊。信如邵诚等之所见也。合无准其所奏。本部通行各该布、按二司，今后人造黄册，但责成于分巡分守知府正官。州、县监造官员③，不拘正佐，推选行止端庄、年方精锐、干办明敏者，专管其事。如弘治五年，该大造之时，先令④里书抄写原本，旧管支与监造官收掌。监造官就拘排年里甲，亲报似册供词，细开人口登耗、税粮出入、户籍缘由。旧本宿弊，许令自首改正，免罪。监造官参详考订，攒造册稿。然后别选相应谙晓书手，依稿誊写。又恐事久多变，定限二三个月以里完

① 恪：似为“格”字之误。

② 于：疑为“干”字之误。

③ 员：手抄本误写为“册”，据影印明刊本改。

④ 令：手抄本误写为“今”，据影印明刊本改。

备，解送本府。知府亲自磨对，仍拘原供排年里甲，覆审明白，甲①送分巡分守处，辩验印封类解。如经该官吏不行用心查算，里书故将原册改抹，致有丁口之增减、田粮之飞走、户籍之错乱者，分巡分守等官查对得出，或被人告发，本犯问发附近卫所充军，里书照例发口外为民。若干碍监造官员，治以枉法重罪。如此，则人心知警，宿弊可免。

一件，书写字样。天下黄册，中间多有字画微细、易于洗改作弊，及访得前次各处解册人役行至中途故意迁延不进，等候本处人户前来通同作弊，洗改户籍、移易军民、埋没田粮等项。如蒙乞敕该部通行天下，今后册字俱照题本字样书写，不惟难于洗改，抑且易于检查。其解册赴京，每府委差堂土②公廉能干官一员总解，务令一齐到部，庶可以革迁延、洗改之弊。前件，查得先年大造黄册，字样细小，行款高低，册本图式，俱系本部题准通行事例。今给事中邵诚③等所言，"黄册字样细小，易于洗改，解册人役中途迁延，或移易军民，或没埋田粮。今后造册，要照题本字样书写，选委各府官员部解。"一节。臣等看得字样细小，委的易于洗改，而难检阅。粗大者，易于检阅，而难洗改。是亦革弊之一端也。合无准其所奏。本部通行各该司、府、州、县，今后大造黄册，俱照题本字样真楷书写。行款高低，依式攒造。事完之日，查照旧例，选委司、府能干官员，率领各属经该官吏解部。定限本年终一齐到部，送湖查考。中间查有洗改字样，过限程期，先将差来人员问罪。若事干军伍税粮重情，一体查究，照例处治。如此，则洗改之弊可革矣。

一件，备开乡贯。洪武、永乐等年各处黄册，有于各户项下开写乡都图保者，有只写本都本图者。即今壳面多有虫蛀浥烂，格眼不存，虽知某府某县，不知何乡何图，一遇揭查，无从辨认。照得洪④治五年例该大造黄册，合无通行天下司、府、州、县，今后造册，各户项下，备写某府某州某县某乡某图军民等籍。其军籍，就于户下开写，先前祖父于某年间为某事发充某卫所军。如有一卫二卫，各照卫分明白填写。庶得军民户籍明白，不致埋没隐瞒。前件，查得近该司礼监太监何穆题称，旧时各处造到黄册，俱用面糊表背纸壳；其库内册架，俱用竹片铺垫，易于引惹虫蛀，以致籍册坏烂。又因逐年晒晾，翻查远年黄册，首尾

① 甲：疑为"押"字之误。
② 土：似为"上"字之误。
③ 邵诚：前作"邵诫"，后文互有所用，在此存疑。
④ 洪：当为"弘"字之误。

由语俱无，不知何府、县者甚多。今后但遇大造黄册，俱用厚纸为背面，粗牢绵索装钉①，不许用面糊表背。仍于册内乡都图里之上，俱要书写某府、州、县、里、保。倘后册有损坏，易于查考。其册架俱用木板铺垫，不致虫蛀。已经题准通行。去后，今给事中等官邵诚等所言，正与相合。但于军户项下，要写先前祖父某年为某事充某卫所军。如有一卫两卫，各照卫分明白填写。揭查之际，似为便益；攒造之时，不无烦琐。况黄册十年一大造，军册三年一清造，俱有定式。若是百年版图，一日变更，则不惟新旧图样不相照应，亦恐里书乘机作弊。军民版籍，由是而益紊乱矣。所言窒碍，难以施行。本部合无通行各该司、府、州、县，今后大造黄册，查照太监何穆所奏，于乡都图里之上，务要书写某府、州、县、里、保、军、民、灶、匠等籍外，其余悉照旧式攒造，永为定规。

一件，□②次格眼。人户有丁有田者，每十户为一甲。丁小贫难者，为带管畸零。凡遇点差徭役，纳办物料，审验丁田多寡，自有轻重之差。此朝廷爱养百姓良法美德，行之万世而无弊者。夫何近年以来，奸诈之徒，造间③之时，买嘱里书，将殷实人户反行造作带管畸零。本有丁口，止将老幼或一名二名造报，其余不收上册。本有田土，止将下则或半亩一亩作产，其余尽行诡寄。如永乐、宣德等年，户籍旧册在一都一图，今则故意迁改别图，躲避粮差。如父在某乡某保，子则那移别乡别保，影射赋役。一遇征收税粮，点差徭役，纷纭争吉，搅扰官府。词讼繁兴，实由于此。如蒙乞敕户部，通行天下司、府、州、县，造册之时，务要府、州、县掌印正官严加禁约，拘集里书，将人户正身一名名研审查勘，丁口田粮明白，一一造报。如仍有前项奸弊者，即便申逵④，合于上司，将诡寄田土尽行没官，分给贫难小户佃种。漏报丁口，从重治罪。府、州、县正官不行用心查审、致有前弊者，俱各降级调用。如此，则上下警畏，法禁严明，非惟派差均平，而词讼亦得减省矣。前件，看得给事中等官邵诚等所言，近年以来，奸诈之徒一遇大造黄册，买嘱里书，有将殷实大户报作畸零带管者，律所谓变乱版籍者是也。本有户口、将老弱或一名二名造报、其余不收者，律所谓脱漏户口者是也。本有田土，止报一亩半亩作产，其余尽行诡寄，律所谓欺隐田粮者是也。户

---

① 钉：手抄本误写为“订”，据影印明刊本改。

② 原文只刻半边“丝”旁，当为“编”字。

③ 间：疑为“册”字之误。

④ 逵：应为“达”。

籍旧在一都一图，今则迁改别都别图，律所谓躲避差役是也。父在某乡某保，子则那移别乡别保，律所谓影射差役是也。似此奸弊，实不能无。查得本部定拟造册榜例内开条件一，各处亲民衙门照依旧制，不许团局造册，止令人户自将本家人丁、事产，依式开供，付与该管里长，将本户并甲首共一十一户丁产亲供，付与见役里长。见役里长却将十年里甲亲供丁产，共一百一十户攒做一处，定作册本，送与本管衙门。某本管衙门官吏将各户亲供，比照原册旧管，仔细查算。如十年之内，有人口新增死亡，田粮地亩开耕，买卖过割，俱于收除实在项下作数。其余别无差错，仍发该里，依式誊写完备，送本管衙门类总。本管衙门并里书人等敢有故违，团局造册，致有科敛害民，或将各户写到如式无差册本故行改抹，刁发不收，或通同里书人等作弊，将丁口隐瞒，及将原报在官田地不行明白推收过割，一概影射，减除粮额者，俱照旧制，治以重罪。已经议拟题准，刊榜通行晓谕。去后，今给事中邵諴等所奏，要将查有前项情弊，田粮诡寄者，尽数没官，分给小民佃种；户口漏报者，从重治罪。府、州、县正官不行用心查审、致有前弊者，降级调用，等因。本部查有榜例，禁革难再别议，合无仍行各该司、府、州、县，着落提调造册官员，将所奏事情，照依先今事理，严加禁革。中间如与榜例有碍，仍照榜例施行。务在版籍清切，宿弊祛除。奉圣旨："准议。"

弘治四年凡一条

奏准给发各户帖文。先年造册之时，有将丁口漏报、或税粮诡寄、户籍那移者，先行备开缘由自首，本管州、县申详合干，司、府查对相同，明白改正，免罪。其官吏、里书人等，如有通同作弊，照例问罪。造册完日，州、县各计人户若干，填写帖文各一纸，后开年月，并填委官、里书人役姓名，用印钤盖，申逵①司、府，知会给发各户亲领。□□□知本户旧管、新收、开除、实在丁、粮各若干，凭此纳粮□差。下次造册，各户抄誊，似②本开报，以为凭。

---

① 逵：应为"达"。

② 似：疑为"以"字之误。

卷之六

事例三

弘治五年凡一条

六月，南京户科给事中杨廉奏准，为黄册事。奏曰：窃见直隶永平府滦州知州潘龄建言，欲抄后湖黄册军籍，以便清军。兵部转行南京户部，令与臣管册官计议。是盖以版图重事，而欲博采舆论也。既而，南京户部议得抄册便，臣议得抄册不便。甲可乙否，不得不言。夫以为抄册便者，不过谓天下司、府、州、县多无远年籍册，一至清军之时，止凭里胥供报，甚至辄赴后湖查册，中间不无往复，岂若将后湖之册，抄其军籍，俾在在有之，而用以清军之为便哉。此则该部之说，与潘龄所见略同也。然，臣以为此说若行，不惟无益于事，而且有意外之患。臣请先言其患，而后言其所以无益者。仰惟祖宗旧例，藏册后湖，法禁严重，不许诸人窥伺。其深谋远虑，固非一端。至于今日，各处远年之册多无，而军民户籍大势不敢①紊乱者，诚惧籍册之独全于后湖也。今者，一旦令其抄誊，使人测知后湖之虚实，则户籍之紊乱，将有不可胜言者矣！何者？使后湖之册全，则抄之乎犹可。惟是见今如永乐年间之册已不全十之一二，如洪武年间之册已不全十之四五。如此而暴之天下，使人知某乡某里之无册，则向之所惧者，至是有不足惧矣。将见以民为军者，得以肆其告讦；而脱军作民者，往往遂其奸计。百年之籍，由此纷然而不定矣。此臣所谓意外之患者此也。至若人之脱军作民者，其名字定是改换，其都图多是飞出。若止据军户执以清军，曰："某人汝祖也。"彼将曰："我自有祖，名字不同也。""某籍汝籍也。"彼将曰："我自有籍，军民不同也，都图不同也。"若是，果何以辨之。辩②之之术，须从其民户而查

① 敢：疑为"致"字之误。

② 辩：通"辨"。

之。假如其人之先，诚于洪武二十四年脱军，则二十四年户为新立矣。诚于永乐元年脱军，则元年户为新立矣。而又查其田粮自何而推收，则或军或民断不失矣。他而名字之不同，都图之有异，不论也。臣在湖管册，凡遇各处来查军民户籍，悉以此法行之，妄谓少得名①白。今若止抄黄册军籍，果将何所凭而以为清军哉？此臣所谓无益者是也。伏望圣明，下臣所言，敕该衙门计议。果见抄册之为无益，而决有所害，则断然止之，不使虚费纸笔，而别生事端也。抑臣系管册官员，凡有关于黄册者，敢并言之。臣看得洪武十四年、二十四年黄册，军匠里甲根源所在，实册之祖存，莫存于后湖，而为天下之所必查。而二年册库，每年止有一十七间。其次，如永乐元年之册，亦为紧要。而是年册库止有一十余册②，较之永乐十年以后册库每年三十间，大约少去一半，以致数年之册，堆满库内，每遇晒晾、揭查，最为不便。为今之计，宜添洪武等年、永乐元年册库，以足三十间之数，务使数年之册，稀架薄堆，则晒晾、揭查二者俱便，自然可以阅历久远矣。否则，所谓册之祖者，日就损坏，非臣之所忍言也。伏望圣明，下臣所言，敕该衙门计议。倘有可采，俱乞赐施行。奉圣旨："该衙门知道。"初九日，户部尚书叶淇等覆题，看得给事中杨帘③奏称抄册不便，及要添造册库二事，除添造册库行移工部另行外，所据"抄册不便"一节，臣等议得本官奏称，见今洪武、永乐年间册籍，多有浥烂。若使暴之于天下，恐以民为军、脱军作民者，纷然而不定，以为有意外之患。是诚有患也。及称止据军户执以清军，则凡人之改换名字、飞出都图者，皆无以辩之，以为无益。是诚无益也。今为无益之举，而反贻意外之患，则抄册之不便也，明矣。合无准其所言。本部行移南京户部，转行管册官员，今后后湖黄册，不许将概④府、州、县全册查抄。果一户二户军民籍册不明，解人前来挨查者，止许查抄本户田粮，军民丁产。来历明白，即便发回。亦不许因而带抄别户，以泄事机。如此，则奸弊无从而生，户籍自然不乱矣。次日，奉圣旨："是。"

弘治六年凡三条

南京户部广西司主事邓琛奏，拟为晒晾事。切惟太祖高皇帝藏册

① 名：似为"明"字之误。

② 册：当为"间"字之误。

③ 帘（繁体为"簾"）：据上文，当为"廉"字之误。

④ 概：疑为"该"字之误。

后湖，深谋远虑，尽善尽美。列圣相承，法制愈备。奈何法立于前，事弛于后，以致黄册浥烂抽藏，奸弊非一。臣系管册官员，偶有管见，不容缄默。条陈数事，其中一二虽烦土木之工，实出无穷之益。伏望圣明，俯察臣言。倘有可采，乞敕该部施行。奉圣旨："该部看了来说。"四月二十日，户部尚书叶淇等覆题，看得主事邓琛奏开晒晾黄册等事，内除铺砌库院、障隔库壁、请给关防、定夺皂隶四件移咨礼、兵、工三部另行外，今将本部应议事件，逐一对款开立前件。

一件，宿湖修理。管册官员，旧制，每五日一次过湖晒晾，并揭查各处军民籍册，通封内外等门。回还之后，风雨陡作，飘漏黄册，在库人役，无由知觉。及至掀查，得出通架浥烂。题奏后，管湖官员每遇风雨节候，有领吏典委官，轮流巡湖宿歇，日逐开库看册；遇有飘漏，环即修整晒晾；庶□关防俱备等件。看得南京后湖册库，设吟夜之□中正没隋人风也吟①。欲管册官吏人等过湖晒晾，又要在湖宿歇饭食。厘照中间，咨到之虞，难得□无，所言难准。一贝，②变卖鱼实生莲菱。至后□所□鱼鳞，先年买有禁例，衣取发卖，雨石涌张，鱼□队散投溪严。在在有直军民人等，内鱼透出在外，未免贪取。巡捕守夜，不分田实，一概捉。今诚为可悯。臣切思督理广疏之。其蕃盛一逢生水透出，别法变不部□。实正造查之物，置于无用言也。合人至遇□查，南京户部转行应天府上、江捕户口，乞鱼鲜亦卖价银收贮，以备修理册库等件。每鱼有散漫，军民人等于界至件内贪取。禁力许捉盒皮。后湖产实莲菱，每洲结实，附革军民人等窃取，因而有伺册库，如蒙乞敕该部行令管捕官兵，悉将环湖莲菱除去，以找不虞。前件，查得后湖之设木做架，藏黄册，并为采取照利。今主事邵③琛□为后湖内鱼鲜变卖价银，以备修库等用。查册，近年管册官员，在湖收养等项，俱被谴言，并复规利以资库用，大不可也。但称军民人等见鱼透出在外，未鱼贪取。巡捕官员不许透内界外一概捉拿，似乎扰民。合该本部清查，南京兵部行令地方巡捕官兵，余等。今后，湖民人等，除后湖界内禁约外，若有外取色者，不许生事。提念姑民生养，所奏准产有等菱，致人窃取，因而□□，册库□□存去，以等不虞。

① 句中疑有错字。
② 贝：当为"件"字之误。此段中疑有多处错误。
③ 邵：应当"邓"字之误。

一件,告查军民备开图保。各处查册军民,多有求文不开都图保①社,往往何名阴便,进湖人役透漏。该图六户,临时复前朦告,查难揭查。行回原籍,未免因而出改换名字,意外之有。富豪嘱原籍官吏徇情,查黄册至某年揭查理。臣已具呈本部通行,止许该本户田粮军民缘由。中间尚有如前朦蔽,如蒙乞敕该部,转行天下司、府、州、县,今后军民告查籍册,务在备开都图保社、父祖姓名,仍行管册官员查勘。来文若有不开都图等项者,审究查册人犯姓名、户籍,将后湖远年黄册逆挨查理。其徇情官吏,许令一体参究。庶使人知警惧,册籍可查。前件,看得造册之制,以都图保社冠以册首,所以便检阅、易稽考也。今各司、府、州、县来文,不行开载,实难凭稽贯址②。合无本部通行天下司、府、州、县,今后军民告查籍册,务要备开都图保社、原报户首姓名。仍行南京户部,转行管册官员查勘。来文若有仍前朦胧不开者,听管册官员参究治罪。如此,则人知警惧,籍册可查矣。

一件,备开都图及被驳册。□③后黄册,臣查得先该钦差司礼监太监何穆具题,后湖远年黄册,因逐年晒晾翻查,首尾由语俱无,不知是何府、州、县者甚多。今后但遇大造黄册,仍于册内乡都图里之上,俱要书填某府、州、县。倘后册由损坏,易为查考,等因。续该南京吏科署管黄册给事中邵诚与臣会奏,一同前事,俱蒙准拟。见今天下解到弘治五年黄册,俱照新例,乡都图里之上,开写府、州、县。间有一二如直隶、太平等府、当涂等县黄册,不开府、州、县,已行驳回改造。缘照成化十八年分驳造黄册,浙江等布政司、杭州等府、海宁等县,经今十年尚未解到。臣除会本另奏外,照得先今驳回弘治五年黄册,诚恐仍前耽误,如蒙乞敕该部,转行南京户部,逐一查照弘治五年驳回不开府、县黄册,俱限弘治六年终解送后湖,查考以凭,清查便益。前件,查得本官先已会同南京户科管册给事中杨廉具奏奏④前事。臣等切详十年一次大造,中间有差错驳回者,即当改正攒补,系是旧例。今浙江海宁县成化十八年驳造黄册,经今十年,尚未解补。其为误事,莫此为甚。水⑤官又虑弘治五年驳回直隶、当涂等县不开府、县黄册,仍前迟误一节,最为知要。所据误事官吏人

---

① 保:手抄本缺,据影印明刊本补。
② 贯址:手抄本缺,据影印明刊本补。
③ □:原字即未写全,无法辨认。
④ 两“奏”字,其一疑为衍文。
⑤ 水:疑为“本”字之误。

等，本当参究，得系天赦以前，合无本部行移南京户部，通查成化十八年并今弘治五年二次驳回黄册，移咨南京都察院，转行各处巡按御史，着落各该司、府、州、县官吏，速照驳回事理，逐一改正再造。定限弘治七年以前俱解后湖收查，行来本部知会。如再仍前误事，听管册官查参究问。若所司已起解，而差来人役在途耽误者，先将差来人役就彼参问。虽有在途文凭，一例不准。奉圣旨："准拟。"

五月，琛奏准取拨皂隶。琛请照例取拨皂隶，奉圣旨："该部看了来说。"初三日，兵部覆题，看得本官亦系京差官员，但该司真厅皂隶，额设止有四名，若再分拨，役使不敷。况南京六部科道委官，既各取拨上元、江宁二县皂隶，本官似与事体相同，合无本部行移南京兵部，转行应天府，着落上元、江宁二县，就照后湖管册给事中事例，量拨皂隶二名，与本官跟用。仍严加禁革奸人，不许包揽作弊。奉圣旨："是。"

十月，南京户部奏请，为坐委官员取拨监生清理黄册事。内开据广西清吏司案呈，弘治五年，天下有司并土官衙门损①造赋役黄册将完，欲照上年奏准清理黄册事例，差官生人等过湖清查。但人②广西象州等州、柳城等县黄册尚未解到，欲候完日查理，不无违误案呈到部。臣等切惟人户以籍为定，仰惟祖宗着令，每十年一次，编造黄册。又虑所思书算人等飞粮走税，作弊多端，乃差给事中、御史部属官员过湖，识③专查理，立法至为详密。奈何往年承委官员卒多怠忽，各执已遍。其于埋没、那移等项情弊，十无一二举发。因而，虚应故事者有之，以致弊难清革。及又查得南京国子监坐监监生数少，上年虽经奏取八百名，见在查册之数，或不及二三百名。今照前例，合行委官过湖清理黄册。如蒙乞敕该衙门行移南京都察院，照例选委老成御史二员，南京该科委给事中一员，本部相应员外郎主事三员，与管册主事共四员。如遇委官事故，各衙门堂上拜该科随即差官补替。仍行南京国子监，实取监生三百五十名。俱自过湖日为始，各该委官务在同心协谋，关防严密，分查审察，毋自偏枉。但遇册内飞粮走税、埋没诡寄、避重就轻、变乱版籍等项情弊，逐一驳查追究，以革奸弊。合用供给饭米家火，与修理库房，并过湖船只，物

① 损：疑为"攒"字之误。
② 人：疑为错字，或衍文。
③ 识：疑为"职"字之误。

料人匠，做饭膳夫，悉听委去各官，查照旧例，转行①南京刑、工二部，南京国子监及应天府、都税司、上元、江宁二县等衙门，斟酌量取。候清查毕日，备将驳出一应奸弊，行过事迹，径自造册奏缴，并将青册一本送部查照。仍听本部，将查出先次行移驳回补造。黄册经今十过②之上不曾造报者，及今年十月初一日以后黄册不到者，将司、府、州、县经该官吏逐一查究参行。巡按御史、按察司官照卷查提，问罪发落。应奏请者径自具奏定夺，仍令严限造完解报，庶使事得完结。奉圣旨："该部知道。"十七日，户部覆题，看得南京户部所奏，要照旧例，差南京科道官并本部属官，督同南京国子监监生，清查太平诸司弘治五年重造赋③役黄册事理，体验已往□□□来，至为详密。欲依所拟，行移南京都察院，照例选委老成御史二员，南京该科委给事中一员，南京户部委员外郎三员，并管黄册主事共四员，取拨南京国子监监生三百五十名，过湖，将前项黄册照例查理。差去官员务秉至公，同心共事，加意于旧管、新收、开除、实在项下，搜剔出入那移及飞走埋没、诡寄脱漏户口田粮，并以军作民、避重就轻等项情弊。未到黄册，行催至日一体查理。完日，通行造册奏缴，并造青册一本，送南京户部查究。驳造，不许各执已遍，致坏版籍重事。如违，责有所归。如遇各官或有事故，该衙门随即差补。合用饭米物件，并修理库房，打造湖船，俱照例行移各该衙门供应。及先次驳回黄册，经今十年不曾造报者，并今次黄册，自弘治六年十月初一日以后到部者，违慢司、府、州、县经该官吏，听本部并南京户部参行。巡按御史、按察司官照卷查提，从公问罪发落。应奏请，并住俸者照例施行。奉圣旨："是。"

弘治十二年凡一条

五月，云南道监察御史史载德题请清理版图。奏曰：臣闻《周礼》："献民数于王，王拜受之。"非细务也。国朝版图归一，又命十年一造，收架后湖，以杜窥伺。其差官清理，于飞走、埋没、诡寄等项，一切查驳，另行改造，即于此册面上，印一"驳"字，遂为废册。待改造之册到部，却为正册。此旧例也。但改造之册不复清查，天下皆知。乘机作弊，变乱良多。照得成化十八年编册，如直隶常州府宜兴县五贤乡二十九都

① 行：手抄本误写为"京"，据影印明刊本改。
② 过：疑为"年"字之误。
③ 赋：手抄本缺，据影印明刊本补。

第一册第一甲一户谢得①安,为因以民作军,驳回改造。今查改造册内,除谢得安改正外,□□□亚兴等一十一户俱行变乱。山东济南府□丘县明秀乡九册第五甲王九住等三户,为因以驴站户作民户等弊,驳回改造。今查改造册内,除王九住等改正外,却将阚长等一十二户俱行变乱。况弘治五年编册,颠倒错乱,不可胜言。去岁,该官已经复命驳改。去后,恐如是变乱,则革弊不一二,生弊常十百。异日,改造册即为正册。以后编册,依此查对,同者留,易者驳。变乱者为是,负冤者莫伸矣。如蒙乞敕该部,转行后湖,将弘治五年该驳编册,惟于该户下印一"驳"字,仍收作正册,通行各处。止将所驳人户声说改正,类造总册。每一布政司并直隶一府,少者一本半本,多者或二三本,造完送湖。以后清查到有"驳"字处,即揭改造总册一对,则是非明白矣。若是,弊革而不生,籍定而不乱,且省小民百倍之费,而为皇图万世之休矣。奉圣旨:"该衙门知道。"初十日,户部覆题,看得御史史载德题称前项弊端,并处置事宜,缘造册有弊,查驳改正。此固旧例。既改之后,尤须复查,弊乃可绝。故本部先因查驳之奏,有再行查对无差方与交收之议,已经通行。但恐改正之册未完,攒造之期复至,新旧相仍,事务繁冗。虽欲复查,其精详的确,比之始查之时,不无有间。积年以来,未闻再驳。是岂改正之册俱无奸弊,盖以多则忽怠,久则因循,理势然也。由是,天下之吏书,逆知其然。凡有规避,坐视驳册,至日,方才搀入,以遂前日之谋、以为他日之地者,往往有之。今御史史载德所言,盖诚有见于此。合无依其所议,本部移咨南京户部,通行天下,将今次查驳文册,不必通造,止将所驳人户声说改正,类造总册。每一布政司并直隶一府,并其余衙门,少者一二本,多则三四本,差人解送南京户部,转送后湖查册官处。查对无差,明白照款改正,备行南京户部,各该司掌印官亲请会同各用司印钤盖。仍将改正过人户数目,并略节缘由,开写书面副叶,亦用印记,以防日后蓄计乘机搀入混乱之弊。其改正文册既少,书写不难,合令有布政司,有州去处,造五本,其余或二本,或三本,各类送本部,并各该上司,以备参考。本部仍候下次②造册之年,行移查册官员。但有查出各项奸弊,只于本户下印一"驳"字,通将所驳缘由,类行改正,不必因一二人户,遂废一册,致复生弊。改正到日,一体施行。其余参问官吏等项事理,悉照旧例。十三

① 得:手抄本误写为"德",据影印明刊本改。
② 次:手抄本误写为"欠",据影印明刊本改。

日,奉圣旨:"是。"

弘治十三年凡一条

令军户备造军由。凡攒造黄册,系军户者,务备开某户某人,及于某年月日,为某事发充某卫所军。共①有事故等项,亦备细开具,以便查考。

弘治十四年凡一条

四月,南京户科给事中李瓒等奏准,为清册籍以端本源事。奏曰:照得监察御史公勉仁题,要差官前去后湖盘检黄册。兵部覆题,合无本部行移户部,转行南京后湖管册各官,将收到各处洪武至今军黄籍册,逐一查检。某府某县见在若干,浥烂若干,备开年分,每省造成总册一本,明立文案。交代之际,凭比②查盘。遇有各处查解军役管册官员,必要用心督察。如查册人役回称浥烂,务吊前造总册查检,毋令扶捏作弊。合用纸札,于南京刑部见收,囚③人纸札内关领。笔墨等项,行移应天府,支给官钱买办送用。完日,将造过数目,差人奏缴。钦此钦遵。移咨户部,转行□□□□。先为故违禁例以开弊端事,南京户部差员外郎主事八员,已将前册,逐一辩验清查,□补装钉,置立底簿一百四十四本,开写某府、州、县损坏浥烂,见在数目,有无首尾,册由□开,年分明白,送部印记,后湖收贮。自前项监生、夫匠在湖用工,起于弘治四年,毕于弘治九年,用过南京户部买办纸壳、绵索余盐银两,并上元、江宁二县钉册夫匠工食,及买□物料等项价银,不下一万余两。其余劳费,未暇悉举。见今黄册完好,底簿开收册数有无明白,正所谓一劳永逸。其再行清查之期,后二三十年方可议及。不然,劳民伤财,于事无益。要之,本官建言固为有理,但不知后湖黄册递年清查方完,如蒙乞敕户部从长计议,将御史公勉仁所奏事例,暂且停止,以免劳费。待后黄册损坏浥烂数多,与近年清过文簿不同,方许具奏,照前清查。再照后湖黄册,自洪武以来,至正统年间,始一清查,置立总数底簿。正统以后,首至弘治四年又清查,俱在四五十年之外。今去清完之期,方及五年,决无再清之理。

---

① 共:似为"其"字之误。

② 比:似为"此"字之误。

③ 囚:手抄本作"因",据影印明刊本改。

奉圣旨:"该衙门知道。"二十四日,户部尚书侣钟等,看得南京户科等衙门给事中等官李①奏称,"后湖黄册,近年清查方完,要将□□②仁所奏事例,暂且停止,以免劳费。□③后湖黄册损坏浥烂数多,与近年清过文册不同,方许具奏,照前清查。"一节,诚为有见,合无准其所奏?□④圣旨:"是。"

---

① 据上文,此处似漏一"瓒"字。

② 所缺二字,据上文,当为"公勉"二字。

③ 缺字:据上文,当为"待"字。

④ 缺字:当为"奉"字。

卷之七

事例四

弘治十六年凡二条

正月，南京户科给事中张宦等奏准，为重版图以固国本事。奏曰：窃惟后湖，自洪武、永乐、宣德、正统、景泰、天顺、成化，以至弘治等库天下黄册，该载户籍、事产，实国家重务，亿万载无疆之根本也。仰惟太祖高皇帝藏册后湖，深谋远虑，尽善尽美。列圣相承，法制愈备。奈何法立于前，事弛于后。历年既久，风雨飘淋，库房损坏，籍册浥烂。培植根本，紧要事情，莫切于此。臣，管册官员，偶有管见，不容缄默。谨将后湖紧要事情，条陈一二，如蒙乞敕该部从公会议，俯赐施行，不胜幸甚。奉圣旨："该部知道。"二十六日，户部尚书侣钟等覆题，看得南京户部等衙门给事中等官张宦等所奏事件，除系工部掌行者移咨径自施行外，今将本部合行事件查照议拟，开立前件。

一件，验收黄册纸张粉饰。乞敕该部，转行南京户部，行令管册官员，如遇浙江等布政司并直隶顺天等府解到黄册，务要督令监生、吏匠人等，仔细看验。若有粉饰纸张，先将解人参送问罪。仍行本处巡按御史，将经该官吏、里书人等，照名查提到官，问发边远充军。其不堪册籍，照依查驳事理，□□□□造来。庶黄册不致损坏，户籍易于稽□□□。看得给事中张宦等奏，"□弘治五年大造黄册，各该司、府、州、县，仍蹈前非，用粉□①纸张，致虫蛀，要将官吏、里书人等□□□□。"一节，合无本部行移南京户部，转行管册官员，如遇各司、府、州、县解到黄册，督令监生、吏匠人等验看。果有纸张粉饰等项，差来人役照例送法司问罪。经该官吏、里书人等，行各该巡按御史查提问罪。黄册驳回，易纸另造，依限送缴。候下次造报之年，通行天下，不许将粉饰纸张造报。如违，从重问罪。

---

① 缺字：当为"饰"字。

一件，改造黄册过违限期。乞敕该部，转行南京户部，通行各司，查出弘治五年驳回黄册数目，转行各该司、府、州、县巡按御史，查提违限当该官吏人等到官，依律问罪，立限解补前来。以后册籍，俱要该衙门原封送部，解湖验收，以凭查对。除违限者依律发落，有仍前徇私作弊者，不分官吏、里书人等，一体问拟充军。庶使人心知警，奸弊可除。前件，看得给事中张宧等奏称，“弘治五年驳回四川等处改造黄册，经今数年，尚未解到，及册无原封，差错尤甚，皆是里书、解人乘机作弊，要将里书人等问拟充军。”一节，据事论理，委可惩治。合无行移南京户部，将先次驳回四川等处未经造到黄册，逐一查出。照例径行各该巡按御史、按察司官，将误事经该官吏查提问罪，照例发落，立限解补本部。仍通行天下司、府、州、县，及土官衙门，今后驳回改造黄册，自驳回改造之日为始，除水程之后，定限半年以里造完，用印固封，送赴南京户部，转发后湖查对。若再故违一日一月，不用印封送者，经该官吏、里书人等，查提问罪。仍照违限日月住俸，满日方许关支。若系解人在途迟延违限，止将解人参送法司问罪。二十八日，奉圣旨：“准议。”

六月，吏科给事中徐昂题准，为重籍册以惩奸忒事。奏曰：窃惟天下册籍浩繁，一时查对不周。而南直隶、浙江、江西、湖广、福建、四川、广东、广西乃奸弊之至多者，其差讹作弊人户数目，动盈万千，因此未得早完。及通类造册毕日，已越五年有余，行去追问改正另造，往返之问①，又有数年，则于后十年新册，相次而来，卒难查对。造册官吏、里书人等，始则卖法肥己，终则逭罪逃刑。天网虽张，不无疏漏。第以举之，迟缓焉耳。此有识者之所痛恨，而必欲亟加惩治也。如蒙乞敕户部，作急移文前去南京户部，转行各该管理后湖籍册给事中等官，务要用心将前项弊多去处，先行如法查对。果有差讹情弊，开造明白。每于一处或二处得完，即便星驰差人赍进，立时追问，改正另造。其余以次查对，照此施行。候通完之日，类造总册，前来复命。户部覆题，看得吏科给事中徐昂题称，“要将弊多去处，先行查对，追问改正另造。”一节，具见本官除奸革弊至意，合无准其所言？二十一日，奉圣旨：“是。”

弘治十八年凡一条

三月初四日，南京户科给事中李光翰等奏准，为清理黄册

---

① 问：似为“间”字之误。

事。今后查册监生，敢有似前放肆违法、奸懒误事、初查无驳、复查扶同、因仍苟且、顶名冒替、及越湖抗拒、辟众喧嚷、不服钤束者，许监临科遵部属等官指实，参送法司，究问如律。

正德五年凡四条

二月，南京户部尚书张瀿、南京户科给事中何亮等奏准，为揭查黄册究出奸弊事。奏略曰：后湖册库，民数登藏，所以法禁严密，正以防奸革弊。今高景清，既是典守册库人役，自合奉公守法，却乃受财作弊。陈季三，朦蔽原籍官员，吞谋平人产业，又行设计买嘱解人，延滞公文，先行来京，私通库匠，毁坏籍册。似此奸弊，罪难轻贷。其余干内人犯，俱各有罪。奉圣旨："法司知道。"十四日，太子少保、刑部尚书兼左都御史洪钟等覆题，臣等参看得南京户部尚书张瀿等、南京户科等衙门给事中等官何亮等，各参奏后湖晒册库匠受雇高景清，接受江西南昌府丰城县民陈季三银绢，商同偷出洪武二十四年、永乐元年黄册应查叶数，各就烧毁等情，比与该道查呈偷抄洗改后湖黄册，比拟盗敕书，不分首从，皆斩事例，情犯尤重。况陈季三故父陈质先将布政司文册改换，致将塘粮得路收户，父子奸谲，习染成风，若不重加处治，无以警戒将来。况经各官查供明白，事内人犯已送南京刑部究问，合无备咨该部，会同南京都察院、大理寺，通将一干人犯再行研审无异，俱依律问，拟将余人照例发落。陈季三、高景清，就便依律处决。陈季三首级，发去江西布政司黄册库门首，高景清首级，就发后湖册库门首，各枭令示众。本院仍出给榜文，通行天下各布政司、府、州、县，刊刻本榜，各于本衙门首悬挂，晓谕禁约。具熊思明、陈季三所告，塘粮收户既是枉断，合行江西巡按御史王士昭，照数断还熊思明，收户管业。仍查究该布政司原替改换文册官吏人等，照周明白，将文册改正收架。有罪人犯，依律议拟，照例发落。干碍应参官员，参奏提问施行。其该部又称，给事中何亮、主事毛骙，职专管理，固难辞责，但系各官自行觉察，查究得出，于例应合免罪。奉圣旨："陈季三朦蔽官司，吞谋产业，私通库匠，毁坏籍册；高景清职专典守，受财作弊，俱依拟处决，各在本地方枭首示众。杨务成等提了问。该布政司原替改换文册官吏人等，都查提问了来说。今后，各府、州、县、卫、所有册，后湖查无册的，即有买嘱扯毁情弊。以后务要清查明白，断与应得之人。"

九月，南京户科给事中何亮奏准，为大造赋役黄册事。奏曰：照得正德七年，例该天下有司并土官衙门十年一次攒造赋役黄册，照例送南京户部，转送后湖，委官清查，以革奸弊。该户部先期查照原定册式，并合行事例，刊印榜图，差人卖①去。各该司、府、州、县刊发所属，张挂晓谕。各该官吏、里甲人等，依式攒造，俱限本年终进呈。已经通行遵依外，臣等切思，道里有远近，文移有迟速，衙门丁粮有繁简，官吏、里书有勤惰。法制固为严密，人多习于玩愒，以致黄册造报，依限者少，违限者多。如弘治十五年分该造黄册，主官衙门经今八年之上，节经行催，册尚未到。往复万里，动经一年，以致清查委官坐延岁月，伫望完结。不惟有误复命，亦且耽阁职业。若不先期申明，严加禁谕，诚恐如前玩法，轻视版籍，迁延年久，有碍清查，深为未便。如蒙乞敕该部，预将本部原定册式，并合行事例，仍乞备查。给事中张宦奏行，造册不许粉饰纸张，及各未尽事件，逐一通查，刊入事例榜内，先期差人赍去。各该司、府翻刊给发所属，查□依限造报。务自正德七年正月为始，至今年□□。该南京户部尚书查为后湖委官清查□一。本处巡按御史查究，责成分巡分守等官差落亲临比②较，监造等官获有完批，依限署③，即系勤慎，量行溪勤。违限者，显系惰慢，当即住俸。经该吏书人等，监并的亲家属，素催完报。如此，庶法令严明，人知畏惧，事得齐备，清查便益。奉圣旨："该部知道。"三十日，户部覆题，看得正德七年，天下有司，土官衙门，十年一次，又该大造赋役黄册。今该给事中何亮等奏称，"大造黄册在迩，要行先期查照原定册式等合行事件，刊印榜图赍去，各该司、府、州刊发所属晓谕。各该官吏、里书人等，依式攒造，俱限年终进呈，并解送南京户部，转送后湖收贮，听候委官清查。"一节，足见各官尽心职业。合无依拟照原定册式，并给事中张宦奏行事件，照例于该衙门取用纸札、人匠、板片，翻刊榜图，印刷完备，照旧差人给驿赍送。各司、府、州，依式翻刊，各发所属并土官衙门，张挂晓谕。各该掌印提调官员，各要用心严督里书人等，预先照旧册开除新收，取各户亲供扣算明白。先算草册，查对无差，用洁白坚厚纸札方造正册。不许仍蹈旧非，任意飞诡、埋没作弊。查对得出，从重治罪。依期造完，年终呈解，送南京户部，转送后湖收查。仍行都察院，转行各该巡按御史，责令分巡分守官员，严督比较，依期造完解送。如有迟误，就照给事中何亮等所言事理，究治以罪。十月初三日，奉圣旨："是。"

---

① 卖：疑为"赍"字之误。

② 比：手抄本误写为"北"，据影印明刊本改。

③ 此处疑有脱字。

九月，亮等又题，为乞拨医以便应用事。内称，额有晒晾监生五十名，办事吏三十名，库匠七十五名，俱系常川在湖晒晾、看守黄册人役。五日一次过湖晒晾封锁之后，风信不通。前项人役偶遇患病，无从医疗。况后湖风气瘴湿，水味苦涩，在湖人役不谙调摄，致生寒虐等病，不惟抱卧日久不痊，亦且耽误晒晾重事。臣等切思，在湖人役清查之月少，晒晾之日多。王事固所同劳，天恩尤宜均被。伏望念国家版图之重，普推一视之同仁，抚济群生之残命。乞将见今在湖晒晾监生人役，照依清查黄册事例，特敕该部，转行应天府，拨给医生二名，量带药饵，依期过湖。遇有监生人役患病，随即①调治。庶恩泽普及，而生命赖以全活；晒晾不误，而册籍得以保护。奉圣旨："该部知道。"二十七日，户部覆题，看得给事中何亮等题称，"要照清查黄册之时题准事例，于南京太医院并应天府，各拨医士一名，随带药饵，依班过湖。遇有前项人役疾病，随即调治。"一节，既查有前例，相应拨给。合无本部移咨南京户部，转行各该衙门，查例拨给施行？次日，奉圣旨："是。"

九月，亮等又题准，为清理黄册事。臣等会同各该委官，督同监生，将弘治十五年分，天下有司并土官衙门造报户役黄册，逐一清查，驳出一应奸弊造册，陆续差人奏缴，通行转发原造衙门改正补造外，今差得见行事例，内开今次查驳文册，不必通造，止将所驳人户葺②说改正，类造总册，差人解送南京户部，转送后湖查册官处查对，无差明白，照款改正。又开今后驳回改造黄册，自驳回改造之日为始，除水程之外，定限半年以里造完，用印固封，送赴南京户部，转发后湖查对。若再故违一日一月，及不用印封送者，经该官吏、里书人等，查提问罪。仍照违限月日□□，□□③方许关支。若是解人在途迁延违限，止将解人参送法司问罪。又开里④书作弊多端。其□⑤造黄册纸札等项，俱要原经里书自备，不许科扰于民。册完，解差里书亲送到湖交割，以凭查对。俱经通行遵依。去后，臣等切思，法禁最为严密，人多习于玩愒。文移虽烦，视为泛常。即今陆续驳回文册，造报依限者十有二三，违限者十有七八。罪虽遇革，事合改正。若不申明前例，严加督并，恐致

① 即：手抄本误写为"治"，据影印明刊本改。
② 葺：似为"声"字之误。
③ 缺字：据上文，似为"住俸，满日"。
④ 里：手抄本字未写全，据影印明刊本补。
⑤ 缺字：当为"大"字。

轻视版图，迁延年远。况正德七年攒造在迩，今改驳之册未完，攒造之册复至。新旧相仍，事务冗促。册本浩繁，遽难查对。如蒙乞敕该部，转行都察院，移文各处巡查御史，责成分巡分守等官，通查前项事例，照依问坐，驳回文册，年月日期，亲临比较。经该人员将原驳文册，务要照款改正，查对完批。违限不行造报者，就将经该人员住俸，追并责限完报。如此，庶责成专而事克集矣。奉圣旨："该部知道。"二十七日，户部覆题，看得前项驳造黄册见行事例，已有定限。今各该官吏却乃①故违迁延，令新旧相接，尚不能完，本当参究，但已经遇革，合无本部移咨都察院，转行各该巡按御史，将后开驳造黄册未完司、府、州、县经该掌印官员俸粮，暂行住支。仍行该道守巡等官，按临严限造完，对款改正明白，差人星驰径送南京户部，转送后湖管册官处交收。如再迟延，应提问者径自提问、参奏者径自参奏施行。次日，奉圣旨："是。"

① 乃：似为"仍"字之误。

卷之八

事例五

正德六年凡二条

二月二十一日，户部题准，为赋役黄册事。照得浙江等布政司，顺天、应天二府，并直隶、府、州、县，例该正德七年重造各属赋役黄册，欲照例将定到册式，并先今合行事例，刊印榜文册图，差人驰驿赍去，各司、州、府、县翻刻，给发所属张挂，照样攒造，依限进呈。

一、各州、县黄册，照依旧制，不许团局攒造。止将一户定式刻印，给发坊、厢、里、保，着令人户自将本家人丁、事产，依式开供，付与该管里长。其里长，将本户并甲首共一十一户丁产亲供，付与正德七年见役里长。其见役里长，即将十里长亲供丁产，共一百一十户，攒做一处，定作册本，送与本管提调官。其提调官吏，将各户亲供比照弘治十五年原册旧管仔细查算。如十年之内，有人口新增死亡、田粮地亩开种买卖应该移易过割者，于各户收除、实在项下明白声说作数。研审查对，别无差错，仍发该里，依式誊写完备，还送本管提调官处，类造总册。其□进呈并司、府、州、县文册，务要查对相同。提调官吏并里书人等，敢有故违，团局攒造，科敛害民，及册既成，暗行洗改，或将各户写到如式无差册本，故行改抹，或通同人户作弊，如户籍以军作民，以民作军，至于匠灶亦各紊乱；如田粮或推多收少，或有推无收，及刁难推收，索取财物，洒派各户，飞去钱粮；如人丁，有将死作生，有将老作少，及有一概漏报，不当差役。似此弊端，难以枚举。其巡抚、巡按、分巡、分守等官，务要用心密诚①一切奸弊，及设法查对，造成□②，进呈司、府、州、县。文册内孝不同，就将

① 密诚：疑为“严惩”之误。

② 缺字：似为“册”字。

作弊人犯,照例问以重罪。干碍提调官,一体参究。

一、排年里长,仍照弘治十五年册内应当,不许那移。设有消乏,许于一百甲首户,推选丁粮多者补充。若一百一十户内,有因死亡并全户充军等项户绝者,就于本里带管畸人一丁以上或新才分析人户补辏。如本里无带管、分析人户,许邻里多余人户拨补。若邻里亦无多余人户,方许将人户至少里分归并。其里长,并上、中、下三等人户,亦照原册编排,不许更改。中间果有消乏事故,即具缘由申达合干上司,险①其丁产从公定集。若归并里分,有补剩人户,仍拨附近外里,分析多余丁口,辏图编造。其死亡、充军等项户绝遗下田粮农桑,拨与本里丁多田少人户佃种征收,务要不失原额。新增者,亦要从实关报。敢有藉此隐瞒埋没者,照例处以重罪。

一、各该州、县先年造册官吏、里书人等,多有通同人户作弊。有将十岁以上幼男,及分析丁多人户,俱作带②管畸零,不肯另编图册。要将里分减少,窥免科差。今次造册,务要每里止许一百一十户人丁。果系十岁以下,或有年老残疾、单丁寡妇,及外郡寄庄纳粮当差人民,许作带管畸零。其十岁以上男子,并一应分析等项人口,俱要编入正图。且如十岁者,编作正图第十甲。至弘治十七年,应当甲首,已该二十岁。其余十一岁以下者,亦要照依年分远近编排,轮当甲首。敢有故违,治以重罪。

一、各里人户,有父母俱亡而兄弟各居者,有先因子幼而招女婿、今子长成而女婿另居者,有先因无子乞养义男冒姓为子、今有亲子而乞养子另居者。今次造册,各居兄弟,并另居女婿、义男,果系民户,人丁数多,许令分拆,及出姓归宗,或另立户籍。俱要编入正图当差,不许带管。若系军、匠等籍,并有规避窒碍,及各居兄弟虽是民户,其户内人丁数少,皆不许分析。违者治罪。

一、文武官员、吏典人等,有因升降、改调、死亡等项事故,遗下家人弟男子侄在彼寄住年久,已成③家业,看守坟茔,除已经附籍,造入黄册,永为定例,不许纷更外,中间若有遗漏,并续有遗下者,文职官吏务要移文原籍官司,武职官员亦要行移升降改调卫所照勘。别无诈冒,许将丁产尽数报官,编入正图甲首,纳粮当差。仍于户下注写原籍、原住贯址,

---

① 险:应为“检”。
② 带:手抄本作“代”,据影印明刊本改。
③ 成:手抄本误写为“戌”,据影印明刊本改。

及将收藉缘由。如有仍作寄藉名色,及不行附籍者,许所在官司就便拿解原籍,见任当差,随住田产入官。若先前漏报,及今续有遗下愿回原籍,见任所在官司仍移文前去知会。

一、庵观寺院,已给度牒僧道,俱要照依旧例。内有田粮者,编入黄册同里甲,纳粮当差。务要开写某寺院庵观,某僧,或某道,应当某年里长甲首。无粮者,编入带管畸零。违者治罪。

一、各处流民,在彼寄住年久,置有田产家业,已行原籍照勘,军、民、匠、灶等籍明白是实,各将户内丁产尽数报官,编入正图。见种田地已经丈量,见数照依轻则起科,及户内注写原籍贯址、军、民、匠、灶等户,及收籍缘由明白外,中间或有住种年久,及近有逃移丁产未经收籍、开垦荒地不曾起科者,许于今次造册告报。仰各该官司查照流民事例,行文原籍,查勘明白。各将已开种田土丈量,见数照依轻则,每亩起科秋粮米三升三合,草一斤,造入黄册,并正德八年实征项下作十征收。其曾经查勘明白,许令入册立户。原籍官司,再不许关取科扰。违者治罪。

一、攒造黄册书算手,多系里长、户丁并奸民、豪户营充,通同官吏、里老作弊。中间,有诡寄田地而飞走税粮者,有隐瞒丁口而脱免差徭者,有改户籍而埋没军匠者,有将里甲那前攒后应当者,有将造完黄册而暗行洗改者,有开过割田产索取财物者。今次造册书手,许十年里长于小民户内保举。有行止情通书算者,应当委官严加提督,禁革奸弊,从实攒造。仍将司、府、州、县等衙门提调委官并里书算手姓名贯址,类造总册一本缴部。差有前情,以凭查提问罪。其当该官吏敢有徇情故纵者,一体究治。

一、册本大小,行款高低,俱依发去样册制造。其册内字样,照依题本字,粗大真楷书写。各户项下,细开某府、州、县,某坊、都、图,军民等籍。其册本,用厚纸为壳面,粗大丝索装定。不许用面糊表背,册内纸亦不许用粉饰,恐惹虫蛀。每一里□进呈南京册一本,并司、府、州、县等衙门。总册,俱要黄纸为壳面。其余存留册,止用青纸为壳面,上写司、府、州、县等衙门,并坊、乡、都、里分名目,照式刊印。不许用纸浮帖,以致改换失落。违者治罪。

一、册式内定去田地、山塘、房屋、车船等项款目,有者依式开写,无者不必虚列若类。州、县都总旧管、收除、实在项下,止开人丁、事产总数,不必备开花名。

一、各州、县等衙门,将各里造完文册,再将各里人丁、事产攒做一处,另造总册一本。于内分豁里分、人丁、事产总数各若干。本管正官、首领官吏躬亲磨算,查对相同,于各里册并总册后，开写年月，书名画字，用使印信，赴本府。提调正官、首领官吏亦要将各州、县造到文册躬亲检阅，磨算相同。本府亦另造总册一本，于内分豁各州、县里分人丁、事产总数各若干，亦于各州、县造到各项册后，一体开写年月，书名画字，用使印信。直隶、府、州、县，就便委官一员，率领各州、县提调造册官并该吏亲赍。其布政司所辖府、州、县解到文册，躬亲检阅，磨算相同，亦另造总册一本，于内分豁各府、州、县里分人丁、事产总数各若干，亦于各府、州、县造到总册后，填写年月，书名画字，用使印信。委官一员，率领各府、州、县官吏亲赍。俱限正德七年终进呈。仍照旧例，送南京户部交纳。其各该司、府、州、县总册并里书文册，各造一本，送部查考。若限外未到，行移各处巡按御史，就将承行官吏，俱照取供、住俸、问罪事例发落。

一、册内，系该军户者，务要明白开写某户某人先于某年月为某事问发某卫所军。其有改调事故等项，俱要详悉开具，不许朦胧泛略，以致军民混淆，有妨查考。

一、各处世族大家，为因军徭论丁论田编派差役，要得花分子户、避重就轻隐情，具状赴官，告开户籍，买嘱里书人等，扶同结勘准行，以致影射差役，靠损小民。今次造册，各处巡抚、巡按官各行所属司、府、州，委堂上公正官一员，将所属州、县先年文册，逐一从公揭查。如有此弊，许令出首改正，免其问罪。归并总户，随产当差。如有仍前通同作弊者，事发，巡抚、巡按、分守等官，俱照律例，从重问拟。干碍职官，径自参提究问。

一、册内，收除项下，务要明白开具，某户田土，因是消乏，于某年月日立券出卖，随田税粮即与开除。不许势家勒买，以致地尽粮存。某户田土，除原额顷亩之外，近于某年月日又新增若干，应办税粮俱照数征纳。若册内查有增减、飞走、埋没等弊，已经驳回改正者，仍照本部先年定拟事例，将经该官更①行巡按御史、按察司官，查提问罪。其驳回改造黄册，除水程外，俱限半年以里造完，用印固封，送赴南京户部，转发后湖查对。若限外不到，及不用印封送，解人在途延滞，违者，悉照例问拟。次日，奉圣旨："是。"

七月，户部又题准，为陈言黄册利病等事。内开本部先为议拟赋役黄册，预将先今事例奏奉钦依外，今看得南京户科给事中刘纮条陈五②件，为攒造黄册

① 更：疑为"吏"字之误。

② "钦依外：今看得南京户科给事中刘纮条陈五"：手抄本缺，据影印明刊本补。

事；云南道监察御史李如圭条陈二件，为重攒造以正赋役事。稽诸榜文，俱已该载。间有一二或遗，亦系先年节次有行事理。并李如圭所言，定派纳以绝侵渔，系见行事例，再无议拟所据。各言“黄册内田地顷亩不复开写四至”一节，查得弘治十五年该都御史张敷华奏、该本部题准通行外，今各官论其不便，乞要照旧攒造，深为有见，相应议处。缘各官条陈前项黄册等事款日①颇多，无非欲清除宿弊，推广朝廷为民造福之意。但所陈，俱榜文该载，及节有奏准事例，别无施行。其称黄册内田地顷亩不必开写四至，盖缘各官先在有司知其不便。臣等亦虑方今舆图广阔，尺地寸壤皆有民业。若必拘四至，如一里百家之产百亩已有四至，而百亩之中分为数段，又各有四至，未免供报纷纭，书写烦琐，委难的确。且变卖交易日新月异，势不能齐。或致奸豪之徒假手吏胥，开广四至，意图各并，大起争端。是欲革弊而弊滋甚矣。况洪武至今十年一造，已经一十四次，俱无四至。立法之初，必有深意。合无依其所拟，通行各巡抚、巡按官员，转行所属府、州、县，今次攒造黄册，一应事产田地顷亩，只照旧规册式攒造，不必开写四至，致开弊端。二十四日具题，奉圣旨：“是。”

正德七年凡二条

二月，南京户科给事中赵官题准，为谨不虞以重版图事。仰惟我皇祖高皇帝定鼎金陵，贮天下之册于后湖之中洲。既立法以为之防，复该官以司其事。炊爨有禁，火烛有禁，湖水注放、舟楫往来者有禁。列圣相承，总之理之。其法寖备，维持防范，至精且严，诚亿万世不易之良规也。故百余年来，各处册籍类多散逸废缺，而后湖之册独全。是岂非圣王神宗英谋睿算之所及乎！然懿法之行，千载无弊，而随事补葺，则因乎时。苟事有碍于册籍者，坐视而不加之意，焉恐未免因循玩愒，而非仰遵成宪之意也。况臣以非才职司其事，偶有所见，岂容隐默，谨为陛下陈之。窃照洪武年间，始造黄册之时，册库设立于洲中。看守人等造饭厨房，置于本洲之水次，与册库相去约一里许。虽不加防范，自无可虞。此祖宗设库置厨，以防烟火之意也。自后，每十年一次造册，每次添造册库三十间，而厨房之制尚仍其旧，与成化十八年册库，相去仅二十余步，虽曰严加巡察，然直突积薪，实有可忧之势也。臣闻天下之事，思其患而预防之，则业可久；因其敝而改作之，则功易成。今前项厨房，历年既久，倒塌数多，亦应修理之时也。若不因时制宜，

① 日：疑为“目”字之误。

迁移改造，万一不虞，后虽追悔，果何益哉？臣等看得本湖隔水荒洲，亦在洲之中央，四旁皆水。其地广阔，迁移彼处，实为相应。如蒙进言，乞敕该部，转行南京工部，差官过湖，会同臣等，议看所言荒洲之地。若果相应，即于彼处盖造厨房。搭桥水次，以便造饭人等往来。立牌桥边，以为往来人等禁约。敢有将火过桥者，治以重罪。如此，庶几烟火既远，而贮册之库永无不虞之患矣。再照正德七年大造黄册，解送至日，例该行委监察御史等官，会同臣等，督同监生三百五十名，各在湖宿歇，逐一清□①。原有查册官厅号房等项房屋，经今年久，雨淋渗漏，梁柱坊桁既多腐烂，砖瓦墙垣亦多倒塌。倘遇查册之时，不惟难以栖止，抑且临期误事矣。伏乞圣明，特敕该部，转行南京工部，将官生人等宿歇官厅号房等项房屋，添给木植、砖瓦等料，与旧料相兼，及时修理，诚为省便。十六日，奉圣旨："该部知道。"四月初二日，工部尚书李□等覆题，看得南京户科给事中赵官奏称，"要于后湖荒洲之地，盖造厨房，搭桥立碑，以防火患，及将查册官房修理。"一节，慎重版图，计虑深远，但系彼中事情，相应勘处，合无本部移咨南京工部，行委堂上官一员，带领司属匠作人等，会同南京内外守备，并户部堂上官，及该科该道官官②，带领钦天监官各一员，前去所奏去处，从公相看。如果相应，修盖就便，会官计料，照依本官所拟，如式改造修理。工完，开具奏查考。次日，奉圣旨："是。"

五月，官等又题准，为清理黄册事。臣等查得弘治十五年大造黄册，该先任管册给事中何亮等陆续查出埋没、飞走等项奸弊，造册缴驳，行各该司、府、州、县，照例改造，送湖改正。续于正德五年八月内，该本官③奏称，驳回文册，造报依限者十有一二，违限者十有八九。罪虽遇革，事合改正。备将驳回日期参奏。该户部覆题，奉钦依通行各该司、府、州、县，将掌印官员俸粮暂行住支。仍行守、巡等官按临严限造完，送湖交收。如再违延，应提问参奏者，径自提问参奏。臣等切照各该官员□□□□，自合遵照钦依事理，依限造完，解缴改正为当。顾乃视为末务，任凭吏胥、里书人等恣意迁延，因循玩

---

① 缺字：似为"查"字。

② 官官：第二字"官"字，当为"员"字之误，或为衍文。

③ 官：手抄本误写为"宫"，据影印明刊本改。

揭①,经今一年以上未②造缴者,尚多有之。怠政误事,莫此为甚。况今正德七年,例该大造黄册,而前项驳册尚未造缴改正。若新册一到,将何凭据以查对其奸弊乎?臣等照得先年南京吏科给事中邵诚③等奏称,今后驳造黄册,俱要原经里书自备纸札,册完仍差里④书亲自送湖交割,以凭查对。再照云南道监察御史史载德奏称,今次查驳文册,不必通造,止将所驳人户声说改正,类造总册,差人解送南京户部,转送后湖查对,无差明白,照款改正。是二条者,俱奉钦依通行,盖皆以版图重务,必欲责其成效。若以事理考之,改造之册,里书亲解者,似不如类造总解者之为便也。夫欲里书亲解者,盖以驳册原经其手,便于查对故耳。然天下至大,州县至繁,必欲各自解缴,不惟往复人难,抑且延缓误事。况云、贵、川、广等处偏州僻县,程途穹远,或滞于山川之险阻,或厄于贼盗之出没,责其里⑤书一一解缴,诚为甚难。故今云南一省驳册,年久而全未缴报者,未必非此之由也。为今之计,莫若通行各该司、府,责成掌印官,将驳册未造缴者,县则类之于州,州则类之于府,府则类之于布政司,直隶者类之于府于州,严立限期,务要齐足,定限正德七年以里,类总固封,差人缴送到湖,查对改正。若州、县官员不行用心改造,仍有如前埋没、飞走等项奸弊,及违限不行造报,俱行各该巡按御史提问如律。干碍司、府官员,径自参究。庶法令严明,人知警惧,实为便益。二十五日,奉圣旨:“该部知道。”

---

① 揭:似为“愒”字之误。

② 未:手抄本误写为“夫”,据影印明刊本改。

③ 邵诚:即前文之“邵諴”。

④⑤ 里:手抄本误写为“理”,据影印明刊本改。

卷之九

事例六

正德九年凡一条

九月，南京刑科给事中史鲁等题准，为通融查册费用以苏民困事。题曰：□□□续各准□□衙门关札，接管后湖，大查正德七年黄册。惟后湖黄册，自洪武十四年起，至正德七年止，大造一十四次。承平日久，弊伪渐滋。中间，埋没诡寄、不明违例等项，一次多于一次，一年甚于一年。牛毛茧丝，不足以喻其繁；条分缕折①，不足以语其劳。岁月必须七八年，费资必得万余两。若不通融议处，照旧独累偏造，则上元、江宁二县之民，靡有孑遗矣！且以一处言之，南直隶一十八府、州，自正德八年十一月查起，至今年五月止，除大寒盛暑□□外，实查过一十二个月，驳出人户，除误□□错细故小过不胜驳写外，约有一十四万余户。奏册一本，户部青册一本，南京户部青册一本，后湖底册一本，正在造写间。其写算人役□，于上元、江宁二县雇募书手四十名，每月工食银一两五钱，已取及未及共用银七百五十余两。纸四万八千张，笔两千枝，墨一十斤，共用银五十余两。官七员，监生二百名，心红、笔墨、茶菜、炭药等项，共用过银一十余两。□册夫四十名，见一名每月工食银九钱，共用银四百三十二两。待后，改正驳语文册到湖，照款填注各户下。旧时，每十户工食银一分，约用银一百四十余两。南直隶一处，通共用银一千四百余两。凡此银两□□田粮正□，又非均□正差□□，见□□□□□□□□□，有额设库匠□百八十名，四季轮流看守。上元、江宁二县，民穷财尽，一②流移逃亡，不忍其荼毒矣！若止后湖一处，犹可支持。内府各衙门人匠库夫，在京各衙门卷箱刑具、供应什物皂隶等项，

---

① 折：似为“析”字之误。

② 一：疑为衍文。

千绪万端，随取随索，故天下州县里长，十年不递一年一名，未有三年一轮，一季朋合至三四家，如上元、江宁县者也。一应里甲，物业荡然，可为根本之地痛哭流涕也。仍照弘治三年闰九月内户部议处清理后湖黄册事者，为远年壳面不存，奏准将龙江盐仓检校批验所见在收积盐五十四万八千六百余斤，暂行变卖银两，支给买办纸札、绵索。此特权宜，非经久可行之法也。臣等目击其弊，思欲救补，不敢博敛泛征，必取之于本分之中，求之于见成之内，不扰一人，不科一夫，而自足焉者也。切惟黄册之弊，必本户有规避、里书有赃私而后成。既驳之后，合于上司定行提问，照依律例，发落赃罚纸价，随处寄库，作正支销。在一州县则无多，为济几何。积众州县累一处，何力可塈？况在京衙门，如刷卷清军纸价，先尽本衙门造册支用，虽遇蒙正德九年正月二十八日赦宥，至今不行改正，亦有应得罪名。纸价，合无自驳语清册，行各州、县为始，问拟应得罪名。其赃罚纸价，各州类解南京户部，转发应天府，寄库后湖，逐月支用。同一应钱粮，照制卷宗。如有不敷，仍行二县辏补。或有积余，听南京户部奏请，修理后湖，起盖册库等用。各府、州、县官那移稽迟，许南京户部，行各巡抚、巡按攒催，不误应用。此臣等一得之见，所□宽得一分，则民受一分之赐者也。伏乞皇上念南京根本之地，小民困宥之极，敕令该部，行之各布政司及府、州、县，永为遵中。凡是查册项下银两，不许权角，俱解南京户部，以备后次大造之用，实为便益。缘系通融清查费用，以苏民困事理，未敢一便。正德十年八月初二日，该通政使司官于奉天门奏，奉准："该部知道。钦此。"钦遵抄出刑科送司案查，查为故违禁例以开弊端事。该南京户部尚书黄□等题称，查册取用办事官吏、监生，合类册垫木板，修理查册号房卷架，供给饭米并酱、油、盐、纸札、笔墨一应物件等项，要照成化十八年大查黄册事例，转行南京吏、户该科部并刑部、南京国子监、应天府、都税司，该上元、江宁二县等衙门，酌量取用。及称见收实进远年黄册壳面不存者，大约共用银四万五百余两。本部查无应支官钱，要将龙江直君①检校批验所见在收积余盐五十四万三千六百余斤，暂行变卖银两，转发应天府，□购买办纸札绵索应用等因。弘治三年闰清查，十六日本部具题，奉高皇帝圣旨："是。钦此。"已经钦遵外，又查得南京户部尚书胡□题称，正德七年，天下有司造册官衙门，例该攒造赋役黄册，限本年中，敕该南京户部，转送后湖收架。正德八年，候题准，黄册将完，照依上年

① 君：当为"属"字之误。

奏，□□□□□□该部管黄册事例，差委南京管册给事中一员，都察院御史二员，户部员外郎主事四员，南京国子监实拨监生三百五十名，过湖清理。合用柴米、器物等件，及修理房屋、船只物料人王①，行南京刑、工二部、南京国子监、应天府、都察院、上元、江宁二县等衙门，酌量取用，等因。乞查次年七月二十一日题，奉圣旨："该衙门知道。钦此。"该本部覆题，查回差南京户科，并部属官员，取拨监生过湖清查黄册，并取纸札、笔墨，供给柴米等项事件，俱系旧例，合行南京户部等衙门，悉照旧例，依十查行，等因。正德八年八月初三日，本部尚□②黄□等具题，奉圣旨："是。钦此。"俱经通行十遵。去后，今该前因□查，案呈到部。看得南京刑科给事中等官史鲁等奏称，接管后湖，大查正德七年黄册费用，银两数多。若不通融议处，不免独累上元、江宁二县之民。且以南直隶一十八府、州言之，自正德八年十一月查至今年五月，除大寒盛暑外，实查过一十二个月。上元、江宁二县，雇③募书手，及工食、纸笔、朱墨，监生人等茶、菜、炭、药等项，通共用银一千四百余两。"乞要今后自驳语青册行各州、县为始，将问过官吏人等赃罚纸价，各府类解南京户部，转发应天府收贮，听后湖逐月支用。如有不敷，仍令二县补辏。"一节，为照南京后湖大造黄册，其监生、书手，并抬册人役等项工食雇觅，纸笔心红、柴炭药物等项，俱要用银。收买应用，日逐所费，积之以年，其数实多。且如查南直隶府州一处黄册，方及一年，已用过一千四百余两。若以比④直隶、浙江等十三布政司计之，所费银两，当至万有余两。若只令上元、江宁出办，委实民力不堪。今要将问过各司、府、州、县官吏、书手、里老人等，各项受财作弊，及差错违错赃罚银两，各府类解南京户部，发府收贮，听后湖陆续支用。盖本以查册之事，还供大查之用。揆之事体，实为相应，且有以少纾上元、江宁二县之急。合无依其所奏。本部通行南、北直隶，并浙江等处各该巡抚、巡按衙门，转行所属司、府、州、县，自文书到日，即查本处，但有因驳语青册追问过官吏人等赃罚纸价银，俱各解送本府，通行煎销成锭，印封具批申，差人径解南京户部交割支用，不许隐漏侵匿。以后，每遇大查之年，率以为常，一体解送。仍各将今次查解过银两缘由，申本部查考。缘系通融查册费用，以苏民自，及奉钦依，该部

① 人王：据影印明刊本作此，手抄本写作"人人"，疑为"人工"之误。

② 缺字：当为"书"字。

③ 雇：手抄本误写为"顾"，据影印明刊本改。

④ 比：似为"北"字之误。

知道事理,未敢擅便。正德十年八月十一日,本部尚书石□等具题,本月十三日,奉圣旨:“该户科为照这例行。钦册①。”钦遵。

正德十二年凡一条

四月,南京户科等衙门给事中等官臣易瓒等题准,为清理黄册、比例准历、以均劳逸事。题曰:臣等据南京国子监监生唐鹏等呈,正德十二年二月十六日,蒙本监拨送后湖,查理黄册。自应差以来,每人五日领册二尺。其间,诡寄、违错、不明等弊,逐一驳查。如有驳查欠详、扣算欠精者,轻则责罚,重则送问。诸生既承差委,罔不竭尽心力,冀图补报。窃念过湖监生,春自二月中赶②,至五月中止;秋自八月中起,至十一月中止,湖居三月,遇闰不计。白昼,严锁各号,不容出入;黄昏,黑聚一室,不见灯火。酷热苦寒,并无休息。加以湖障③袭人,湿气侵体,致疾者十常八九,幸免者百无一二。近日,监生邬凤病故湖上,虽暴染之于平日,实出感发于一时。暴露数日,直待开湖,方得装回,罔不伤心。诸生过湖,如蹈汤火。劳苦万状,不能尽述。此皆分所当为,何敢辞避。但有事体相同而劳逸不均者,不得不坞。思得每三年一次,该京畿道御史照刷南京各衙门文卷,取拨监生一百名用功,止及三月之劳,就作历事。去年,南京兵科等衙门清查陈言军册,取拨监生一十五名,比例具奏,亦蒙准作实历。今思后湖黄册,乃朝廷版图重务,头绪繁多,法禁严密,比之前二项卷册事体虽同,而关系尤重。效劳均一,而辛苦殊悬。彼俱准历,此作短差,情实不堪。如蒙呈乞查照具奏,将各生准作历事,庶使劳逸均平,情法允当等因。具呈臣等卷查,先为清理黄册事,该南京户部奏称,正德七年大査黄册,照例行移南京都察院,差监察御史二员,该科管册给事中一员,本部委相应员外郎主事三员,与管册主事一员,共四员,行南京国子监,开送监生三百五十名,照例过湖清查。务要各秉公心,逐一查驳,以革奸弊,等因。户部覆题,奉圣旨:“是。钦此。”钦遵备行到湖,通行钦遵。去后,正德十一年二月十六日,准南京国子监开送监生唐鹏等二百一十九名前来。除督同查对外,今据前因,臣等查得先年查理黄册,取拨监生八百名。彼时,册内弊少易查,人无

① 册:疑为“此”字之误。
② 赶:当为“起”字之误。
③ 障:疑为“瘴”字之误。

负累。近年，虽取监生三百五十名，其实过湖止有二百余名。而册内奸弊，百倍于前。今查册人少，不免严加责限，少有懈怠，必行惩治。虽盛暑祁寒，不得休息，往往告艰。且本湖草木繁多，水气侵逼，疾病易生，人皆畏惧。比之别差，诚为劳苦特甚。况前项文册，已越五年，尚未查完一半，盖由册多人少，卒难完结。若不早为处置优恤，未免迟延误事，人情不堪。及照照刷文卷，并清查陈言军册，监生俱准历事。清查黄册，比与相同。如蒙伏望，皇上念版图之重务，悯监生之勤劳，乞敕该部议处，合无将过湖监生，比照刷卷，并清查陈言军册事例，查理黄册三个月，满日，准作实历事三个月。其余九个月，于各衙门历事。辏补完日，送该部上选，给引放回原籍听用。如此，则劳逸适均，人心悦服，而功亦可成矣。奉圣旨："该部知道。"吏部覆题，看得南京户科等衙门给事中等官易瓒等奏，"要将过湖查理黄册监生三个月满日，准作实历事三个月。其余九个月，于各衙门历事。辏补完日，送该部上选，给引回籍听用。"一节，揆之情法，相应准理。合无依其所奏，行移南京各该衙门，查照施行。缘系清理黄册，比例准历，以均劳逸，及奉钦依，该部知道事理，未敢擅便。正德十二年五月三十日，太子太保、本部尚书陆□等具题。六月初二日，奉圣旨："是。钦此。"钦遵拟合通行。为此，合咨前去，烦照本部题奉□依内事理，转行各该衙门，一体钦遵施行。

正德十四年凡二条

五月，南京户科等衙门给事中等官臣易瓒等谨奏，为清理黄册事。各准奉本衙门关札，前事，先该南京户部奏，该准南京户科等衙门给事中等官赵官等手本开称，正德七年，天下有司，并士①官衔②门，攒造赋役黄册，陆续解到，例该查理。看得各处书算人等，罔知法度，作弊多端，乞敕该衙门，行移南京都察院，照例选差御史二员，该科给事中一员，本部委相应员外郎主事三员，与管册主事共四员，仍行南京国子监，实取监生三百五十名，照例过湖清理。各该委官，督同监生，务求各秉公心，逐一驳查，以革奸弊，等因。奉圣旨："该衙门知道。钦此。"正德八年八月初三日，户部尚书王琼等覆题，本月初五日，奉圣旨："是。钦此。"钦遵备行前来，案照先该给事中徐昂题内一件重籍

① 士：当为"土"字之误。

② 衔：当为"衙"字之误。

册以惩奸忒事开称，天下黄册浩繁，一时查对不周，而南直隶、浙江、江西、湖广、福建、四川、广东、广西，乃奸弊之至多者。其差讹作弊人户，数日①动盈万千。因此，未得早完。通类造册毕日，已越五年有余。行去追问改正另造，往返之间，又有数年，则与新册相次而来，卒难查对。乞敕户部，移文南京户部，转行各该管册官员，将前项弊多去处，先行查对。果有差讹作弊，明白开造，每于一处或二处得完，即便差人星驰赍进，立时追问改正。候通完之日，类造总册，前来复命，等因。该户部依拟覆题，奉孝宗皇帝圣旨："是。钦此。"钦遵外，依奉督同监生沈世昌等，将顺天、应天二府，并南、北直隶，及浙江等十三布政使司正德七年分赋役黄册，逐一驳查。中间，埋没、诡寄等项奸弊，已经陆续备造驳语文册具本随差办事官吏赍奏缴报外，今照事完，例该复命。为此，今将清查过顺天、应天二府，并南、北直隶，及浙江等十三布政使司，查同驳出合问经该官吏、里书人等，并旧管、实在、户口、事产、田粮等项数目开坐，并类造总册，具本亲赍进缴。谨具奏闻。

七月，瓒等又题准，为明事例、严驳册以重版图事。照得臣等依例督同监生过湖，将天下司、府、州、县等衙门造到正德十年分赋役黄册，逐一清查，驳出埋没、飞走等项奸弊，类造文册，陆续奏缴，及造清册转发原造衙门。各照依先年奏行事理，不必通造，止将所驳人户声说改正，类造总册。自驳回改造之日为始，陆、水程之外，定限半年以里造完，用印固封送部，转发后湖查对。若再故违一日一月，及不用印固封者，经该官吏、里书人等，查提问罪，仍照违限月日住俸。满日，方许关支。去后，今照前项驳册，有经三年之上者，有经二年之上者，百无一二解到。臣等窃惟，法令虽重，人多视为泛常；期限虽严，年久习于玩愒。各该司、府、州、县掌印等官，罔肯上紧督催，以致里书人等恣意迁延，不行依限造缴。若不申明，严加督并，诚恐改正之册未完，攒造之册续至，不惟旧册难以复对，抑且新册凭何以查理乎？如蒙乞敕该部，通行各该巡抚、巡按，责成司、府掌印并分巡、分守等官，即将驳去黄册亲临比较。经该人员应提问者，就便提问。应住俸者，就□住俸。严限造完，用印固封，差委的当人员，解缴到湖。仍将各解的亲家属监并，待批回获日，方许疏放、关支。如此，则责任既专，事克有济，而无迁延之弊矣。奉圣旨："该衙门知道。"

---

① 日：似为"目"字之误。

正德十五年凡五条

五月，南京户科给事中易瓒题准，为量添晒晾人匠以全版籍事。切照天下司、府、州、县并土官衙门，每十年一次大造赋役黄册，解送南京户部，转送后湖收贮。恐其久而湿气侵蒸，虫蛀浥烂，先年奏准，应天府上元、江宁等六县签送库匠七十五名，昼夜在湖巡警，以防奸伪。每五日，将各库黄册，量数搬出晒晾，周而复始，诚慎重版图、隐万年不易之良法也。彼时册籍数少，晒晾易于周遍。后，每十年大造一次，添盖库房三十间。自洪武十四年起，至正德七年止，已大造过黄册一十四次，见在库房二百八十三间①。今照正德十七年该大造黄册之期，又该添盖库房三十间，前后共四百一十三间。各库收贮黄册一百三万余本。每五日一次晒晾，约晒黄册七千五百本，必至二年有余，方才经晒一遍。该晒日期遇有阴雨，前项库匠或有疾病，则又不及前数。且般移出入，仓卒风雨，人少册多，加以不时揭查，未免有错乱、损伤之患。窃见远年册籍内，有首尾不全，浥烂虫蛀，未必不由于此。臣愚私忧过计，若不因时制宜，量添库匠，设法晒晾，非所以慎重版图之道也。如蒙乞敕该部详议，合无查照见在册库，每库二间，坐库匠一名看守晒晾。库四百一十三间，该库匠一②百六名。除应天府属县已有七十五名外，尚该库匠一百三十一名。移咨南京户部，转行南直隶巡抚、都御史，于附近太平、镇江、宁国、常州等四府所属州、县，量其里分多寡，分派佥充，足务前数。一年一换。每年预先解送到湖更替，听管册官员酌量检阅，督令监生率领，依期分翻晒晾，务使在库黄册每年经晒二次。以后年分，照库加增，内有事故，随即佥补。如此，则晒晾有人，册无损坏，诚慎重版图之一端也。缘系量添晒晾人匠，以全版图事理，未敢擅便，为此具本该通政使司官奏。奉圣旨:“该部知道。钦此。”钦遵抄出送司，案呈到部。看得给事中易瓒题称，“南京后湖原签库匠七十五名。每十年大造黄册一次，至今添盖库房三百八十三间。今正德十七年该造之期，又添库房三十间，前后四百一十三间，收贮黄册一百三万余本。每五日一次晒晾，必至二年有余，方才经晒一遍。般移出入，人少册多。要行南京户部，转行直隶太府③等府，佥补库匠一百三十

---

① 见下文，当为“三百八十三间”。

② 一:据上下文推算，当为“二”字之误。

③ 府:据上文，当为“平”字之误。

一名，看守晒晾①。”一节，无非慎重版图、用图经久、免致浥烂之意。但版图收贮已非一年，夫役名数亦是旧额，今若一旦增添大半，恐经该府、县添派不敷，及为劳扰，除原有七十五名照旧应役外，合无候命下本部，移咨南京户部，转行直隶巡抚、都御史，自正德十七年起，每遇大造之年，添盖库房三②十间，另签库匠十名，送赴后湖，听管理给事中前后酌量，派拨晒晾，未为定规。如年岁久远，应天一府佥派不敷，巡抚衙门斟酌于邻近府、县签派应役。庶事体适宜，官民无扰。缘系量派晒晾人匠，以全版籍，及奉钦依，该部知道事理，未敢擅便。正德十五年六月十六日，该户部尚书杨□等具题。本月十八日，奉圣旨："是。"

六月，瓒等又题准，为严限大造黄册以杜奸弊以便清查事。

仰惟祖宗立法定制，凡天下户口、事产，皆以籍册为定。每十年攒造一次，定限当年终解送到湖。南京户部先期奏行给事中、御史、主事等官七员，行取南京国子监监生三百五十名，逐一查对。备将查出变乱、埋没、飞走、诡寄等项奸弊，造册奏缴，及备由通行原造衙门，对款登答，送湖改正。仍将经该官吏、里书问罪。条例详悉，法禁严重，行之万世，而不可易。良法美意，无以加矣。奈何例愈重而人愈玩，法益严而弊益生。过限数年造到者有之，奸弊倍于往昔者有之。盖因各司、府、州、县提调监造等官贪懦无为者，轻视版图，不行用心督理，以致吏书、里老人等通同作币③，恣意迁延。如正德七年黄册，已越七年方才解完。其间变乱户籍、埋没军匠、飞诡田粮等项奸弊，比之弘治年间以前更增数倍。虽经驳行改正，未免往返频劳，不胜其扰。今照正德十七年又该天下司、府、州、县并土官衙门大造赋役黄册之期，各项事例，户部先期必俱通行晓谕。但天下造册衙门，道里有远近，文移有迟速，丁粮有繁简，官吏、里书有勤惰，若不先行申明，严加禁治，诚恐各该官吏、里书人等，不以版图为重，仍前因循怠玩，作弊迁延，深为未便。如蒙乞敕该部，合无预将本部原定册式，及备查历年以来各项奏准事例，通行刊入榜内，毋致遗漏，先行差人赍去。各该司、府翻刊给发所属，查照攒造。推选廉能公正、年力精锐官员专管其事。各该司、府、州、县掌印官时常提调，仍行各处巡按御史，严督分巡、分守等官，亲临比较。文书到日，即令里④书

① 晒晾：手抄本误写为“晒晒”，据影印明刊本改。

② 三：手抄本误写为“二”，据影印明刊本改。

③ 币：繁体为“幣”，当为“弊”字之误。

④ 里：手抄本误写为“理”，据影印明刊本改。

先将正德七年改正实在，照册抄誊，交与监造官员收掌，以为今次旧管后取各户亲供，依式攒造。照依题本字样，以杜洗改。并不许仍用粉饰纸张，糊表壳面。亦不许滥委贪懦、无为、衰老官管理。其间若有奸民豪户或曾诡寄田地、飞走税粮、埋没军匠、隐漏丁口，或将里甲那移应当等项奸弊，许令自首改正，并免问罪。各于收除项下明白声说，以便查对。务自正德十七年正月为始，年终为止，用印固封，进呈并解南京户部，转送后湖收查。若提调监造官员，有能依限解缴，获有批回，量加奖励，具奏旌擢。过限不完者，即将俸粮住支。仍行惩治经该里书人等，监并的亲家属，责限完报。如此，则官有惩劝之典，人有自新之路，奸弊易于杜革，册籍得以早完，而清查亦不致于耽延岁月矣，等因。具本，该通政使司官奏。奉圣旨："户部知道。钦此。"钦遵送司，案查先于正德七年，天下有司并土官衙门大造赋役黄册，该漕运都御史张敷华奏，为公务事。内一件，重籍册，要将该年赋役黄册，通行天下司、府、州、县，严督所属各该掌印官员，用心从实清理。其田地税粮、过割顷亩、坐落四至，一一明白，攒造在册。其解送司、府及收存州、县文册，俱责令掌印官专委架阁库吏，慎固收护。至于官吏任满，具结交代，如有奸弊，罪坐所由。又查该南京户科给事中张宦奏，内开后湖查册，验得江西吉安府吉水县黄册，因纸张粉饰，被虫蛀，不堪揭查。要将以后造册纸张，俱用洁白坚厚，不许仍用粉饰。及查旧例，该用榜图纸札于刑部取用，版片于顺天府取用，人匠于工部取用，已经通行。去后，今该前因案呈到部，看得正德十七年又该天下有司、土官衙门十年一次大造赋役黄册之年。今该南京户科等衙门给事中等官易瓒等奏称，"大造黄册在迩，要行先期查照原定册式并合行事件，刊印版图赍去。各该司、府、州刊照所属晓谕。各该官吏、里书人等依式攒造。俱限年终进呈，并解南京户部，转送后湖收贮，听候委官清查。"一节，足见各官留心职业，无负委用。相应依拟，合无候命下本部，照依原定册式，并都御史张敷华、给事中张宦奏行事件，照例于各该衙门取用纸札、人匠、板片，印刊榜图。印刷完备，差人给驿赍送。各司、府、州、县依式翻刊，各发所属，并士①官衙门，张挂晓谕。各该掌印提调官员，各要用心严督里书人等，预先查照旧册开除、新收，取具各户亲供，扣算明白，先造草册。查对无差，方用洁白坚厚纸札攒造正册。依期造完，年终进呈，解送南京户部，转送后湖交收。不许仍蹈旧非，任意飞诡，埋没作弊。查

① 士：当为"土"字之误。"士官衙门"，当为"土官衙门"，后不再注。

对得出，从重治罪。本部仍咨都察院，转行各该巡按御史，责令巡守官员，严督比较，依期完解。违者听查，照给事中易瓒等题内事理究治。缘系大造赋役黄册，及奉钦依，户部知道事理，未敢擅便，正德十五年六月二十六日□□□□□□□□等具题。本月二十八日，圣旨："是。"

大司瓒又题准，为请给关防、慎重版图以防诈伪事。窃惟立法裁睹，久必生弊。与其图之于该蔓，孰若绝之于将萌。睹近利而乐因循，固为不可；有远虑而防隐微，斯乃善终。切照天下黄册，存贮南京后湖，法严例重，人莫敢窥。此哉，祖宗神谋睿算，愈精愈密，诚亿万年不易之良规也。奈何承平既久，民伪日滋。其各省、府、州、县原存远年底册，多有毁坏残缺，或因而作弊改换。凡军民户籍之不明事产、税粮之隐古，互相奏告，经年累月不能结绝者，有司具由，连人解送南京户部，行文后湖管册官，揭查明白，回报该部，转行彼处官司，以凭处断。每年终，该部将揭查过黄册起数缘由，造册奏报。诚非细事，不可不严。但揭查过事由，回报公文缘无印信关防，止用白头手本，差人送部。臣愚私忧过计，恐无知小人见利忘义，易换改洗之弊难保必无。设有脱军作民者得以肆其奸，而诬民为军者罔不受其害。与夫避重就轻、事产税粮之欺隐夺古者，皆不得复明白矣。奸弊则无以防，争端何由而息。再照大查之年，南京刑、丁①二部、国子监、应天府并上元、江宁二县、都税司等衙门，各出办纸札、木料、馔米、鱼肉、菜油等项物件，及各造册书手工食银两，过湖交纳，俱以白头批回为照。有等无知官吏，临刷卷时，乘机作弊，增减那移，千疮百孔，以致无凭照刷。如去年上元、江宁二县，被过湖夫头邵英、杨鉴等抵换白头公文，冒领该县食工银二百余两，见今问拟充军，皆由一时无关防所致然也。然此奸弊，非止前项数端，关系不为不重，文移不可不防。而欲防之，非钦给印信关防不能使人畏惧也。见今各处兵备、巡屯、提学等项官员，俱有钦降关防。后湖比之，由为紧要。如蒙伏望，皇上俯察，版籍实天下重务，关防乃革弊要图，乞敕户部详议后，咨礼部，铸降管理后湖黄册关防一颗。凡遇揭查并各项钱粮文移，填注驳语，用使钤②记。如此，则奸弊无从而生，平人不得受害，钱粮庶得明白，刷卷有所凭据，而臣等亦得易为防范矣。奉③圣旨："该部知道。"

---

① 丁：当为"工"字之误。

② 用使：手抄本作"使用"，据影印明刊本改。钤，当为"钤"字之误。

③ 奉：手抄本漏抄，据影印明刊本补。

十一月，瓒等又题准，为盖造黄册库房事。照得后湖册库，自洪武十四年起，至正德七年止，每遇十年一次大造黄册，俱是预先盖造册库三十间，以备收贮黄册。查得正德七年大造黄册，预于正德五年具奏。今照正德十七年，例该天下有司并土官衙门大造黄册，若不预先具奏，诚恐临期送册到湖，无库收贮，不无有误。如蒙乞敕工部，转行南京工部，照依上年事例，委官带领匠作人等，赴湖相勘相应处所，并合用木料、夫匠等项，如法盖造册库三十间，并册架、披垫板木完备，庶①不临期有误便益，等因。奉圣旨："工部知道。钦此。"钦遵抄出送司案查，先查南京户科给事中等官何亮等奏称，正德七年例该大造黄册，要行盖造册库，已该本部备行南京工部，查照修造。去后，今该前因案呈到部，看得南京户科给事中易瓒等奏称，例该正德十七年天下司、府、州、县并土官衙门大造黄册，欲要预先盖造库房三十间，以备收贮。相应依拟，合无候命下之日，本部移咨南京工部，支办物料、夫匠等项，如式盖造，等因。正德十五年十二月二十七日，太子太保、本部尚书李□等具题。次日，奉圣旨："是。"

十二月，瓒等又题准，为补造虫蛀黄册、以备清查以革奸弊事。臣等遵照旧例，每五日一次过湖，督同监生、吏匠人等，晒晾各库黄册。看得正德七年库内江西布政司黄册虫蛀甚多，随令监生、吏匠人等，逐一点检。除不蛀好册外，虫蛀坏册计六千三十五本。查得该布政司所属府、州、县解到本年分黄册，共一万一百四十本。今尚未及十年，蛀坏者已过半数。其间，有一县全蛀者，有一县十蛀八九者。纸张如粉，灰末成堆。都图丁产，字字不全，难以辩②认。但经一揭，纷纷而碎。臣等窃见洪武、永乐等年册籍，经今百十余年，而纸张壳面尚多如旧，未③有虫蛀如此之易者，亦未有如江西一省如此之蛀多者。及查弘治十五年分黄册虫蛀，亦惟该省数多。揆④厥所自，盖由各该官吏不行用心督造。里书人等奸诈百端，欲图将来作弊，故违禁例，仍将粉饰纸张攒造，面糊壳面装钉，致使虫蛀易生，蛀蚀损坏，无凭查考。若不严加禁治，另外补造，不惟已往者遂其奸计，抑且将来者仍各效尤。况解查军民户籍、丁产、田粮，无从揭查，及正德十七年造到

---

① 庶：手抄本字未写全，据影印明刊本补。

② 辩：通辨，后不再注。

③ 未：手抄本写若"永"，据影印明刊本改。

④ 揆：手抄本误写为"拨"，据影印明刊本改。

新册无凭查对，深为未便。如蒙乞敕户部，备行江西布政司，将后开各府、州、县黄册，除见在都图堪查好册不造外，其蛀坏难以辩认都图者，逐一查照补造。仍行彼处巡按御史，通将原驳造册官吏、里书人等，除升迁事故外，其见在者，逐一查提问罪。及严督分巡、分守及各府、州、县掌印官，查照节次奏行事例，务将原无粉饰纸张攒造抄成，厚纸为壳，粗牢绵索装钉，作急造完，查对无差。自文书到日为始，除水程外，定限半年以里，解送南京户部，转送后湖，复查收照。敢有仍前故违及过限等项情弊，通将官吏、里书人等，从重究治。再将正德十七年该造黄册严加禁革，毋蹈前非。如此，庶版图不致废缺，将来有所查照，而奸弊永革矣。奉圣旨："户部知道。钦此。"钦遵抄出送司。案查，先于正德十年，天下有司并土官衙门大造赋役黄册。该南京户科给事中张宦奏，内开后湖查册，验得江西吉安府吉水□①黄册，因□□②粉饰被虫蛀，不堪揭查，要将以后造册纸□③，俱用洁白坚厚，不许仍用粉饰，已经通行外，今该前因案呈到部。看得南京户科等衙门给事中等官易瓒等题称，"江西布政司所属州、县正德七年解到黄册，虫蛀坏者六千三十五本。正德十七年造到新册无凭查对。要行江西布政司，将各府、州、县黄册蛀坏者，照数补造。仍行巡按御史，将原造册官吏、里书人等，查提问罪。"一节，为照十年一造黄册，系是重事。前项造册官吏、里书人等，不行用心，致使粉饰纸张虫蛀易坏。既该给事中等官易瓒等查提前因，相应依拟，合无候命下之日，本部备行江西布政司，转行该道守巡官，严督所属府、州、县，将不堪揭查黄册，照依节次奏行事理，用无粉饰洁白厚纸，作急另行补造。自文书到日，限半年以里，解送南京户部，转送后湖交收。仍咨都察院，转行巡按江西监察御史，将原经造册官吏、里④书人等，除升调事故外，见在者查提问罪，以儆将来。再咨南京户部，转行管湖⑤科道等官，今后遇有解到黄册，俱要逐一验看。如有仍用粉饰纸张，蹈袭前弊⑥，即便驳查参究。验看堪中者，行令管库人役，如法架阁，以时晒晾。缘系补造虫蛀黄册，以备清查，以革奸弊，及奉钦依户部知道事理，未敢擅便，等因。正德十六年正月十七日，本部尚书杨□等具题。

---

① 缺字：当为"县"字。
② 缺字：似为"纸张"二字。又，影印明刊本有"纸"字，缺"张"字。
③ 缺字：似为"张"字。
④ 里：手抄本误写为"理"，据影印明刊本改。
⑤ 湖：手抄本误写为"行"，据影印明刊本改。
⑥ 弊：手抄本误写为"币"，据影印明刊本改。

本月十九日,奉圣旨:"是。"

正德十六年凡一条

十月,瓒等题准,为惩究违慢经该官员、以谨驳册以备清查事。案照先该臣等查得正德七年分黄册内埋没、飞走等项奸弊,已经陆续驳行各司、府、州、县,照依节次奏准事例,对款改正造册,解湖收贮,以候该造新册,以为凭据查对。其各司、府、州、县等衙门官员中间,勤能干事者,遵依照缴;阘茸怠惰者,数年不完。又经节次中①明,奏行督催。去后,节据浙江等布政司并直隶、各府所属州、县,陆续解缴。虽自未完,亦不多。惟有湖广、四川、福建、广东、山西、云南六布政司所属州、县,并土官衙门,共五百一十七处,并无一处解到。革后又及半年以上,仍前不行造报,显是各司、府、州、县等衙门官员轻视版图,故违钦限,恣意迁延,任情玩愒。怠政误事,莫此为甚。即今嘉靖元年例该大造新册,前项旧册,已经驳回八年有余,不行造缴,若不重加惩治,不惟愈肆迟延,抑且无凭查对。所据各该官员,俱合查究参照。湖广、四川、福建、广东、山西、云南六布政司掌印布政使等官,武昌、成都、福州、广州、太原、云南等府知府等官,都转运盐使司运使等官,四川等都指挥等官,盐井等卫军民指挥使司指挥等官,西②阳等宣抚等官,及各所属州、县、盐课长官司等衙门知州、知县等官,明知版图重务,驳回年久,自合严加催督,依限造完,却乃③尸素偷安,因循废阁。节次奏行之例,罔知遵守;革后稽迟之罪,各亦难逃。如蒙伏望,皇上轸念版图,特加刚断。乞敕户部,转行都察院,通行湖广、四川、福建、广东、山西、云南六省巡按御史,即将后开司、府、州、县等衙门,布政都指挥、知府、指④挥、知州、知县等官,逐一查提到官,依律议拟,照例问罪,俸粮截日住支。仍查照节次奏行事宜,责令督册各经该官员,即将驳去黄册,严立限期,务在日下造完,用印固封。各差委的当人员管□⑤南京户部,转送后湖,填注收架,以备清查。候批回获日,各官俸粮方许关支。如此,则法令昭彰,庶官知警,而事克有济矣,等因。奉圣旨:"户部知道。钦此。"钦遵抄出送司,案

---

① 中:似为"申"字之误。

② 西:似为"酉"字之误。

③ 乃:疑为"仍"字之误。

④ 指:手抄本误写为"知",据影印明刊本改。

⑤ 管□:疑为"解送"二字之误。

呈到部。看得南京户科等衙门给事中等官易瓒等题称，“驳回湖广、四川、福建、山西、广东、云南等布政司府、州、县并土官衙门正德七年分黄册，延久不行造缴，乞要转行巡按御史查提问罪，俸粮住支，贵①令督册官员，立限造缴。”一节，为照前项驳回黄册，定有限期，正欲及时造报，候新册到日，以便查考飞诡、埋没等项奸弊。奈何各该有司官吏不以版图为重，轻视国法，节经行催遇革之后，延久又俱未报。既该本官参奏前来，相应查究，合无候命下之日，本部移咨都察院，转行各该巡按御史，将后开司、府、州、县等衙门，违慢布政都指挥、知府、指挥、知州、知县等官，逐一查提到官，依律议拟，照例发落。仍将应得俸粮截日住支。原驳黄册，严立限期，责令督册经该官员，上紧造完，用印固封，贵②差的当人须③解送南京户部，转送后湖交割。仍将解人家属监并，候批回至日，方许疏放，及各官俸粮照旧关支。缘系惩究违慢经该官员，以谨驳册，以备清查，并查参方面等官，及奉钦依户部知道事理，未敢擅便。正德十六年十一月二十三日，本部左侍郎秦□等具题。次日，奉圣旨：“是。这各衙门官员，不以版图为重，造册迟慢，都着巡按御史查提了问④。文册，着严限完解。”

嘉靖元年凡三条

六月，瓒等题准，为乞惩奸弊以清版图事。节据河南等布政司、河南等府、嵩县等县解送造完原驳改正黄册到湖，案查先据各该府、县解到正德七年分黄册，已将弘治十五年分旧册，逐一查对。内查出埋没、诡寄、飞走、不明等弊。节经参奏，驳行各该司、府、州、县查照，对款改正造报。去后，今据造到，臣等复查明白，填注该年册上，以为永远凭据，以备下次清查。看得中间，依驳回报者固有，而朦胧规避者尚多。有原驳新册，军籍不开充发节补来历，匠籍不开名色。今据回称，系远年死绝逃移，及将军籍改作匠民等籍，并先年开豁等项。复查新册实在项下，除年老男干及妇女不开外，见有壮丁三五丁、十数丁甚至三十余丁，及永乐等年黄册俱系军籍，并查无开豁者。有原驳旧册军籍，新册改作民籍，今据仍回民籍，复查永乐等年黄册俱系军籍者。有原驳旧册充军二名，新册

---

①② 贵：当为”责“字之误。

③ 须：似为“员”字之误。

④ 问：手抄本误写为“门”，据影印明刊本改。

查无户籍等项，今止回一名，及称先年释放等项，复查各年黄册，俱系二名，及无释放缘由者。似此奸弊，难以枚举，有碍填注。揆厥所自，盖由各该掌印等官轻视版图，故违事例，不行躬亲查对，从容里书人等欺罔作弊。阘茸可知，罪责难免。臣等再照，天下之根本，莫重于黄册，而黄册内所重者，莫甚于户籍，尤莫甚于军籍。凡军籍，丁尽户绝者不许开除，见有人丁者不许析户。各处狡猾之徒，买通官吏、里书人等，或捏人丁逃绝，或将户籍分开，夤缘理①没，希图脱免。查得军政条例，埋没军伍者，正犯决□一百，发烟瘴地面充军，里老人等发附近卫分充军，官吏依律问罪。法非不严，但行之年久，人多玩愒。或遇革免，益无忌惮。是以，视版图为末务，以法例为虚文。若不申明重治，无以警戒将来。伏望皇上轸念版图实天下重务，乞敕户部，通行后开各处巡安②御史亲提官吏、里书人等，严加追究，不分革前革后，通将作弊正犯，照例问拟充军，官作罢软黜退。仍将司、府经该官吏，问拟应得罪名，俸粮住支。候改正明白、造册完备、责限解送后湖、收查批回获日，方许开支。庶法无遗奸，人知畏惧，而版图得清矣，等因。奉圣旨："该衙门知道。"

本月，瓒等谨奏，为收掌关防事。查礼部仪制，清吏司铸完管理后湖黄册关防壹颗。印封付差来吏方王领回，交收用使，将收掌过年月日期奏缴，等因。赍缴前来，案照先该臣等会奏，请给铸降。去后，今准前因，除赍到关防、当官拆封、辨验篆文明白、四角完全、别无他故、收掌用使外，今将收掌过年月日期，理合奏缴。为此，具本开坐，谨具奏闻，计开嘉靖元年六月初九日，收掌过天字六百八十号管理后湖黄册关防壹颗。

八月，瓒等又题准，为添筑后湖墙垣、以杜不虞以保全版图事。臣等窃惟事变起于不谨，而祸患生于所忽。御变于未形之先，有弭变为治之机；防患于未萌之际，有转祸为福之妙。若事变之来而方行救拔，则大势已去，噬脐莫及，不亦晚耶。惟太祖高皇帝定鼎金陵，设立后湖，登藏天下赋役黄册，深谋远虑，固云善矣。然当创立之初，生齿尚未浩繁，册籍亦不甚多，法严例重，虽无墙垣，人易防守。迨我列圣相继以来百五余年，天下大造黄册一十□□□□□□□□□□□□□□□□□切照□年宸濠□□□□□□□收后湖黄间□。臣等一闻，栾□□□□□□□知所措，诚可寒心。又兼本年□□亢旱，湖水干浅，人可

---

① 理：似为"埋"字之误。

② 安：当为"按"字之误。

徒行。既无墙垣设除□外，又无官军防守于内，万一变出，不测难保必无。又今，本年天下有司并土官衙门大造赋役黄册，钦限年终进呈，俱解南京户部，转送后湖，收架查理。湖边缘无后湖牌扁字样，解册者罔知趋向之门。臣等看得后湖四面周围约有二千八百余丈；西南二面俱有城墙，可恃为险；东北二面，自太平门起，至神策门止，一千三百余丈，旷野平川，防守甚难，干系匪轻。是以臣等昼夜忧惶，靡时宁止。防微杜渐，诚不可不预为之备也。如蒙伏望，皇上俯察版籍为天下重务，特敕该部从长计议，毋惜①小费而忽远图，移咨南京工部，会同南京内、外守备并科道宫②员，除西南二面原有城墙不筑外，即将东北二面一千三百余丈平地，躬诸处所勘验，估计兴工。拨用各卫歇操军士，坚筑墙垣，务在速成。太平门外，仍于湖口竖立坊牌一座，名扁"南京后湖"，使天下解册者知所趋向。其湖水沿墙，或五十步，或七十步，盖立铺舍。责令各该地方军余火甲人等，编成班次，昼夜巡逻，严于防守。庶往来人等知所警畏，莫敢窥伺。后湖隐然有金城汤池之固，而版图可同天长地久之休矣，等因。题，奉圣旨："工部知道。钦此。"钦遵抄出送司，案呈到部。臣等看得南京户科等衙门给事中等官易瓒等题称，"南京后湖东北二面一千二百余丈旷野平川，乞要坚筑墙垣，仍于湖旦竖立坊牌，湖外盖立铺舍，责令地方人笔③防守。"一节，诚为思患预防之计。相应查处，合无候命下之日，本部备咨南京工部，会同南京内、外守备及科道等官，将后湖前项墙垣、坊牌、铺舍等项，从公议处。如果相应筑立，就请彼处逐一验估明白该用物料、人力等项，俱听从宜区处应用。仍委能干官员监管用工。完日，通将支用过工料、筑立工程数目开具，径自奏缴，等因。嘉靖元年九月初五日，本部尚书陶□等具题。初六日，奉圣旨："是。"

---

① 惜：手抄本误写为"惟"，据影印明刊本改。
② 宫：当为"官"字之误。
③ 笔：繁体为"筆"，当为"等"字之误。

卷之十[①]

嘉靖三年，南京吏科等衙门给事中等官臣彭汝寔等奏准，为捐小费以重版图事。奏曰：各准奉本衙门关札管理后湖黄册，臣等切惟，晒晾壹事，后湖最重，所以时检阅而勤拂拭也。累月不举则虫生，积阴不扬则湿闰。晒晾，其可后哉？况各库黄册，年最远者最清，年渐近者渐弊。苟远而清者日入磨灭，则近而弊者日入紊乱而莫惩矣。查得后湖旧例，每五日虽有晒晾之期，或劳于木架之搬移，或费于损坏之补造，加以年久册多，人匠不足，未免支吾草率，以应故事，固有终岁而不一经晒晾者。臣愚以为，不一劳者不永逸，不预图者不永存。乞敕该部议处，转行南京工部，亲诣各库估计。各科每于库门砖砌小墩十座，约高二尺五寸，长以三砖相顶为度，广以二砖相朋为度。每墩相去七尺。墩上[②]各卧铁檽四条，长亦七尺，各与墩接。约计每库一连，不过二门三门。每墩官价，不过二两上下。通计一百一十余门，所费不过三年木作之用止耳。比之逐月用木成造，坚脆固已什百；逐日用人搬移，劳便亦已悬殊。费不重而效久，劳不大而功多矣。

十一月，南京吏科等衙门给事中等官汝寔等奏准，为申严后湖禁例以重版图事。奏曰：臣等各准奉本衙门关札管理后湖黄册，切惟后湖为禁地，而后民数有所藏；清查为盛举，而后民奸无所售。此固祖宗深远之计，越兹百余年而不可忽者。但，法以弛而易玩，例以久而或堙。若不逐一申严，臣恐无以壮观望而惩奸宄矣。谨具湖事七条上陈，伏乞敕下该部议处施行，则祖宗之旧章不隳，而民数之利敝[③]可核矣。缘系申严后湖禁例以重版图事理，未敢擅便，谨具奏闻。

---

① 此按原本排列，但与志前目录相异。如按目录所示，嘉靖三年至七年事例，在卷之九，而不在卷之十。再者，此前缺“嘉靖三年 凡二条”字样。又，目录中，嘉靖五年七年皆列入卷九。

② 上：手抄本误写为“土”，据影印明刊本改。

③ 敝：疑为“弊”字之误。

计开：

一曰：谨甃浚以慎防守。臣等切见后湖之险，特借水与堤耳。每当春夏二时，固有可恃，但临霜降，未免水落。加之年久积淤，洲脚渐生，多有摄衣可涉之处。而东南一带，跨连官道，不无刍牧采捕之徒。垠岸坐是日夷，有司莫敢时葺，盖有欲禁之而不能者。前此，诸臣曾有建议，欲沿湖筑墙者，正以虑此。但以劳重费多，且有防碍而止耳。乞该部不必别有兴作，但乘今冬水落，淘浚湖浅，取其高土，因以为岸，仍于东南二面，品□□□□约厚尺余。期以周岁，生息便一。

二曰：定历事以通情法。臣等照得各衙门监生历事，俱准计日实算，并无别补。独于过湖监生，或有已经一班两班者，甚则监生人数不敷，亦有过湖三班者。止准实历三月，则是两班者以二日为一日，三斑①者以三日为一日矣。况中间劳苦，比他立事实相什伍。前此，诸臣为此已经具题。今后过湖查册监生，三个月满日，作实历三个月。其余九个月，于各衙门历事凑补，已蒙俞允。切念言者之意，本以册多人少，卒难完结，且悯监生之劳，因以慰劳而诱引之，使人乐于趋事耳。但言之偶有不尽，行者遂有所拘。故三月之历，在吏部不敢少增。不知过湖两班三斑者，何以处也？三月之后，在监生不肯复过。虽后湖人数不敷者，亦不充补也。夫奏准立意在致人，今准立行而人反不足，清查之事何时而完？即乞敕该部议处，今后大查之年，凡过湖监生，务照奏定旧例，俱用三百五十名足数。每过湖查理，一斑者，或无，止准二个月；两斑者，则准四个月；三斑者，则准六个月。则一斑者比旧似减，两斑三斑者比旧实增。人乐于积时以准历，册便于添人以查理，而情法可以两全矣。

三曰：崇圣谕以作颓靡。臣等切见，后湖所系实非薄故，凡则赋之盈虚，户口之增耗，军匠之出没，纤悉俱存。累朝以来，节有天语训示，亦欲人之触目警心也。今之载诸湖志者，人不尽知；书之纸榜者，时不甚久。或有斩黏座壁，则亦近亵而不安，往往宁废阁而不以张耳。臣等近以清查过湖，见得执事人等，无虑六百上下。人数既多，时有奸宄作弊。合用申明榜示者，偶以检阅，寻出旧日纸榜，各张破裂殆尽。暂用粉□为出，无地悬示。随

① 斑：当为“班”字之误。本段内，同样情况，不再加注。

于正德以来新库之南墩上旧基，并原有亭料瓦石，一面葺治方亭一所，暂将已写先今题准敕谕，粉版悬挂，以申晓谕。仍乞敕下工①部，通将大查题准圣旨，刻榜悬置亭上，则圣言得尊阁之地，而执事者亦庶乎尊所闻矣。

四曰：定册式以图久远。臣等切见各库黄册，式样大小不一，中间全损亦殊。大抵体制最阔大者多损，体裁稍窄小者多全。盖惟阔大，则翻阅既难，晒晾不便，收藏搬运之际，亦未免于损破矣。乞敕该部议处，通行天下司、府、州、县，今后大造黄册，总②横各不过一尺二寸。比照进③呈登科录体式，俱用厚实纸张。册包与鼓，但以布叶装裹，则翻揭不损，收藏亦便，而四方之承差者亦易于赍解矣。

五曰：誊老册以防磨灭。臣等切见历年黄册，自洪武而下，永乐而上，一应军匠事由，历历可据。凡天下理浸混争，每奏辩行查者，往往赖此以定。嗣是而下，人心渐偷，法亦渐纵。时愈近而奸愈滋，纸张反多浥烂，实有不足凭者，安得与老册比哉！但念版图与文献同，重旧章籍，故典不隳。盖恐积习既久，册纸渐陈，加之揭查晒晾间多损伤，乞敕该部议处，精选好纸，取用书手，并将洪武、永乐二库天下军匠灶籍重事，及弘治年间军由，备加誊录，装成小册，俱用布叶包裹，贮之本库。比与他册，尤宜着实晒晾，则版图庶以永存，而奸豪得以惩戒。然在今一时虽未免于劳费，而万世实缘此以不朽矣。

六曰：折馔钞以苏民困。臣等看得过湖监生日用馔米、干鱼，俱是本监该仓按日送湖。惟馔肉则取自都棿④司、宣课司等衙门供应。随据大使应鉴等呈称，卑职各于该管地方轮差，巡拦抽税屠户猪肉，解送南京国子监，供应会馔馒头馅肉不敷之数。但近年以来，屠户奸顽，有出碎肉一二两者，或低⑤钱三四文者，甚有狡滑之徒全然不出。虽有税肉虚名，比与乞丐无异。近又添援例监生，比旧增肉不同。每三日一次，计二百三十余斤。但要剔骨净肉，加耗秤收。今又时年荒歉，猪少肉贵，每斤时价三十八文，以致各县巡拦逃

① 工：手抄本误写为“上”，据影印明刊本改。
② 总：繁体为“總”，疑为“纵”字之误。
③ 进：手抄本误写为“造”，据影印明刊本改。
④ 棿：似为“税”字之误。
⑤ 低：应为“抵”。

躲，不来应役。节蒙追并官吏揭积买办①，况又办②纳内府织染局并神帛堂合用胰油等项，及原额课钞日收不敷之数，不能完纳，欲要比照国子监事例折钞，等因。臣等查得《大明会典》内开，宣德三年，停止会馔。其馒头馅肉，逐月照依时估于顺天府都税司门摊课钞内折支。干鱼、椒盐等料，仍办③本色。在京国子监，至今遵照施行。为照两京国学事体相同，况南京地方连年水旱，尤宜准折。并访得都税司先任大使杨靖、副使张威，各因钱粮收办④不敷，于弘治六年七月初五日，同夜缢死，情实可悯。合无比照国子监事例，准与一体折钞。惟大查日期，过湖监生用力劳苦。水气蒸湿，比之在监不同，仍乞都税司轮流供应。每季不过二季⑤，每年不过三百余人，则公私两便。既不失节用爱民之心，亦少存作养人材之意矣。

七曰：取依亲以助清查。臣等切见后湖大查，近以册多人少，已经三季过湖，实计一十八个月日，尚未得完南直隶一省。若以北直隶、十三省计之，则将不止十年，而下解日至矣。相应该监添补监生过湖，俱以在监生员不敷，近日各衙门添拨数多，并先今各处告回依亲人等，在家闲住，且使颠毛日就种种⑥，虽后向用，亦无济矣。乞敕礼部，通行催取复监，暂将添拨人数停止，俱令补数过湖清查，则版图有可完之日，亦不失爱惜人材之意矣。

嘉靖五年凡一条

四月，南京户科等衙门给事中等官臣赵永淳等题准，为清理黄册、议处重历以便清查事。题曰：臣等各准奉本衙门关札，清理天下黄册。本年二月十六日，例该大查黄册，准南京国子监典簿厅手册，开送监生谢巽等二百三十七名前来，到湖督同查对。查得先年查理黄册，取拨监生八百名。彼时，册内弊少，清查人多，完结诚为不难。近年，虽取监生三百五十名，奏准查册三个月，准作实历事三个月，其实过湖止有二百余名。照得在监各生俱已查过一次，各处复班者少，往往取拨不勾三百五十名之数。今天下黄册奸弊多端，乏人清查。又兼本湖草木繁多，山岚水气，易召病疾。自嘉靖二年以来，病故监生如马应祥、梁楷、闵子厚、孙云、陈邦本、杨佳、杨荫宗、王珂、张

①②③④ 办：手抄本皆写作“辨”，据影印明刊本改。

⑤ 季：疑为“月”字之误。

⑥ 句中疑有错字。

瓒、邓仁、刘枢容、张经，病重颠狂监生如钟庆会，即其情状，诚可矜悯。以此，人怀疑惧，不愿过湖。况大查黄册，不免责限，少不用心，必加惩治。比之各衙门历事者，劳逸悬绝。查册准历，诚不为过。臣等切念，嘉靖元年天下黄册，即今已过四年，南、北直隶黄册方才清查完结；其各处黄册，俱未及查；盖因册多人少故也。况驳造黄册，往返之间，动以岁计，而将来大造黄册之年，相去又为不远。臣等日夜忧劳，卒难完结，将来①免误事。如蒙伏望，皇上念版图之重务，悯清查之少人，乞敕吏部从长议处，合无将在监监生，如果不□后湖拨用，其凡已过湖一次者，或量□拨□次通前。过湖二次者，俱准实历六个月。其他日期，俱于各衙门□补。完日，送部。□□□□，则清查者之有人，而大事可以计日而就矣，等因。题奉圣旨："吏部知道。钦此。"钦遵抄出送司。案查嘉靖四年四月内，为申严后湖禁例，以重版图事，该南京吏科等衙门署管后湖事给事中等官彭汝寔等奏前事，查系彼中事体，未审应否，已经咨行南京吏部查议。去后，续佳②南京吏部咨据国子监呈。查得后湖查册监生旧该三百五十名。每岁自二月十六日起，至五月十六日止。因暑暂歇。候至八月十六日起，至十一月十六日止。因寒暂歇。至明年二月十六日，亦复如之，俱不计闰。查册三个月满日，准作实历三个月。内有事故等项，本湖计日作旷，开送该监查照。其余，候拨各衙门历事九个月，凑前在湖三个月，通计一十二个月，历满以为定规。及本监拨出查册监生，并无二班三班长差在湖事例，等因。该南京吏部看得后湖查册监生，其一班过湖三个月，准实历事三个月者，系奉钦依事理，遵行已久，情法稳便，等因，备咨前来。看得前项缘由既奉钦依，遵行稳便，别无议处，已经呈堂立案。讫今，该前因案呈到部，看得南京户科等衙门给事中等官赵永淳等奏，"要议处后湖查册监生过湖班次准历"一节，所奏大约与给事中彭汝寔先奏相同。缘系南京吏部掌行，拟合就行。为此，合行备咨该部，烦为应否议处，径自查照，奏请施行。备行前来，已经移文查处。去后，今该前因案呈到部。臣等看得该监所呈，"见在监生十间，除举人、恩生既不过湖，其岁贡援例者，二三年之内亦止差一次，及又有丁忧患病等项回籍。是以，在监名数虽多，而过湖原额不足。今欲容令重拨，过湖准作实历。"一节，诚为区处得宜，合无酌其所议。以后凡该拨过湖监生，若永足原额，仍

---

① 此处疑漏一"难"字。

② 佳：疑为"准"字之误。

将先次已拨过湖者重拨前去。其重拨者不足三个月之数,或一月,或两月,但有续到监生应拨者,听本监酌量差拨更替。如无应替之人,仍以三个月为限。但在彼查册一日,即准历事一日,则劳苦既无不偿,而差遣亦可不缺,庶人情适均而公私易完矣。缘系清理黄册、议处重历以便清查事理,未敢擅便,等因,题奉圣旨:"是。"

嘉靖七年凡二条

闰十月,南京户科给事中赵永淳题准,为重版图以固国本事。奏曰:仰惟太祖高皇帝登藏黄册于后湖,深谋远虑,尽善尽美,实国家亿万年无疆之限①本也。臣窃照洪武十四年始造黄册起,至天顺六年止,天下解到册籍,经今百五十余年,俱未有虫蛀腐烂者。自成化八年、十八年、弘治五年、十五年、正德七年及嘉靖元年,江西、广东、广西各布政司解到该年分黄册,俱各虫蛀腐烂,十无二三。惟江西一省黄册,虫蛀腐烂之尤甚者也。惟原所自,盖因先年法严例重,人知畏惧。奈何年久,习于玩揭②。各处官吏、里书人等,轻视版图,故将粉饰纸张攒造,致使虫蠹易生,蛀蚀腐烂,无凭查考,欲图日后作弊。虽经饰欠③,题奉钦依严行,补造前来,其间飞诡田粮,理④没军伍,弊病多端,难以悉数。不及数年,仍复蛀蚀腐烂,往往视为泛常。况今嘉靖十一年,又该天下司、府、州、县大造赋役黄册,诚恐似前效尤,仍用粉饰纸张攒造,实妨国计。臣又查得各处解到赋役黄册,中间多不依式顺甲编造,俱紊乱穿甲攒造。假如里长赵甲下甲首钱乙等十名,即该顺次编附于里长赵甲之下,方可易于检阅查对。今各处攒造黄册,任凭里书人等玩法作弊,故将十里里首紊造于十里长之下,难以查对,深为未便。若不先行申明,严加禁治,无以警戒将来。如蒙伏望,皇上俯察版图实天下重务,特敕户部,申明禁例,转行江西等十三布政司及南、比⑤直隶,每经大造黄册之年,务要竖⑥厚无粉饰纸张,依式顺甲攒造。照依钦定限期,解送南京户部,转送后湖收查。如有故违禁例,仍用粉饰纸张,及紊乱穿甲

① 限:当为"根"字之误。
② 揭:当为"愒"字之误。
③ 此处,疑有错字。
④ 理:当为"埋"字之误。
⑤ 比:当为"北"字之误。
⑥ 竖:当为"坚"字之误。

攒造者，听本湖管册官员查验得出，先将解册人役，参送法司问罪。本湖仍行南京户部，转行南京都察院，备行彼处巡按御史，亲提原经造册官吏、里书人等，严加追究。不分革前革后，通将作弊正犯，得问发充军；经造官员，作罢软黜退；仍将司、府、州、县掌印正官，问拟应得罪名。其不堪册籍驳回，易纸另行依眼①攒造。庶册籍永久不致损坏，而奸人知所警惧矣。缘系重版图以固国本事理，未敢擅便，等因。具本，该通政使司官奏。奉圣旨："户部知道。钦此。"钦遵抄出送司。案查嘉靖六年十二月十五日，为补造虫蛀黄册、以便清查、以革奸弊事，该南京户科等衙门给事中等官赵永淳等题称，江西、湖广、四川、广东、广西各布政司陆续各解到嘉靖元年分后湖赋役黄册，共计九千六百九十二本。中间虫蛀坏册，计六千二百八十九本。纸张如粉，灰末成堆。究其情弊，盖因各该官员不行用心，任凭该吏、里书人等作弊，故用粉饰纸张，易生蛀蚀，以致无凭查考。乞要查提各该人员究问，严限依式另行补造，等因。题奉圣旨："户部知道。钦此。"本部议拟覆题。嘉靖七年二月初二日，奉圣旨："这经手造册官员、干碍人众都免。题见在的，各罚俸一个月；去任的，罢；该吏、里书人等，着巡按守巡等官就近查提了问。钦此。"钦遵凡经通行去后，今该前因案呈到部。看得南京户科给事中赵永淳题称，"江西等处解到黄册，俱各虫蛀腐烂，无凭查考。嘉靖十一年又该大造黄册，诚恐似前效尤，仍用粉饰纸张。及称中门②多不依式顺甲编造，俱紊乱穿甲攒造，难以查对。乞要先行申明，严加禁治。"一节，为照黄册十年一造，□□□□□□□国家重务。各该管册官员，不行用心督理，致有前弊。况今嘉靖十一年又值大造之期，本官先事具题，诚为有见。相应依拟，合候命下之日，本部移咨都察院，转行各该巡按御史，备行江西等十三布政司及南、北直隶、府、州，每遇大造之年，严督各该掌印管册官员，用心督理，务要坚厚无粉饰纸张，依式顺甲攒造。照依钦定限期，解送南京户部，转送后湖收查。如有故违禁例、仍前故用粉饰纸张及紊乱穿甲攒造作弊者，听本湖管册科道等官查验得出，先将解差人役参送法司问罪，册籍驳回，另行易纸，依限造解。仍行南京户部，转行南京都察院，备行彼处巡按、监察御史，亲提原经该造册官吏、里书人等，严加追究。作弊正犯，从重问拟发遣；督造官员，即以罢软黜退；仍将司、府、州、县掌印正官，

---

① 眼：疑为"限"字，或为"式"字之误。

② 门：当为"间"字之误。

问拟应得罪名，照例发落。庶版籍皆知所重，而攒造不致有违矣。缘系重版图以固国本，及奉钦依户部知道事理，未敢擅便，谨题请旨，等因，于嘉靖七年十二月十二日，该本部尚书邹□等议拟具题。本月十五日，奉圣旨："是。版图重事，近来各处官员，多不行用心督理，便依拟着各该巡按御史，备行各布政司及直隶、府、州，每遇大造之年，严督有司，用心依式整理。今后再有似前违例违式，紊乱作弊，仍将经该人员依法提问追究，驳回改造，勿得故违姑息。钦此。"钦遵抄出送司，案呈到部，拟合通行。为此，合咨前去，烦照本部题奉钦依内事理，钦遵查照施行。

南京吏科给事中柯相奏，为乞定委专官以救版图极币[①]事。照得民间十年一大造黄册，里书、吏胥竞倚为奸。弊而言之，变乱户籍也，埋没军[②]匠也，飞洒税粮也，诡寄田土也，漏报人丁也，脱免差徭也，那移里甲也。是数者，今之所谓弊也，而非臣之所谓弊也。臣所谓弊者，一曰纸张粉饰也，二曰驳查稽违也。夫纸张粉饰，则虫易蛀。虫蛀，则册易朽。册既朽矣，前项诸弊何由而稽乎？驳查稽违，则改正之册未完，攒造之册荐[③]至。新陈丛委，事务浩繁，非惟旧册难以复对，抑且新册无凭查理。前后妨阁，误事非细。臣所谓二弊，较之各项害事尤甚，有不容以缓图焉者。臣又查得弘治、正德年间，张宦、何亮等奏，亦以纸张粉饰相继具奏。节该户部题奉钦依，戒谕谆谆。夫何弘治五年、十五年江西黄册，卒以纸张粉饰、虫蛀而坏者，殆十有三四？至正德七年又不啻十之六七。迨今补造未完，尚余十之二三，以致嘉靖元年各省黄册亦皆闻风效尤，剥蚀愈甚。其驳册稽违，张宦等亦尝言之。何亮、易瓒等又从而申言之。该部亦尝题奉钦依，通行查催矣。既而，该年驳册迟违，固若有延至五六年、七年、八年，甚则仍与新册相兼而至。木湖虽屡经照例参行各该守、巡等官查提问罪，则又以官非专责，类多姑置，听其多方破调，规免罪名。上下循习，彼此推诿，成一故事矣。此固弊之益滋而民之浇风日益煽也。嘉靖十一年，当天下大造之期。臣愚以为，各省之内，非得人以专其事不可也，非责之久任以要其成不可也，非赐之玺书以重其委任不可也。但各处有布政使、左、右参政年劳，及此升迁类速，难以委任。思得各参议在任颇久，相应专委，合无比追各处提学、粮储、兵备、驿传等官

① 币：据后文所引，当为"弊"字之误。
② 军：手抄本漏写，据影印明刊本补。
③ 荐：疑为"兼"字之误。

事例，请敕各一道，专委参议各一员，管理黄册。抚按衙门，不许别项差占。平居，则理其词讼，询访弊源。大造之年，专一往来，巡督所属，痛扫前弊。仍各先具职名，申达吏、户二部及本湖管册给事中等官查考。待有成绩，具奏旌擢，以励其余。大造未完，不许升迁。如有不修职业册弊仍前，及私受抚按衙门别委，致妨册务者，听管册科道官指名参奏问罪。甚者，以罢软黜退。其各属监造官员，悉听本官自行选委。不拘是何职员，但取廉慎干济。务在得人，共图实效。其发卖册纸铺商，各官务要先期严责保管，取具甘结附卷。验其粉饰，即问以通同里书作弊罪名，仍令陪①偿补造，以杜弊端。再照南、北直隶、府、州、县，各合照例专委同知等官，一体责成。如此，庶各官利害切身，而姑息之念自薄；臂指成势，而蟠结之奸可消，亦治道升降一几也。为此，具本谨具奏闻。

事例七

嘉靖十六年凡一条

十月，给事中曹迈、主事艾希淳等题，为乞圣裁以苏民困以永治安事。题曰：臣等各准奉本衙门开札管理后湖黄册，仰见祖宗深谋远虑，藏天下册籍于后湖中洲。虽普天率土，日照月临之下，凡有田粮户籍者，靡不负版于斯，诚金瓯宝鼎之势，而亿万载灵长之业也。然自皇祖经营以来，天下黄册，每十年一次，造送后湖收贮。本湖亦每十年添造册库三十间。每库三十间，添编库夫一十名，看守晒晾。洪武以后，至成化等年，陆续编耴②，在京上元、江宁二县，共该四十五名。弘治十八年以后，至嘉靖等年，陆续编取，在外溧水、高淳等县，共该五十三名。每夫一名，每年费工食银八两五钱。在京县者，一季一次更替。在外县者，一年一次更替。至今，百六七十年，凡此重差，未尝一日脱手。且近年以来，南方水旱虫蝗，民穷财尽，加之赋役繁苛，愈不聊生。臣等每会文移，更换库夫，只见官困于追并，民疲于应当。解至京县者，老癃残疾；解自外县者，孤

① 陪：似为“赔”字之误。

② 耴：据下文，当为“取”字。下同者，不再加注。

苦伶付①。往往到湖即染重病，哀号啼泣，不刃②见闻。且以天下册籍之重，而独困一方之民之力，此又事理之难解者也。矧皇图万载，历数无穷，将来册库愈添而民差愈重，有臣子一日之责者，其可坐视民瘼而不为陛下一陈之耶？臣等愚昧，窃计本湖驳查天下黄册奸弊，应问官吏、里书赃罚银两，陆续解赴应天府贮库。臣等欲得比照正德九年给事中史鲁等题准，通融查册费用，以苏民困事例。凡百费用，耴之本分之中，求之见成之内，不扰一民不科一夫而自足，为经久可长之业。将前项库夫尽行停编，行令上元、江宁二县，招审京城的实有根、年貌少壮之人，耴据本身并里邻供结，照依原定名数，责令过湖应当夫差，每月每名应天府给与寄库银六钱食用。以后年分添编库夫，亦仿此例施行。庶几民之空闲者，利于工食，乐趋事，而无抑郁之嗟。且以天下之财供天下之费，而一方官民不以天下而独苦也。矧南畿根本之地，正当休养培植之所，而乃困之以多役，疲之以重差。里甲之办，每三年一轮，比之在外州、县十年九空者，已相悬绝矣。此犬马愚昧之臣所以持抱隐忧而不能己于言也。《易》曰：通其变，使民不倦；神而化之，使民宜之。此正陛下今日之所以光前裕后而雍熙无疆者也。如蒙敕下户部，议处施行，畿民幸甚，天下幸甚，等因，该通政使司官奏。奉圣旨："户部看了来说。钦此。"钦遵抄出到部，送司案查。先为通融查册费用以苏民困事，正德九年九月内，该南京刑科等衙门给事中等官史鲁等题称，接管后湖大查正德七年黄册，费用银两数多，若不通融议处，不免独累上元、江宁二县之民。乞要通行各布政司及府、州、县，凡系查册项下赃罚银两，俱解南京户部，转发应天府收贮，以备后次支用，等因。该本部议拟，通行天下各该抚按官，转行所属司、府、州、县，自文书到日，但有因驳语青册追问官吏人等赃罚纸价银两，俱解南京户部，转发应天府收贮，以备支用，不许隐漏侵□。以后，每遇大查之年，一体解送。题奉皇帝圣旨："是。今后都照这例行。钦此。"已经通行钦遵。去后，今该前因，通查案呈到部，看得南京户科等衙门给事中等官曹迈等题称，"天下黄册，每十年一次造送后湖收贮。本湖亦每十年添造册库三十间。每库三十间，添编库夫一十名，看守晒晾。洪武以后，至成化等年，陆续编耴，在京上元、江宁二县，共该八十五名。弘治十八年以后，至嘉靖等年，陆续编耴，在外溧水、高淳等县，共该五十

① 付：疑为"仃"字之误。

② 刃：当为"忍"字之误。

三名。每夫一名,每年费工食银八两五钱。在京县者,一季一次更替。在外县者,一年一次更替。近年以来,南方水旱虫蝗,民穷财尽,加之赋役编苛,愈不聊生。要将前项库夫尽行停编,行令上元、江宁二县,招审京城的实有根、年貌少壮之人,耴据本身并里邻供结,照依原定名数,责令过湖应当夫差。应天府将寄库赃罚纸价银两,每名每月给与银六钱食用。以后年分添编库夫,亦仿此例。"一节,为照南京后湖,收贮天下黄册。每一大造,则必添造库房。一添库房,则必添编夫役。若止于上元、江宁、高淳等县佥派,是以天下之册,独困一方之民。地方迭遇灾伤,里甲艰于出辨①。今给事中等官曹迈等具题,前因无非体国恤民之意。相应议拟,合候命下本部,移咨南京户部,转行应天府,将前项节年编签库夫,尽行停革。行令上元、江宁二县,招审在京的实有根、年貌少壮之人,耴据本身并里邻供结,照依原定名数,责令过湖充当。该府就将收贮驳问官吏赃罚银两内,每名每月给与工食银六钱。以后添编,永为定例。仍每年将支给过库夫食用银两数目,造册送部查考。伏乞圣裁。缘系乞圣裁,以苏民困,以永治安,及奉钦依户部看了来说事理,未敢擅便,等因。嘉靖十六年十月十八日,本部尚书梁□等具题,本月二十日,奉圣旨:"依拟。钦此。"钦遵拟合就行。为此,合咨前去,烦照本部题奉钦依内事理,钦遵查照施行。

嘉靖十七年十一月,南京户科给事中曹迈奏,为恳乞圣鉴、量减复命官员以便程途事。照得嘉靖十一年分天下黄册,节经清查,驳出奸弊,陆续奏缴外,今照清查将完,刻期复命。案查先年事例,在湖会查官七员,一同上京复命。臣子尊君敬事之谊,固宜如此。然愚臣之见,窃照管湖给事中并主事二员,原系专官,常川在湖清查,其当复命无疑。御史二员、司官三员,俱系部院堂官,临时札委,更替不常。案稽开查以来,更替过御史周冕等一十九员,更替过各司官员外郎主事解一经等二十五员。前者,陆续更换去讫。临后接管旬日者,即同复命,则以前事理非所周知,似非臣子事君以实之义。况七官一时同行,途次甚为劳扰。臣查得南京科道部属等官,先年给散钦赏军士夏冬布钞,原系事完复命,后以途次往返劳费,至今停肖,止用造册,具本奏缴。版图重务,比之根钞不同。具本奏缴之例,断不敢缓。俱比一事,至用多官以行,程途颇为未便。愚臣之见,窃欲乞敕户部议请,止容管湖给事中一员、管湖主事一员,前来复命,其余

① 辨:似为"办"字之误。

部院札委不常官员通行裁减，则事体归一，途费不烦。皇上之所以役使臣下，臣下之所以恪终王事，各得夫情法之宜，可以行之永久而无弊矣，等因。奉圣旨："户部知道。"户部覆题，为照我国家设立南京后湖，收贮黄开①，专选户科给事中及户部主事各一员，会同南京各道御史二员及南京户部司官三员，相兼清理。盖慎重版籍，均平赋役，所以为民也。各官事完，诣阙复命，系是先年旧规。管湖给事中、主事，责在尤专，相应照旧复命。其称会同各官，系部院临期札委，前后更代不常，不系专管人员。况七官一时同行，程途往返，未免驿地烦扰，委的不便。既经该科具奏，相应议处，合候命下本部，移咨南京户部，转行户科衙门，今后止令管湖给事中、主事各一员，依期赴京复命。其各道御史二员、户部各司官三员，通行停省。庶事体专一，而驿递亦免烦扰矣。伏乞圣裁，等因。嘉靖十七年十二月二十九日，本部尚书兼翰林院学士李廷相等具题。十八年正月初一日，奉圣旨："是。"

嘉靖二十四年五月，南京户科等衙门给事中等官甄成德等题准，为修理册库慎重图籍事。略曰：看得递年黄册，每十年盖造册库三十间，架放册籍，相承日久。切照前项册库建造，既已年深，材木自难久固。矧以湖气加侵，人烟隔远，又每库皆三十间，连属颇广。一木蠹，则牵及一间。一间坏，则牵及一库。南京工部只于已坏去处料计修理，而新朽不齐，倾圮愈速。每每随修随坏，东撑西拄，迄无完工。窃闻不一劳者不永逸。若今册库，除新造未久及年久尚甚修葺各库照常外，其倾塌已甚，如永乐十年南库等库，若芊②撤旧更新，终非持久大计。况每十年一库，架册六旧余本③，万一全库倒塌，册籍浩繁，何从安顿？是不可以不远虑也。乞敕工部，转行南京工部，议将已坏各库从新□造。庶旧材犹有可用，近工可为远图。再照前项工程，颇为繁重，动支该部钱粮或有不足。又查得本湖递年解到各处改正黄册赎罪银两，见贮应天府库。除存递年本湖查册各项公用外，相应量议，动支协济。庶财用有径，工程易完，册籍其永赖矣。奉圣旨："工部知道。"该工部覆题，看得南京后湖册库，相承百数十年，新库虽旋增加，旧库日渐倾坏。今该给事中等官甄成德等议欲更修，日预处应用钱粮，事皆稳便，俱应依

① 开：当为"册"字之误。
② 芊：音"千 qiān"，药草名。
③ 句中疑有错字。

拟。合候命下本部，移咨南京工部，查照题议事理，委官覆行相勘，除未经朽烂不堪者照旧存留及量修外，其□①塌大坏，如永乐年间南库等库，通行查出间数，估计合用工料，除会有耴用外，其余动支该部及本湖前项解到改清黄册赎罪银买办，并雇募匠作修盖。完日，通将做过工程、用过物料，径自造册奏缴，等因。嘉靖二十三年八月初三日，太子太保、本部尚书甘为霖等具题。本月初五日，奉圣旨："依拟行。"

十月，南京户科等衙门署管后湖事、南京礼科给事中等官游震得等题，为及时疏浚禁湖以慎重图籍事。题曰：看得本湖周围约四十里湖面，生长莲菱，已将周匝。不惟根蔤②破占土泥，而每岁经霜之后，枝叶黄落，皆复入水成泥，日渐於③塞，以致水浅去处，人立及膝。况当莲菱成实，愚民见利，冒禁窃取。虽尝痛治，终不悛改。及据行船过湖，每亦祖④浅不便。查得先该南京户部广西清吏司主事邓琛于弘治六年奏准，户部覆题，内开查得所奏湖产莲菱致人窃取，因而窥伺册库，合准除去，以杜不虞，等因。节奉孝宗皇帝圣旨："准拟。钦此。"钦遵经今五十余年，已除复盛，势亦宜然。臣等访得，莲菱逢春发生，未出水面，及时剪割，则不复生，且易为力。伏乞皇上，垂念图籍所在，关系重大，乞敕工部，转行南京工部，会同臣等计议。当春生之初，先将莲菱剪割。候秋水浅涸，船行倘复如旧阻难，仍议量行挑浚，以便过湖。自后，莲菱余根倘再生长，仍许管湖官员，多则移文南京工部，少则量令在湖人役，依时除去。庶几禁湖肃清，而图籍之藏永有攸赖矣。奉圣旨："工部知道。"该工部覆题，为照后湖年久未浚，以致莲菱壅塞，不便关防，委应乘时修浚。合候⑤下，移咨南京工部，委官会同各官踏勘，作何剪除，使菱芡稀疏；及何修浚，使湖水深满。仍议处，几年一次修浚，著为令甲，以免烦渎，等因。嘉靖二十四年十二月初二日，少保兼太子太保、本部尚书甘为霖等具题，本月初四日，奉圣旨："是。"

附：行南京工部公移：看得本湖荒洲迤西，直至旧洲登岸去处，浅涸尤甚，船阻难行，计长四十五丈。开方挑浚，各该横阔二丈。随用篙虽探入水底，俱系坚土。议得合用长柄铁

---

① 缺字，据上文，似为"倾"字。
② 蔤：藕之本字。
③ 於：似为"淤"字之误。
④ 祖：似为"阻"字之误。
⑤ 此处，似漏一"命"字。

口畚箕，入水锹掘，起出淤土，即用小船载出。挑浚之法，无出于此。但照春水渐长，姑候秋涸，会议兴工。至于“除治莲菱”一节，看得湖面甚阔，用功良难。访得莲菱逢春发生，初出水面，一经剪去，则不复生。拟候春深，莲菱出水之际，姑从便近一二处，如前剪除。如果再不发生，然后依前通议除治。其该部题称，“合议几年一次修浚，著为令甲，以免烦渎。”一节，看得湖水盈涸不常，莲菱生长稀密亦难预定，似难必限年数。唯当此后，凡遇应该修浚等项，本湖查照。今奉钦依事理，移文贵部，烦为施行。不必再行题请，以致烦渎。所据今议兴工挑浚，及于湖面一二处剪除发生莲菱二事，合用人工、器具，合烦贵部查照施行。

南京户科等衙门署管后湖事、南京礼科给事中等官游震得等题，为银两不充、权宜区处、乞催补还以广备赈德意事。题曰：节准南京工部手本为公务事，内开准工部咨，开取南京供应机房织造上用纻丝纱罗、织金彩妆、曳撒膝栏①、胸背暗花五爪龙，计一千一百二②十五匹，该用丝料、金条、红花等物、织染人匠工价，照依街市时值约估，通计该用银一万七千八百七十八两有零。该本部尚书胡训等具题，工部覆议，合于应天府库贮后湖赎罪银两，照数借支，径送织造应用，等因。题奉圣旨：“是。钦此。”钦遵备行到湖，随该臣等查得先为陈边务以押安坏③事，节准南京户部手本，该南京刑科等衙门给事中等官张永明等，会查得本湖上有余银一万七千八百七十八两二钱八分九厘三毫四丝一忽，堪以动支，已经户部题作发边应用之数。续又覆题，为地方亢旱，米价高贵，恳乞原借银两，以备缓急，以全民命事，节该总理粮储兼巡抚都御史丁汝夔题前事，该本部坐拟，前银存留在库，听候巡抚都御史丁汝夔会同巡按御史领回发赈，等因。咨行南京户部，备行知会讫系经节，奉钦依事理，似难再议。惟查得先为成造祭服袍服等件事，据应天府经历司呈称，该府为前事，备呈工部具题，暂借本湖项下银一万五千两，给发织造。去后，查据原呈，开称芜湖税例银两补还。今照前银借去月日颇久，量已陆续解到，相应那用，备由回部。去后，随准该部手本，仍为前事，开称节准该机房揭帖，催

① 栏：据下文，当为“襕”字之误。

② 此处：原文“二”字两横，相距较远，则又或为“一”字。另一“一”字则为衍文。

③ 押安坏：后文作“裨安攘“，似以后文为是。

取前银，十分紧急。相应先行给发该机房买料织造。待芜湖抽分税银至日，径解该府收候备赈，两不相误，等因，又行到湖。臣等看得织造事于上用，备赈事切民患。况俱奉有前项钦依，诚难以此废彼。臣等欲候覆请明旨至日，钦遵施行。而该部执以稽误上用事理，紧急题请，往返动经月余。随查芜湖抽分厂应还前银，才上解到一千两。除行该部查催芜湖银两前来接济外，臣等权宜区处，暂于本湖项下□动余银数内一面，借用七千八百七十八两二钱八分九厘有零，给发织造。其户部原坐"存留备赈"一节，除将数内见在一万两存贮外，亦行查催芜湖合还银两，解补足数。再照南京工部，所借该银一万七千八百七十八两有零。今芜湖合还银两，止有一万五千，尚欠二千八百七十八两有零。合行南京工部，另议处补，以足织造之用。除已备行支取及催解，去后，臣等窃惟后湖递年书手、库匠工食，并纸札笔墨、解册箱柜盘缠，各项支用浩繁。先年俱取足于应天府八县，日久费多，民不堪命。其后另议，查取各处驳册纸赎。行之今数十年，渐至前项储积。看得先该给事中等官张永明等查取本湖项下堪动银数，括刷颇严。今扣所存，止银三万八千余两。见在修理册库重役工役，兼今大查岁用，不次动支，分款扣算，已觉不敷。今轮造册，各处经驳罪米，遇经宥免，将来解到银两益少，而本湖支用自难省免，难再支借。照得臣等前项通融等处，情虽为不得已，事已涉于那移。访得江南应天等府地方，秋收甚薄，赈济事官①实在紧恐。若芜湖银两不为即解到，则将乞从处给。臣等依违误事之罪，曷可逭乎？伏乞皇上，俯原臣等不得已之情，申敕户部，备行工部及南京工部，查催芜湖抽分厂合还银两，作速解补。既得以宗织造，复可不误赈恤。其一万五千两数目，织造不足之用，仍从南京工部另行处补。今后本湖银两，非候日久积余，不许辄拟支借。庶几财用各足，而事济矣。奉圣旨："户部知道。"该户部覆题，为照前项后湖赎罪余银，先该本部议拟取为济边，又留为救赈。后该工部借支，又为给发织造。各省事情，系干国用民隐。题奉钦依，俱非得已。今既径②给事中游震得等通融，一则不误上供，一则备恤民瘼，区画得宜，两无所妨。所据□③湖抽分厂合还银两，相应解补。合候命下本部，移咨工部及南京工部，查照原议及游震得等今奏内事情，将芜湖抽分厂银两，严限催完，解赴应天府库收贮，补还借支之数，听从抚按衙门查

① 官：疑为"宜"字之误。
② 径：似为"经"字之误。
③ 缺字：当为"芜"字。

取，赈济支用。其工部数外不足之数，该部另行从宜处补，不必再行借支。庶几上供不误，而民困亦少苏矣。嘉靖二十四年十二月初四日，本部尚书王杲等具题。本月初六日，奉圣旨："是。"

嘉靖二十五年凡三条

二月，南京户科等衙门署管后湖事、南京礼科给事中等官游震得等奏，为铸换关防事。照得本湖原蒙钦降管理后湖黄册关防一颗，系天子六百八十号，于正德十六年十二月造给，自嘉靖元年六月初九日接到，收掌用使。到今二十五年，篆文模糊，四角平勚。切缘前项关防，系干本湖揭查天下黄册军民户籍、田地税粮、驳出奸弊、备造本册奏缴，及行各该司、府衙门青册，并准到各处查理户籍、丁产及本湖钱粮出入等项文移。钤记用使，事务颇繁。若不具奏请换，委果未便。如蒙乞敕礼部，从新铸换，降用便益。候新印至日，另将旧印奏缴。为此，谨具奏闻。伏候敕旨。

十一月，南京户科署管后湖事、南京礼科给事中游震得题，为钦奉圣谕事。略曰：先该工部尚书甘为霖等题，节称琉璃河桥工程重大，费银须数十万两。臣等咨访，各议区画十条，言言有据，凿凿可行。若各该官员，仰体圣皇天覆地载之心，拯溺救饥之切，各速各解，方克济用，等因。内计开一，查得应天府收贮后湖各司、府造册赎罢银，除织造太监李政等支取外，尚有十余万两在库。合行应天巡抚、都御史欧阳必进委官，于内动支三万两。限本年十二月终到部，不许违误，等因。题奉圣旨："这所开取用各处银，依拟。差官赍文前去，行令各该抚、按官，通查各项银两。如果见在堪动，别无违碍，即便起解应用。其余事宜，各该衙门看议具奏。钦此。"钦遵备行到湖，臣即会同南京户部署管后湖事贵州清吏司主事张煌，钦遵查得先为陈边务以裨安攘事。该南京刑科给事中张永明、南京河南道监察御史缪文龙，照依户部会题事理，查得应天府库贮后湖递年解到黄册里书纸赎银两实在，共五万六千一百两八钱四分四厘三毫四丝一忽。随查本湖造册书手、晒晾看守库匠各工食，及纸札杂色公用，及题准修理历年册库、协济工科价银，通前四项，共约用银三万八千二百二十二两五钱五分五厘，尚有余银一万七千八百七十八两二钱八分有零，题作堪动发边应用之数。随该户部覆题，为地方亢旱，米价高贵，恳乞原借银两以备缓急以全民命事，节该巡抚副都御史丁汝夔题，该本部坐拟，前项余银，尽数存留，听候发赈，等因。行间又准南京工部手本，为公务事，内开准工部咨开取南京供应机房织造上用纻丝纱罗、织金彩妆、曳撒膝襕、胸背暗花五爪龙，计一千一百二十五匹，合用工料价银一万七千八百七十八两有零。该本部尚书胡训等具题，工部覆议，合于应天府库贮后湖赎罪银两，照数借支，径送织造应用，等因。题奉圣旨："是。钦此。"钦遵又行到湖。随该臣会同主事张煌题，为银两不充，权宜区处，乞催补还，以广备赈德意事，内开查得先为成造祭服袍服等件事，催取芜湖抽分厂合还银一万五千两，作速解补。既得以完织造，复可不误赈恤，等因。具本于本年十月二十四日，顺差冠带舍人潘璋赍捧进奏。去后，未奉明旨。节准南京户部及巡抚、都御史欧阳必进各移文前来，开称各处民饥，紧急差官领银买籴，行催本湖轸念江南百万生灵之命，速为查照原奉钦依，动支发赈。又准南京工部手本，开称芜湖银两，因年荒税少，解补不前，仍催先解前银，接济织造，候后补还。今查应天府报到本湖银两文册，除已陆续支过外，见在库银共止二万七千九百七十四两四分有零。扣算本湖将来岁用，尚觉不敷。恭照明旨，各项银两如果见在堪动，别无违碍，即便起解。仰惟皇上仁恩既溥，圣智甚周，故于堪动之中，犹有违碍之虑。圣人不忘远之度如此也。今臣查得前银委有违碍，相应存留，以重图籍大事，惟圣明垂察焉。再照本湖银两，既经户部会题，又经科道查取，具有成册。其岁用之繁多，与将来充积之艰难，臣于前奏已其言之，不敢复①……

嘉靖二十五年凡三条

二月，南京户科等衙门署管后湖事、南京礼科给事中等官游震得等奏，为铸换关防事。照得本湖原蒙钦降管理后湖黄册关防一颗，系天子六百八十号，于正德十六年十二月造给，自嘉靖元年六月初九日接到，收掌用使。到今二十五年，篆文模糊，四角平勚。切缘前项关防，系干本湖揭查天下黄册军民户籍、田地税粮、驳出奸弊、备造本册奏缴，及行各该司、府衙门青册，并准到各处查理户籍、丁产及本湖钱粮出入等项文移。钤记用使，事务颇繁。若不具奏请换，委果未便。如蒙乞敕礼部，从

---

① 此处似下缺。又，接文又为"嘉靖二十五年 凡三条"与"二月，……游震得等奏，为铸防关防事"与上文重复，当为衍文。两文相照，除最后四字"伏候敕旨"后文为"伏候特旨"一字之差外，并无不同。再，目录为"嘉靖二十五年 凡五条"，此为"凡三条"，而文中实为二月一条，十一月二条，十二月一条，只有四条，加衍文方为五条。如此，当为"凡四条"。

新铸换,降用便益。候新印至日,另将旧印奏缴。为此,谨具奏闻,伏候特旨。

十一月,南京户科等衙门署管后湖事、南京兵科给事中等官万虞恺等题,为有司不遵钦限、稽迟赋役黄册事。题曰:臣等各准奉本衙门关札,清理后湖黄册。除清理外,照得嘉靖二十一年轮该天下大造黄册,及查原定钦限,俱本年终应合解到南京户部,转送后湖收查。今限外已过四年有余,查得江西吉安府泰和县、饶州府乐平县、湖广九溪卫桑植安抚司、施州卫散毛安抚司、五寨蛮夷长官司、筸子坪长官司、塘崖长官司、广东广州府中山县、广西柳州府来宾县、四川成都府威州保县、重庆卫石硅宣抚司、乌蒙军民府、贞州军民府、播州宣慰使司、黄平安抚司、容山长官司、自①泥长官司、余庆长官司、贞州长官司,俱该年黄册不见解到,及河南归德州,今改归德府,通经驳回,亦不解到,以致本湖无从查理。参照黄册大事,国计所枢。况有钦限,自合遵照。今各该府、州、县正官及该管官员,违限太久,又经节行督催,漫不加意,轻鉴版图,法虽轻纵,其有罪人员例应参问。伏乞敕下户部,转行都察院,通行各该巡按御史,查将各该接管承行人等提问如律。仍严限作急造完,以凭查对施行。缘系有司不遵钦限、稽迟赋役黄册事理,未敢擅便。为此,兴帘谨题请②。

十二月,南京户科等衙门署管后湖事、南京兵科给事中等官万虞恺等题,为有司稽迟驳册、故违钦限、有碍清查事。照得常年各处府、州、县造完赋役黄册,类解南京户部,转送后湖收架。该管湖给事中遵照题奉钦依,会同道部等官,督率监生、书手千人,查驳奸弊,造册奏缴,并候命下,发回各处,严限改正。各该有司遵照题准事例,自驳回之日为始,除水程外,定限半年以里造完,登答驳册,仍解送湖,以凭填注,以备后解查驳。此定例也。今照嘉靖二十一年各处造完黄册,俱已解部,送湖收架。臣等相接署管,遵例会同道部,过湖督查奸弊,陆续奏缴,及仍驳回各处改正事亦将完。但查先次驳出嘉靖十年分驳语黄册,经今七八年之上,内有不到者,致将嘉靖二十一年分新册无凭查对。先该署管湖事、南京户部及礼科给事中甄成德、游震得

① 自:卷二中为“白”字。
② 此处:似漏一“旨”字。

等，屡行南京户部，转行查册不报。今臣等又行查催外，参照版①籍国家重事，祖宗立法甚严。今各该有司漫不加意，节催不到，即系故违钦限。若不重加惩治②，无以儆戒将来。且访得各府、州、县，亦有造完前项驳册，问过罪名，罚赎纸米银两已行起解，却被③奸猾临解人役通同该吏，恣将前银侵欺，并隐没驳册不解。各该掌印官亦不查追批回，纵容作弊，致误查理。法虽难轻纵，所当参究。除卫所及土官等衙门钱粮稍轻者仍候行文查催外，其有司、府、州、县等衙门，俱系钱粮重大，尤非泛常之比。□□浙江则海宁、慈溪、海盐、平湖、兰溪、义乌、东阳、汤溪八县，江西则进贤、武宁、余干、乐平、乐安、宜黄、崇仁、清江、新淦、高安、新昌、上高、宜春、萍乡、万载一十五县，湖广则归州、巴东、武昌、通山、黄冈、辰溪、黔阳、麻阳、善化、宁乡、湘乡、攸县、益阳、蓝山十四州、县，山东则历城、即墨二县，河南则祥符、长葛二县，陕西则泾阳、平凉、镇原、隆德、金县、宜君、神木七县，四川则蓬州、定远、武隆、涪州、威远五州、县，广东则连山、海阳、揭阳、饶平四县，广西则梧州府之兴业县、柳州府之迁江、上林三县，直隶则河间府河间、阜城、献县、肃宁、任丘、交河、兴济、青县、静海、宁津、故城、吴桥、沧州、盐山、景州、东光、南皮、庆云、保安州三州一十六县，俱系嘉靖十一年分登答驳册不到。伏乞敕下户部，转行都察院，通行各该巡按御史，查将各接管承行有罪堂④印官员，并各吏书侵欺人等，提问如律。仍严限作急解送南京户部，转送后湖，以凭查对，完奏施行。缘系有司稽迟驳册、故违钦限、有碍清查事理，未敢擅便。为此，具本谨题请旨。

嘉靖二十七年正月凡二条

南京户科等衙门给事中等官万文彩等奏，为清理黄册事。

奏曰：臣等各准奉本衙门关札，前事先该南京户部奏准，南京户科等衙门署管后湖事、南京吏科给事中等官王烨等手本开称，嘉靖二十一年天下有司并土官衙门攒造赋役黄册，陆续解到，例该查理。看得各处里书人等罔知法度，作弊多端。乞敕该衙门，行移南京都察院，

---

① 版：音“畔 pàn”，古肉之谓也。此处似为“版”字。
② 治：手抄本漏抄，据影印明刊本补。
③ 被：手抄本误写为“彼”，据影印明刊本补。
④ 堂：似为“掌”字之误。

照例选差监察御史二员，该科给事中一员，本部委相应员外即①主事三员，与管册主事，共四员，仍行南京国子监，实取监生三百五十名，照例过湖清理。各该委官，督同监生，务要各秉公心，逐一驳查，以革奸弊，等因。奉圣旨："该衙门知道。钦此。"嘉靖二十三年九月十四日，户部尚书王□等覆题。本月十六日，奉圣旨："是。钦此。"钦遵备行前来，案照先该给事中徐昂题内一件，重籍册以惩奸忒事，开称天下黄册浩繁，一时查对不周，而南直隶、浙江、江西、湖广、福建、四川、广东、广西，乃奸弊之至多者。其差讹作弊人户数目，动盈万千。因此未得早完。通类造册毕日，已越五年有余，行去追问改正另造，往返之间又有数年，则与新册相次而来，卒难查对。乞敕户部，移文南京户部，转行各该管册官员，将前项弊多去处，先行查对。梁②有差讹作弊，明白开造。每于一处或二处得完，即便差人星驰赍进，立时追问改正。候通完之日，类造总册，前来复命，等因。该户部依拟覆题，奉孝宗皇帝圣旨："是。钦此。"钦遵外，依奉督同监生谢恩等，将顺天、应天二府，并南、北直隶，及浙江等十三布政使司嘉靖一十一年分赋役黄册，逐一驳查。中间埋没、诡寄等项奸弊，已经陆续备造驳语文册，具本随差办事官吏赍奏缴报外，续该南京户部手本，为恳乞圣鉴量减复命官员以便程途事，准户部咨于户科，抄出南京户科给事中曹迈奉前事，奉圣旨："户部知道。钦此。"钦遵。等因。到部看得奏称，"在湖会查黄册官七员，一同复命，行程未便。乞欲止容管湖给事中及主事复命。"一节，为照我国家设立南京后湖，收贮黄册，专选户科给事中及户部主事各一员，会同南京各道御史二员、南京户部司官三员，柏③兼清理。盖慎重版籍，均平赋役，所以为民也。各官事完，诣阙复命，系是先年旧规。管湖给事中、主事，责任比专，相应照旧复命。其称会同关系部院，临期札委，前后更代不常，不系专管人员。况七员一时同行，程途往返，未免驿递烦扰，委的不便。既经该科具奏，前来相应议处，合候命下本部，移咨④南京户部，转行户科等衙门，今后止令管湖给事中、主事各一员，依期赴京复命。其各道御史二员、户部各司官三员，通行停省。庶事体专一，而驿递亦免烦扰矣。伏乞圣裁。等因。嘉靖十七年十二月二十九日，本部尚书兼翰林院学士李廷

① 即：当为"郎"字之误。
② 梁：疑为"果"字之误。
③ 柏：应为"相"。
④ 咨：手抄本误写为"容"，据影印明刊本改。

相等具题。嘉靖十八年正月初一日，奉圣旨："是。钦此。"钦遵拟合通行，等因。除钦遵外，今照事完，例该复命。为此，今将清查过顺天、应天二府，并南、比①直隶，及浙江等十三布政使司，查同驳出合问原经该官吏、里书人等，并旧管、实在、户口、事产、田粮等项数目造册，谨具奏闻。奉圣旨："该衙门知道。"

南京户科等衙门给事中等官万文彩等奏，为革浇风以防壅蔽事。奏曰：臣等各准奉本衙门关札，该南京户部手本广西清吏司案呈，奉本部送准户部，咨该本部题山西清吏司案呈，奉本部送于户科。抄出南京广东道监察御史韩一佑奏，奉南京都察院札付准都察院，咨该本院题内称，刑科抄出刑科给事中罗崇奎奏前事，及南京户部尚书闵楷奏，为稽查后湖积贮银两一节滥费事，各抄到院。为照后湖历年银两，卷案在南京户部，收支在应天府，并原奏各开一应事情，俱在彼中。合无备咨南京都察院，选委御史一员，查吊事内文卷，将后湖历年前项银两旧管、新收、开除、实在，逐项备细数目，通查明白，开造具奏施行。嘉靖二十五年五月二十三日，太子少保、都察院左都御史周用等具题。本月二十五日，奉圣旨："是。这银两着从实查明具奏。钦此。"钦遵合咨前去，查照施行，等因。到院查得广东道监察御史韩一佑在任，相应行委合札，本官照札事理，通查明白，具奏施行，等因。备札到臣，钦遵备行应天府，吊取广积库历年收支后湖银两卷簿，发委该府经历张鹤对款清查。仍分别历年旧管、新收、开除、实在，备细数目，造册缴报前来。又经行委江宁县主簿赵循秀，逐一覆行清查，并无侵欺情弊，并官吏人等不致扶同结状，并申到臣。臣覆细查明白，与前无异。看得后湖查册费用，先无积贮，唯取给上元、江宁二县。后因递年册库既多，岁用日广，民力不堪。自正德十年，该南京刑科给事中史鲁等题准，户部覆题，节议查取各处驳正黄册罪赎纸价银两，解送南京户部，转发应天府贮库，以备后湖岁用，等因，备经通行。查自正德十一年七月三十日起，至嘉靖二十四年十二月终止，共收各处解到银一十六万八千五百四十六两九钱八分八厘七毫七丝，六成色金一两六钱，钞六十三贯，铜钱三百二十九文。开除银一十四万一千三百一十六两八钱一分五厘一毫一丝一忽。实在银二万七千二百五十两一钱七分三厘六毫五丝九忽，六成色金一两六钱，钞六十三贯，铜钱三百二十九文，存留应天府贮库。后湖一应给与，书手、库匠工

① 比：当为"北"字之误。

食，并纸札、修理等项之费，俱该府据管湖给事中等官明文，径自动支，原不关白该部。又卷，查该部前项银两，止有入数，而无支数。合无今后该府准到管湖给事中等官行文，支过银□，每一季终，差管库官吏，赴该部注销。管湖给事中会同管湖主事，仍每年春正月，类将在前一岁收支过银两并实在数目，备造女①册，具本奏缴。庶该部钱粮出入之数俱明，而彼此不致有疑误矣，等因。奉圣旨："该部知道。钦此。"钦遵抄出到部，送司案呈。到部看得南京广东道监察御史韩一佑题称，"后湖实在银二万七千二百三十两有余。今后该府支过银数，每季终差管库官吏，赴部注销。管湖给事中，仍每年春正月，将在前一岁收支过银两并实在数目，造册奏缴。"各一节，相应依拟。以后率以为常，则钱粮互相觉察，事体亦庶稳便，等因。嘉靖二十六年正月十六日，本部尚书吴杲等具题。本月十八日，奉圣旨："是。钦此。"钦遵合咨前去，烦照本部题奉钦依内事理，钦遵查照施行，等因。咨部送司，案呈到部，拟合转行管湖给事中，会同本部主事查照。该部覆题，奉钦依内事理，每年春正月，将在前十岁收支过银两并实在数目，造册奏缴施行。希造青册一本，送部查考，以后率以为常，等因。于嘉靖二十六年三月二十四日，备行到湖。为此，今将应天府收贮本湖寄库银两，自南京广东道监察御史韩一佑查盘过、嘉靖二十四年十二月终止数目，作为旧管。其嘉靖二十五年正月起，至嘉靖二十六年十二月终止，收支过银两并实在数目，通类开坐造册，谨具奏闻。奉圣旨："该衙门知道。"

嘉靖二十八年凡三条

正月，南京户科等衙门给事中等官万文彩等奏，为陈愚见以除积弊以重图籍事。奏曰：臣等窃闻：事久必废，废则必有以修葺之，而后事斯举矣；法久必玩，玩则必有以变通之，而后法斯善矣。职而不知，知而不言，奚以答清穆而效涓埃耶？仰惟太祖高皇帝定鼎金陵之初，即建册库于后湖中洲，以贮天下版籍，以防火盗奸宄，深谋远虑，尽善尽美。列圣以来，法制精备。奈何岁久，人玩弊生，亦理势之所必至者。臣等系管册官员，其于册籍政务，凡可从宜区处者，虚心询访。遵照旧规，斩欠②举行，不敢烦渎圣听。谨以后湖紧关切要者，条陈四事，上尘睿览。倘可采择，乞敕该部，再

① 女：疑为错字。

② 斩欠：应为"渐次"。

加查议,俯赐施行。册籍幸甚,臣等幸甚。缘系陈愚见以除积弊、以重图籍事理,未敢擅便。为此,具本奏闻。计开:

一、申禁例以警怠玩。臣等窃见,后湖收藏册籍实非细故,太平、神策二门外,原设有榜房各一联,红牌亭各一座,备载节行旨意榜文禁约,不许诸人樵采渔收、耕占淪泄、擅越窥伺等弊。法严例重,正欲人之触目警心,而不敢轻犯也。奈何年远,累月损坏。节经管册诸臣行文上元、江宁二县修理,彼因二县系应天府附廓,里甲疲敝,钱粮不充,造作苟简,不耐经久。该臣等巡视,查得太平门外榜房、红牌亭,日就倾颓,难以支撑。神策门外房、亭,倒塌年久,鞠为荒地。官望不崇,人心玩怠,甚非所以重王言与图籍之意也。伏望皇上,念版图之重务,悯二县之困苦。乞敕工部议处,转行南京工部,差官估勘,量动本湖纸赎银两,如法修理,以苏二县之民困。通将节行榜例①,修饰张挂。仍乞天语叮咛,再行南京都察院,申明禁例。如有故违,听管湖官参究治罪。庶王言重而民困少苏,观望新而人心知警矣。伏乞圣裁。

一、设官房以便责成。臣等查得,本湖巡捕②职役,例③该南京东、北二城兵马司,并沈阳左卫牧马千户所,各差官一员,带同弓兵军士、地方总小④甲人等,昼夜往来,沿湖巡查。迩来法令纵弛,官虽四员,俱不以巡视为重,却将兵夫、火甲差拨各家听事,往来役使,因循废事,坐视沿湖居民通同地方人等,渔收樵采,不行缉捕呈报。甚至冬春湖浅,白昼浮水而进,因而窥伺者有之。臣等虽常痛治,终不悛改,皆缘巡湖官偷惰、推诿成一故事,是以欲禁之而未能也。先年,南京户科给事中易瓒建议,欲沿湖修筑墙垣,以杜不虞。南京吏科给事中彭汝寔又欲建议,淘浚湖浅,取其高土,因以为岸,以慎防守。正以虑夫冒禁者之日多也。俱经奏准举行。但以筑墙则不免多费,甃浚则不免劳民,是以中止耳。臣等查得,筑墙、甃浚而无人防守,亦难以止人之违禁。与其劳废以兴工,孰若简便以完事。乞敕工部议处,转行南京工部,不必别有改作,止于东、北二城湖口附近适中去处,量设官房各一所。合用木植、砖瓦、灰石,量动本湖纸赎银两买办。大约榜房、官房二事修建之费,不及书手、库匠一二月工食。所费不多,旬月可完。所当急为整理,行令巡湖官兵,各照地方分

①③ 例:手抄本误写为“倒”,据影印明刊本改。
② 捕:手抄本误写为“补”,据影印明刊本改。
④ 总小:“总”字疑为衍文,“小”字似为“火”字之误。

番止宿，以便督责二十九铺火甲人等，查照旧规，不时巡缉。遇该过湖日期，巡湖官俱于湖口盘检，觉察奸弊。如有再行偷惰、推诿，及营求别项差遣，致废本等职业，听管册官参究治罪。庶不失祖宗设官巡察慎重图籍之意，而于政体民情实为两便矣。伏乞圣裁。

一、收驳册以备大查。臣等查得，本湖旧例，清理黄册，驳出埋没、诡寄、飞走等项奸弊，类造文册，陆续奏缴，及造青册，转发原造衙门，照款改正，解送南京户部，转送后湖管册官处，查将改正过户籍、田粮紧关略节，填写册面，以备查对。及将改正过丁亩琐细款下印记驳过，以免后次再查，未有因其填写略节，而遂将驳册弃而不用也。后①因管册官更代不常，书手在湖人多，缘此为奸，自相拆开分写，任意增减，希图增年延日计工，冒滥钱粮。填写之后，因而弃毁，以泯形迹，或盗出以泄事情。该前署管湖事给事中万虞恺与臣等查得，册库驳册不存，以至大查年分，凡遇册籍不明等项，无从揭查。甚至重复参驳、枉问人罪者，有之。除将今次驳册行令库匠收架外，但前弊相沿日久，若不严加禁治，未免有误将来查对。乞敕户部议处，转行管册官，今后各处解到驳册，除照旧填写、印记外，仍要严令库匠，与同黄册一处收架，永为备照，不许听凭积惯书手仍前蒙蔽，以滋奸弊。臣等再照本湖库匠，虽名晒晾，实有典守册籍之责，关系非细。合无严行上元、江宁二县掌印官，今后佥补库匠，务遵先年给事中等官②曹迈等题准事理，招审京城坊厢里图的实有根、年貌少壮之人充当。如再纵容该吏受财作弊，致将四方无籍之徒营干顶贴，捏作寄籍，朦胧开送，俱听管册官参究治罪。庶查对者有据，典司者知谨，弊源为少塞矣。伏乞圣裁。

一、减书手以节冗费。臣等查得，本湖大查天下司、府、州、县赋役黄册，取用书手二百余名，相兼国子监监生三百五十名。清理查对、并造册奏缴、驳行备照等项，事务浩繁，必用人多，方能完事。此固无容别议也。惟大查事毕之后，止有填写驳语略节一事。案查往年有用书十③八九十名者，有用六七十名者，有用四五十名者。每名每日工食银五分。过湖书写，经年不绝，原无定数定规，以致人皆钻求进用，中间不无滥费工食。况今年大查事毕，清出奸弊，虽经驳行各处改正，去后，但文移有先后不同，道里④有远近不一，一时卒难

① 后：手抄本误写为“管”，据影印明刊本改。
② 官：手抄本误写为“管”，据影印明刊本改。
③ 十：当为“手”字之误。
④ 里：手抄本误写为“理”，据据影印明刊本改。

尽解。臣等查得,今次驳册虽有,解到不多,前项书手似应暂行停止,以省钱粮。乞敕户部议处,转行管册官,今后大查事毕,将书手停止一年以上,以待查催各处驳册解多之日,量用三十名,过湖填写。册少,仍分为二班。无事,则通令在外。如有修库,册籍紊乱,该于看册库匠内拣选识字者,量给工食,令其就便清序,不必又用书手过湖。仍要严立计工稽考规则,不许听其延日虚费,及放长假在外,生事骗人。各书①三十名内,如有事故,或被罪黜名缺,亦不必签补,以滋营干顶贴之弊。庶过湖有定规,而冗滥者有所省;书手有定数,而钻求者无所容矣。伏乞圣裁。

奉圣旨:"该部知道。"嘉靖二十八年四月二十九日,该工部尚书文□□等覆题:

一、申禁例以警怠玩。前件,看得南京后湖收藏册籍,大②平、神策门外,俱有榜房、牌亭,备载旨意榜文,禁约诸人樵采渔收、擅越窥伺等项,所以防奸弊、重民数也。今榜房、牌亭年久倒塌,以致禁例废弛,委应修葺。但合用工料,止令上、江二县里甲出办,地方疲蔽,苦于偏累,造作未免苟简,工程难以经久。今给事中万文彩等建议,前因诚为有见,相应依拟。合候命下本部,咨南京工部,将前项榜房、牌亭,差官估勘。合用工料数目,动支该湖纸赎银两,如式修理。工完,通将节行榜文修饰张挂。及咨南京都察院,申明禁例。如有故违者,听管册官参究处治。庶法令严,而怠玩警矣。伏乞圣裁。

一、设官房以便责成。前件,看得南京后湖设有巡捕官兵,往来巡察,所以慎防守戒不虞也。奈何历年久远,人心玩愒,巡捕职役,漫不经心,以致地方居民无所顾忌,敢放③冒禁,积弊已甚,委宜申饬。今给事中万文彩等欲建官房,以便督责,议处停当,相应依拟。合候命下本部,移咨南京工部,选委司官一员,带领匠作人等,于东、北二湖口附近去处,相度地方一区,量动该湖纸赎银两,处牌工料,建造房屋。听管册官行令,巡捕官兵各照地方分番止宿,督责各铺火甲人等,查照旧规,常川巡缉。遇该过湖日期,严加盘诘。如有仍前偷惰废事者,听管册官指名参究,从重治罪。庶奸弊无所容,而图籍亦有赖矣。伏乞圣裁。奉圣旨:"准议。钦此。"嘉靖二十八年三月二十四日,该户部尚书夏□□等覆题。

一、收驳册以备大查。前件,看得丁田有盈缩,惟凭黄册以稽其源。黄册有差讹,又凭

---

① "书"字后,似漏一"手"字。
② 大:当为"太"字之误。
③ 放:疑为"犯"字之误。

驳册以核其实。若大查之后，驳册不加收藏，则重造之年丁田何所考证？至于库匠，为役虽微，其在册籍所干甚大。遇有偏差，尤宜致慎。今给事中万文彩等要将各府、州、县解到驳册，严督库匠，与黄册一并收架，以备后次查照，勿令书手通同作弊，盗泄事情毁弃，等因。卷查卷查①嘉靖十六年十月十八日该南京户科给事中曹迈等题，为乞圣裁以苏民困以永治安事。该本部题准，比经行令上元、江宁二县，招审京城的实有根、年貌少壮之人，责令过湖应当。应天府将收贮驳问官吏赃罚银两，每名每月给与银六钱食用。以后添编库夫，永为定例，通行钦遵。去后，今并奏前来，相应依拟。合候命下本部，备咨南京户部，转行管册官员，务督库匠收藏驳册，不许容令书手擅自拆毁，泯灭形踪，以致重复驳扰，生事害人。仍行上元、江宁二县，务照旧例，编签库夫。亦不许将外省积年奸徒□□□□册籍明白，后次清查者有所据典。□得人递□积□者无所容矣。伏乞圣裁。

一、减书手以节冗费。前件，看得后湖黄册十年大查，而过湖书手递年听用，方其大查之时，所按者丁田册籍之繁，原编人役固难轻议。及其查完之后，所待者州、县驳册之至，原用人役自宜停减。但习弊相缘，调停无法，盘据既久，冗费实多。今给事中万文彩等"欲于大查事毕，将书手停罢一年，俟各处驳册陆续到日，量用三十名过湖填写。仍照解册多寡，轮班赴役。无事随即放回，在外听候。若遇修库，册籍紊乱，只责库匠就便清序，前项书手不必滥用。遇有名缺，不行签补。"一节，剔蠹节财，诚为有见，相应依拟。合候命下本部，备咨南京户部，转行管册官员，将过湖书手立为等则。驳册未至，则留用数十名尽行停止。驳册续至，亦止留三十名，以备查誊清理，则库匠可代名缺，亦不必补全。庶几事体有常，而财无耗蚀之弊；名数一定，而人少钻刺之奸矣。伏乞圣裁。奉圣旨："准议。钦此。"

三月，南京户科等衙门管理黄册给事中等官万文彩等题，为补造虫蛀黄册以便清查以革奸弊事。题曰：案查先准南京户部浙江等清吏司手本，开送南、北直隶，并浙江等布政使司、各府、州、县，及土官衙门嘉靖十一年并嘉靖二十一年分黄册到湖除收。查贮库间，查得江西等布政使司南昌等府南昌等县各年分黄册中间，虫蛀甚多。随令监生、吏书、库匠人等，逐一比对点检，除不蛀好册不开外，其不堪查理黄册，或一县有十蛀八九者，或一县有蛀一半者，或概县全蛀者，或有已经题准补

---

① 此处疑多出"卷查"二字。

造、解湖不久而仍又虫蛀者。纸张如粉，灰末成堆。都图丁产，蛀蚀腐烂，难以辩认。但经一揭，纷纷而碎。臣等窃见，洪武、永乐等年老册，经今百七十余年，中间虽有残缺，而见在黄册纸张、壳面尚多如旧，未有虫蛀如此之甚者。推原其故，盖因先年法例严明，人知畏惧，纸张无粉，俱堪经久收贮。近年虽有节经奏奉钦依，严行补造，奈何各该经造官员，明知版图重务，往往视为虚文，不行用心督造，任凭吏胥、里书人等玩法欺公，故将粉饰纸张攒造，面糊壳面装钉。尚未及数年之间，虫蠹易生，蛀蚀腐烂，以致无凭查考，希图日后作弊，狡猾百端。若不再行严加禁治，另行补造，不惟已往者遂其奸计，抑且将来仍各效尤，甚妨国计。如蒙伏望①，皇上轸念版图重务，乞敕户部，转行江西并广西、湖广等布政使司，各将后开府、州、县所属乡都图分虫蛀坏者，逐一照数补造。仍行各该巡按御史，通将原经造册官吏、里书人等，除官吏升迁事故外，其见在经造里书人等，逐一查提，从重问罪。及行各该布政使司管册官，严督各府、州、县掌印官，查照节次奏行事例，不许仍用粉饰纸张，作急补造，磨对无差。自文书到日为始，除水陆之外，定限半年以里造完，解送南京户部，转送后湖验收复查。敢有似前故违，不行易纸攒造，及过限等项情弊，通将官吏、里书人等，从重参究治罪。如此，庶版图不致废缺，而奸弊永革矣。缘系补造虫蛀黄册以便清查以革奸弊事理，未敢擅便。为此，开坐具本，谨题请旨。奉圣旨："户部知道。钦此。"嘉靖三十八年五月初六日，该户部尚书夏□□等覆题，看得后湖黄册备载丁田，关系匪轻。国初法度严而人心警畏，故纸皆坚白，历久远而尚全。近来法度弛而人心玩愒，故纸多灰粉，未数年而辄坏。版籍一坏，则稽查无据。稽查不明，则奸弊易生。盖缘管造官员率视为泛常，以致攒写吏书得任其奸猾。虽已屡行禁革，而实不改故习。各省皆有，江、广尤甚。若不严加究治，再行补造，则吏书无所惩戒，而国籍难以经久矣。今据南京户科给事中□万文彩等题称，"江西等布政使司南昌等府南昌等县，各解到嘉靖十一年并嘉靖二十一年分后湖赋役黄册，未及□②年虫蛀成灰。乞要将后开各府所属州、县里图，行令再造。仍将见在经造官吏人等，通行查究，从重问罪。"一节，有关政体，深切时务，相应依拟。合候命下本部，移咨都察院，转行各该巡按御史，将后开虫蛀黄册州、县原造册官吏、里书人等，除升

① 望：手抄本误写为"蒙"，据影印明刊本改。

② 此处原文写成"黄"字之半，疑为"数"字之误。

迁事故外，其见在者，逐一查提到官，从重究治，问拟如律。及督行司、府、州、县掌印等官，查照原存州、县底册，及节次奏行事例，务将坚白无粉纸张，逐一照数依式抄写。仍用厚纸为壳，装钉如法。作急补造完备，查对无□□□□□□□□□□水陆之外，定限□□以里，解送南京户部，转送后湖收藏。敢有仍前故违、过限等项情弊，定将经该官吏、里书人等，通查重治。如此，庶已往册籍有所移□，而将来攒造亦知谨慎矣。奉圣旨："是。"

十一月，南京户科等衙门管理黄册给事中等官万文彩等题，为预建黄册库房、慎重图籍事。题曰：照得后湖册库，自洪武十四年起，至嘉靖一十一年止，每过十年一次大造黄册，俱是预期盖造册库三十间，以备收贮黄册。查得嘉靖二十一年大造黄册，起盖册库预于嘉靖十八年具奏。今照嘉靖三十一年例该天下司、府、州、县等衙门大造黄册解湖，其贮册库房，相应照例先期盖起。况今后湖新洲该建册库基址，四旁草木茂盛，近水处所该用大石拦砌。工程浩大，尤须预先开荒整理。及查本湖节经修理册库，物料往往迟延，不敷应用。臣等看得前项册库，若不预期具奏，诚恐物料仍前不敷，愈加延缓，临期送册到湖，无库收贮，不无所误。如蒙伏望，皇上轸念版图重务，务①乞敕工部，转行南京工部，照依上年事例，委官带领匠作人等，过湖相勘处所，并议处一应合用物料、夫匠等项，如法盖造册库三十间，并册架、披垫、板木齐备。庶不临期有误，工程早完，册籍其有赖矣。奉圣旨："工部知道。"

嘉靖二十九年凡□②条

六月，南京户科等衙门管理黄册□□□□官万文彩等题，为申严赋役黄册事例以慎攒造以杜奸弊事。臣等各准奉本衙门关札，管理后湖黄册。窃惟天下国家之急务，莫先于恤民。恤民之实，在平赋役而已矣；赋役之平，在慎攒造而已矣！故册籍之造不慎，则赋役之派弗均，奸豪得计，良弱受害。国计之亏缩，民生之凋疲，恒必由之，诚非细故，不可以为缓而忽之也。我祖宗定制，天下黄册每十年攒造一次，依限解送后湖查理。其变乱、埋没、飞走、诡寄等项奸弊，经该官吏、里书人等，俱定有罪名。条例甚详，法禁甚密。历年以来，又经该部查将册式并一应合行事宜，刊

---

① 务：似为衍文。
② 缺字：当为"一"字。目录即为"凡一条"。

刻榜文图册，预期给发所司。良法美意，固已详尽，所当遵行而不可易者也。惟是因循年久，法令纵弛，弊益多而人益玩。臣等查得嘉靖二十一年黄册，其奸弊比之弘治、正德年间更增数倍，且复有纸张粉饰、易生虫蛀，册本大小高低、项款壳面多有不遵式样制造者，甚非尊朝廷与重图籍之意。揆厥所自，盖缘各该司、府、州、县监造提调等官，率视为泛常，以致吏书、里老人等得任其奸猾，通同作弊，以致此极。虽已屡行参究，而实不改故习。况嘉靖三十一年又当天下大造之期，各项事例若不预行申明，严加禁谕，加意查照，未免因仍苟且，贻患无穷，深为未便。如蒙乞敕该部查议，预将原定册式，并合行条例事宜，逐一通查，刊入事例榜内，先期差人赍去。各该司、府翻刊，给发所属查照，依限造报。仍乞备查给事中何相原奏，每当大造黄册之时，各布政司专委参议一员，南、北直隶府分□①委同知等官一员，比照各处提学□□□□□□等官事例，请□□□□□□□□□□□□一道专管黄册。平居，则□□□□询访弊□。大造之年，专一往来，巡督所属，痛革宿弊。仍行各该抚按官，严督举行。待其黄册解送，查果无弊，听管湖科道官具□□□□□□□旌擢。若复滋弊如故，不行用心督造，致有纸张粉饰、式样差讹、违错稽迟等弊，亦听指名参奏，照例以罢软黜退。庶几利害切而事可责成，劝惩严而弊亦少革。其于册籍未必无小补也。臣等不胜惓惓，仰望之至。缘系申严赋役黄册事例以慎攒造以杜奸弊事理，未敢擅便。为此，具本谨题请旨。奉圣旨："户部知道。"

嘉靖三十一年凡一条

六月，南京户科等衙门管理黄册给事中等官万文彩等题，为查参有司稽迟驳册、有碍清查、乞赐究治以惩违慢事。臣等各准奉本衙门关札，管理后湖黄册。案查先为清理黄册事，节该署管后湖事、南京礼科给事中等官游震得等，将各府、州、县解到嘉靖二十一年分赋役黄册，遵奉钦依事理，会同道部等官，查驳奸弊，造册奏缴，并候命下，驳行各该原造衙门，遵照节次奏准事例，照款改正。自驳回之日为始，除水程外，定限半年以里，造完登答驳册，解送南京户部，转送后湖填注，以备新册查对。今查得直隶苏州等府、太仓等州、长洲等县，并福建等布政使司所属各府、州、县嘉靖二十一年驳册，经今年久未解。节经移文南京户部，转行查催，亦复延捱如故，

① 缺字：似为"各"字。

俱未解到。今照嘉靖三十一年又该天下司、府、州、县大造黄册之期，如直隶真定、大名等府、山东、山西等布政使司所属州、县新册，遵依钦限，陆续解到。除收架外，臣等看得大查期近，驳册未到，则新册何凭查对？参照版籍国家重事，祖宗立法甚严，今各该有司漫不加意，节催未到，即系故违钦限。若不重加惩治，无以警戒将来。及访得福建布政使司所属州、县驳册，往往稽迟，多被旧役书手诓骗，里书承揽替解，就欲干充大查书手，不惟玩法，抑且生事。各该有司官亦不查革，听其包揽延捱，临期方解，致误查理。法难轻纵，所当参究。乞敕户部，转行都察院，通行各该巡按御史，即将后开故违各该接管承行有罪掌印官员，并各吏书人等，提问如律。仍行管册参政参议等官，严督有司，作急造完，与同新册，一并解送南京户部，转送后湖收查填注，以备查对。如再纵容奸吏积书，仍前延缓作弊，听臣等通行参究治罪。庶将来知警，而册籍亦不致妨误查对矣。缘系查参有司稽迟驳册、有碍清查、乞赐究治以惩违慢事理，为此，具本谨题请旨。六月二十八日，奉圣旨："户部知道。"

嘉靖三十七年凡一条

十月，南京户科等衙门给事中等官郭斗等题，为清夙弊、明职守以重图籍事。 题曰：臣等各准奉本衙门关札，管理后湖黄册。节该承行接管以来，仰惟我太祖高皇帝定鼎金陵，建立册库于后湖中洲，以贮天下版图。凡十年一造黄册，户口、赋役靡不以是为定。其限期则惟年终造完，类解后湖。南京户部先期题请，仍行管册给事中、御史、员外郎、主事等官，督同南京国子监监生三百余名，逐一检阅，查对飞走、埋没、紊乱、诡寄等项奸弊，造册奏缴。通行直隶、浙江等十三省原造衙门，照款登答改正解湖。仍将经造官吏、里书人等问罪。立法定制，既详且严，固可行之万世无弊矣。奈何法久而人自玩，例行而弊益滋。十年，虽攒造提调等官每每视为泛常，漫不加意，以致里书人等罔知法度，作弊多端。至于解到之日，查之，非飞走田粮则埋没丁产，非紊乱次序则诡寄户籍。弊端纷然，莫从稽考。间有一二州、县免驳者，又或未经尽合式样。及至驳回改造，以待复命起，乃置之高阁，延之数年。虽经屡次行催，改正造解，承行接管官吏又各延捱，不行如期造补，致使图籍阙略，行查之间，无所凭据，往往不胜烦扰。臣等被命以来，夙夜警惕，惟恐无以仰答祖宗立法与我皇上委任责成之意，督同在湖书役人等，一一清理。查得后开江西等布政使司南昌等府、南昌等县嘉靖十一年并嘉靖二十一年分虫蛀黄册，及四川等布政使司成都等府、金堂等县嘉靖二十一年分驳语黄册，已经备行补造。行催去后,经今年久未据解到。又查得直隶常州府无锡县,并广西等布政使司桂林等府、兴安等县嘉靖二十一年分在库黄册,亦有虫蛀,且前项册籍补解未全,见在黄册又已蛀坏。似此年复一年,旧册未完,新册又将复造矣。若不再加严催,未免仍前怠玩。伏乞敕下户部,转行都察院,备将臣等开奏各府、州、县违限册籍,通行各该巡按御史,转行直隶府、州、县,并各省府、州、县等官,严限查催,限文到半年以里造完解湖。如再迟违,许听臣等查参重究。庶奸少杜,册籍得以早完,清查亦不至①于无据矣。然臣等一得之愚,尤有不容已者。窃惟事有专任,然后可以责成功。前项未完黄册,催促之者非不数数也,迄今数十余年未见完解,其故何哉?盖黄册之成造在有司,有司之督率在司、府,惟统理之任不专,斯延阘②之弊日甚,以哀有司篾③视版籍,吏书人等得以任意迁延沉阁,有如故纸,良由管册道未设耳。臣等不必远引,窃见各省设有提学、清军、屯田道矣。提学之作养人,非④清军之理戎政,屯田之足军储,各有敕书关防以责任之。诸臣念德意之不可重负也,莫不思竭才力,缔心积虑,以考成功而厘积弊。此其效可历历睹者。况版籍系国家重务,较之人才、屯田、戎政,其事相埒,可无统理之臣乎?臣等查得先年该署管湖事、吏科给事中等官何相等亦经具题,合无准臣等所请,再加详议,于各省布政司专设道官一员。如谓事可兼理,或正行管粮道参政或参议,严加敕谕,以专其任而考其功。凡有司能依期造完各项册籍,听从本官旌奖。违限者,亦听其参提问究。未经造册之年,则询访弊端,催督驳回改造册籍。如遇大造,专一往来,督率有司,痛革前弊。仍先将职名申达南京户部及管湖给事中等官查考,务使专成,事有戒绩⑤。如管门道不能奉行德音,仍前滋弊,无益于事,许听臣等一并参奏问究。甚者,照依考查事例,以罢软黜退。庶责有所归,册籍永有赖矣。缘系清夙弊、明职守以重图籍事理,为此开坐具本,差吏赍□具题。奉圣旨:"户部知道。"

嘉靖三十八年凡一条

三月,南京户科等衙门署管黄册事、南京兵科给事中等官

---

① 至:手抄本写作"致",据影印明刊本改。
② 阘:查无此字,疑为"阁"字之误。
③ 篾:当为"蔑"字之误。
④ 非:应为衍字。
⑤ 句中疑有错字。

傅鸣会等题，为预建黄册库房、慎重图籍事。题曰：臣等照得后湖册库，自洪武十四年起，至嘉靖三十一年止，每遇十年一次大造黄册，俱是预期盖造册库三十间，以备收贮黄册。查得嘉靖三十一年大造黄册起盖册库，预于嘉靖二十八年具奏。今照嘉靖四十一年例该天下司、府、州、县等衙门大造黄册解湖，其贮册库房、相应照例先期盖造。况今后湖新洲该建册库基址，四旁草木茂盛，近水处所该用大石拦砌。工程浩大，尤须预先开荒整理。及查本湖节经修理册库，物料往往迟延，不敷应用。臣等看得前项册库，若不预期具奏，诚恐物料似前不敷，愈加延缓，临期送册解湖，无库收贮，不无有误。如蒙伏望，皇上轸念版图重务，乞敕工部，转行南京工部，照依上年事例，委官带领匠作人等，过湖相勘处所，并议处一应合用物料、夫匠等项，如法盖造册库三十间，并册架、披垫、板木齐备。庶不临期有误，工程早完，册籍其有赖矣。缘系预造黄册库房、慎重图籍事理，为此，具本差吏赍捧，谨题请旨。奉圣旨："工部知道。"

嘉靖三十九年凡二条

正月，南京户科等衙门给事中等官郭斗等奏，为陈愚见、厘夙弊以重图籍事。奏曰：臣等窃闻，法久则必弊，当求通变之宜；弊甚则必更，贵严厘革之术。知法之弊而不思所以救弊之道，奚能补图籍而副国朝立法之意耶？仰惟我太祖高皇帝定鼎之初，即于金陵后湖建立册库，以贮天下版图。其于防火烛，禁盗贼，祖谋訏远，可谓至精至密，无容别议矣。但岁久人玩，弊亦有不能免者。臣等系该管湖官员，除将有防册务，凡可随宜处置者，靡不悉心延访，次第举行，不敢琐渎宸听外，谨以关系本湖有裨库籍者，条陈上奏。伏乞敕下该部，再加查议。如可采择，俯赐施行，册籍幸甚，臣等幸甚。缘系陈愚见、厘夙弊以重图籍事理，未敢擅便。为此，具本奏闻。

计开：

一、申明禁约，以警怠玩。臣等窃见，祖宗藏册后湖，关系匪细。东城如太平门、北城如神策门外，各设有牌亭、榜房，备载节奉圣旨榜文，禁约居民渔牧樵采，以防窥伺册库。法例甚严，正欲其难犯也。奈何禁设日久，人心玩愒。附近居住军民人等，贪图细利，罔畏明法，或纵牲畜以作践，或藉樵牧以潜藏。虽尝设有巡湖兵马指挥及委官千、百户弓兵等项员役巡逻，亦皆莫能禁阻。盖由臣等住居穹远，势难相及。又且湖内生有莲、藕、菱、草等物，招至小人偷盗，因而窥伺。例禁遂弛，人心玩怠，甚非所以重籍严禁之初意也。伏望皇上轸念库籍，申饬前禁。乞敕该部，转行南京工部，查照嘉靖二十四年署管湖事、南京礼科给事中游震得等奏准事例计议。当春生之初，先将莲、菱剪割。候秋水浅涸，船行倘后如旧阻难，仍议量行挑浚，以便过湖。自后莲菱除根，倘再生长，许管湖官员，多则移文南京工部，少则量令在湖人役依时除去。仍令南京工部量动本湖收贮应天府库银，于东、北二城附近本湖去处，各起官房一所，以便管湖给事中、主事就近住扎，巡视本湖，清理册务。通将节行禁约修饬张挂，不许附近居住军民人等渔牧樵采。仍乞天语叮咛①，再行南京都察院，申明禁约。如有故违，轻则听管湖官量行处治，重则参奏查究。庶法例严，而人皆知所警惕矣。伏乞圣裁。

议②处造报奏缴册例，以节省钱粮。臣等查得，本湖图册俱遇十年大造一次，通将南、北直隶并浙江等十三省解到成式黄册，查出埋没、诡寄等项奸弊，分为青底奏册三项。本湖查驳书手，经年算写不绝，官钱所费，抑且不赀。臣惟底册收存本湖，以备查考，青册仍发各处登答回报，似皆不可缺略，独起解一册过为烦冗耳。况今驿递又经裁革，未免劳费夫马，难于应付，俱属不便。臣愚以为事贵简约，财须节省，与其烦而多费，不若简而有成。乞□户部，转行南京户部，行令管册官员，今后凡遇大造之年，除青底二册照旧开造存发外，其于起解赴京黄册，略从简易，通加隐括，止具总数。南、北直隶大略不过二本，浙江等省不过一十三本，通共不过一十五本。照依旧规，先期类解，毋再拘泥常规，徒尔耗费无益。庶事从简便，而钱粮亦不致滥用矣。伏乞圣裁。

一、禁革不堪纸张，以存图籍。臣等窃惟，后湖版籍备载户口名目，贮藏册库，欲其知民数而备稽考也，甚非细务。查得洪武年间经今二百年来旧册，尚有存者。近年以来各处解到湖册，不十余年间，即皆朽坏虫蠹，遂致难于稽查。执册，未免有残缺遗逸之叹。其故何哉？盖册之存与不存，系于纸之坚与不坚。近该督册道官不行督率各府、州、县，又不行责备里书作弊③多端虚应故事，致今铺户徒以浇薄纸张苟且塞责，不思册纸所用无几，曾不及州、县派用十之一二，乃上下相欺，习成旧套。及迟误限期驳回，照例问罪，掌印官不行经心，却又听从吏书通同作弊。假以公事，凡于册内所载人名，却尽行开出，科敛民财。以

---

① 咛：手抄本误写为“宁”，据影印明刊本改。
② 细察下文，“议”字前似漏一“一、”字。
③ 弊：手抄本误写为“币”，据影印明刊本改。

一派百，办纳纸赎之外，更多获利肥己。是问一罪名，即与吏书开一骗局也，俱为未便。乞敕户部，转行南京户部，通行两京十三省督册官，并各府、州、县掌印管册官，凡遇造册年分，俱要严督各当该吏书人等，务要坚白无粉上等细绵纸，照式成造解册。文移内，通将造册书手并办纸铺户真的姓名一并开报，以凭查考。其有迟违问罪，仍令官吏书手自办纸赎，不许假公济私，似前妄出牌票，私行科敛。敢有故违，在内则听知府，在外则听督册□□□究治。如本官不行查理，听管湖给事中等官一并参奏，究问降罚。庶图册永赖以存，而民不致受害矣。伏乞圣裁。

奉圣旨："该部知道。钦此。"嘉靖三十九年四月十九日，本部尚书高□等覆题，看得国家定制，天下司、府、州、县，每十年一次大造黄册。其户口、田粮、军民、匠役，无不具载，以稽虚实而重民数。其为法也甚良。又特建册库于后湖，以贮图籍。设官查理，立禁防闲，以枉①窥伺而远亲害。其为法也甚严。夫何岁久人玩，奸弊渐生，诚有如给事中郭□等所言者。今欲"申明条约、议处奏册、禁革不堪纸张"各一节，无非慎重版图、随事尽职之意。相应议覆，谨将所奏，开立前件依拟上请，恭候命下本部，转行南京户、工二部等衙门，钦遵施行。本月二十一日，奉圣旨："是。钦此。"钦遵。

前件：

一、申明条约，以警怠玩。臣等议得，国家版籍藏之后湖，巡视有官，禁约有榜。又该先年给事中游震得等奏，奉钦依，剪芟藕苂②，抗浚淤浅，法例甚详。相应申饬，恭候命下，移咨南京都察院，通将节次禁约严加申明，不许附近居人渔牧樵采。违者，许巡视官员拿送法司，从重究治。其"要动支库银，于东、北二城近湖处所，起盖官房，以便管湖给事中、主事住扎巡视。"但③一节，应天府库收贮本湖官银，不知系干何项钱粮，应否动支，有无足用？东、北二城有无空闲地基，堪否起盖？未经该科详开，本部无从查覆。合行南京户、工二部，即将应天府收贮后湖银两，查系何项贷粮，见在若干，果否足用，堪以动支，及近后湖处所果有方便塟④

① 枉：疑为"杜"字之误。

② 苂：音义，均同"艾"。

③ 但：疑为衍文。

④ 塟：音义，均同"葬"。

闲地基，与居民无有妨害，可以起盖，工部即行议佑明曰①，径自题请施行。如或银两不敷，地基不便，年岁不登，姑待日后再行议处，亦凭该部酌议以为举止。伏乞圣裁。

一、议处造报奏缴册例，以节省钱粮。臣等议得，法贵变通，政欲宜民，故善变者公事不至于废弛，而民力亦蒙于宽省矣。查得节年南京解到黄册，开载埋没、诡寄、违例等弊，甚为详细。所以革好②剔弊者，诚无遗法。其磨勘③书写之费，转解应付之劳，亦所不免。今该科议欲再加隐括，以图简便，以省民力，亦为有见。但财固贵于节省，而弊不厌于曲防。若使因噎废食，率从苟且，亦非所以重图籍也。合候命下，移咨南京户部，行令管册官员，今后遇该各省造到册内查出奸弊，务要总括事由，略书大概，须使事理详而不繁，字语简而不漏。南、北直隶各造一本，依期类解。其青底二册，照旧开造存发，则公务易举而劳费可省矣。伏乞圣裁。

一、禁革不堪纸张，以存图籍。臣等议得，赋役版籍，国之重务，而禁革奸弊，政所当先。本部造册事宜，榜内有曰，册纸不许用面糊粉饰；又曰，势恶之家不许贱买粗恶纸张，嘱托有司，强侵里中；又曰，不许团局攒造，科敛小民。所以求坚久、防蠹蛀、弭奸弊事，甚为详密。夫何近年以来，官吏视为故事，或用浇薄纸张苟且以完事，或囚④迟错问罪，科敛以恣贪。该科欲要禁革不堪纸张、科敛等弊，相应依拟，合候大造之年，于应行事宜文内，严加禁约。今后造册，务要坚厚纸张，就□□□□□□□手并□□□□□□□□□。其中迟违问罪官吏、书手自□米□，不许假此妄出牌票，多科民财。违者，□各该抚按及管湖给事中等官参治。伏乞圣裁。

五月，南京户科等衙门给事中等官郭斗等题，为查催驳语黄册事。题曰：臣等各准奉本衙门关札，管理后湖黄册。案查先为清理黄册事，该署管后湖事、南京礼科等衙门给事中等官祁清等，将各省解到嘉靖三十一年分赋役黄册，遵奉钦依事理，会同道部等官清查，驳出奸弊，造册奏缴，并候命下，驳行各该原造衙门，遵照节次奏准事例，照款改正。自驳回之日为始，除水程外，定限半年以里造完，登答驳册，解送

---

① 句中疑有错字。

② 好：似为“奸”字之误。

③ 勘：手抄本误写为“堪”，据影印明刊本改。

④ 囚：似为“因”字之误。

南京户部，转送后湖填注，以备新册到日查对。今查得顺天等府，并直隶苏州等府，及浙江等布政使司各所属州、县嘉靖三十一年分驳册，至今尚未解到。即今天下大造期近，驳册未到，新册何从查对？事属有违，合当参究。切照板籍国家重务，祖宗所以综理防范者，其法甚严，而其念亦甚切也。今各该有司漫不加意，纵容吏书延捱作弊，故违钦限，若不严加惩治，无以警戒将来。恐自此渐成隳废，图籍何赖焉？伏乞敕下户部，转行都察院，通行各该巡按御史，即将后开故违接管、承行有罪掌印官员，并各吏书人等，提问如律。仍行管册参政、参议等官，严督有司，作急造完，星驰解送南京户部，转送后湖，收查填注，以备查对。如再仍前延缓作弊，听臣等指名通行参究罚治。庶司□有所警戒，而图籍永赖矣。为此，具本谨题请旨。奉圣旨："□□①知道。"

嘉靖四十一年凡二条

正月，南京户科等衙门管理黄册给事中等官陆凤仪等题，为乞究稽迟驳册以儆违慢事。题曰：臣等窃惟，我国家黄册，藏之后湖。凡天下户口、事产之数，尽在其中，乃专设给事中、主事等官以管理之。盖黄册每十年一大攒造，其间奸弊百出，必为之一一清查，驳行改正。今其依限完解不至，后时则今界之册乃后界新册所可凭据以为参对者也。案查南、北直隶并浙江等十三布政使司解到嘉靖三十一年分黄册，先该署管黄册南京礼科给事中祁清等，会同道部等官，督同监生人等，逐一揭查，驳出奸弊，已于嘉靖三十三等年造册奏缴。蒙命下发，行各该衙门，照款改正。自驳回之日为始，除水程之外，限半年以里造完，解送南京户部，转送后湖填注，以备查对新册。各该有司官员，正宜以图籍为重，遵依钦限，急于改造完解可也。奈何驳回之后，延历三四年间所据解到登答驳册，大约不过十之三四。如四川、福建二省，自嘉靖三十五年驳回，已及五年，竟无一县解到。其他府、州、县，亦多类此。续该前任南京户科给事中郭斗等，于嘉靖三十九年题催。去后迄今，又过一年之上，仍前未据完解。臣等滥叨管理，夙夜惟瘝旷是惧。切见各有司因循怠忽，莫重版图，任凭吏书人等迁延作弊，日复一日，岁复一岁，并无了事。今岁又轮大造，五六月间当有完解新册者矣。旧册不到，新册凭何查对？诚恐隳废日甚，弊端愈滋。图籍之所关系匪轻，而顾可漫不加意，违误一至此耶！又访得驳册

① □□：缺字应为"户部"。

不到，不独改造之稽迟也。虽其造完将解之日，有司不择的当员役，故纵奸猾棍徒，或势豪人户，包替领解，因而恣意营私，致将驳册纸赎银两侵欺隐匿，累年连册不解者有之。即今山西平阳府闻喜县，差老人秦效将驳册解送南京户部，转送后湖，却将纸赎银两侵费，不行交纳，当即弃批逃回，已经行文彼处查究未报。安知南、北直隶与各省解册人役，其奸欺误事又不有甚于闻喜之老人者乎？似此弊端，难以枚举。若不及时严行查解，何以警戒将来？伏乞皇上轸念图籍重务，敕下户部，转行都①察院，通行各该巡按御史，即将后开驳册未到州、县承行、接管掌印官员，并将吏书人等，提问如律。仍行管册参政、参议等官，严督有司，作急造完，勒限半年以里，责差该吏的当人等，开注年貌脚色，以防替冒，务令星驰解送南京户部，转送后湖，以便本年新册到日，可备查对。其并解到纸赎银两，照常札发应天府，寄贮听用。如复如前延缓，徒滋奸伪，听从臣等通行参究。庶怠玩知警，而册籍永有赖矣。缘系乞究稽迟驳册以儆违慢事理，未敢擅便。为此，具本谨题请旨。二月十一日，奉圣旨："户部知道。钦此。"

九月，南京户科等衙门管理黄册给事中等官陆凤仪等谨奏，为重版图、清夙弊以垂久远事。臣等窃惟，版册民数攸萃非细务也。我圣祖神谟远虑，藏之后湖，法甚详而禁甚密矣。逮我皇上继天御极，尤慎重其事焉。方今德泽溥于编氓②，而如伤之更切；禁例严于大造，而积弊之尽厘。凡以为巩固皇图计也。臣等被命管理黄册以来，夙夜兢兢，惟以弗克仰称委任为惧。则凡有关于版籍之利病者，奚敢缄默而不言耶？是用条陈一得之愚，冒尘天听。伏望圣明，俯赐采择，见诸施行，黄册幸甚，臣等幸甚。缘系重版图、清夙弊以垂久远事理，为此，开坐具本，谨具奏闻。

计开：

一、请献天下民数总要。臣等闻，惟天惠民，惟辟奉天。圣主奉天以惠民，则必有所以殖民之生者矣。惟有以殖其生，故民数日登，邦本日固，至治之所以悠久无疆者，繇是道也。窃见我国家舆图之广，合天下司、府、州、县以及各土官衙门，民数亿万，靡不一一该

---

① 都：手抄本误写为"督"，据影印明刊本改。

② 编氓：原文作"编泯"。"泯"，查无此字，实为杜撰。编氓者，乃编入户籍的普通百姓也。

载，前代罕伦。此我祖宗之阜蕃，皇上之所培殖，可谓极盛而无以加矣。臣等仰惟皇上，奉天之心纯亦不已，惠民之念愈久愈勤，则民数所系至重，得非圣明之所欲遍阅而周知者乎！今天下民数，凡大造依限进呈，且尽举而储之后湖，特未闻有御览总要之册，似为缺典。所据图籍钜万，不敢悉以烦辰瞩也。臣等欲仿成周大比献民数于王之意，每于大造黄册完解后湖之日，管册官员因即会其大数，谨用缮写，装成一帙①。首列祖宗以来户口、田土、税粮总数于前，继开今日户口、田土、税粮总数于后，务期文简事核，一睹可知，以此进献御览。倘于万几之暇，留神观省，则视户口之丰耗以稽抚字②，视垦田之多寡以稽本末，视税粮之盈缩以稽出入，将必更思所以，保息之，节爱之，以底生全之盛，以成熙皞之风。斯则于奉天惠民之政不无少裨，而邦本一固，万年如一日矣。如蒙准允，乞命下，容臣等查照大造解完之日，得以虔诚斋沐，撰成御览民数总要，献之阙下，以裨至治。此臣等少效芹曝之忱，而泰岳之所为不弃细壤者也。伏乞圣裁。

一、劝戒督册官员。夫今之言黄册之弊者，曰飞诡税粮也，埋没军匠也，隐漏丁口也，变乱户籍也。若此者，弊非一端，然累一二百年而不能革，臣窃以为此诚大弊也。而所以酿成兹弊者，其故率在于造解之稽迟耳。切照近例，大造黄册，布政司专委参政、参议等官一员，并直隶府分专委同知官一员，以为总理，而州、县佐二，分使其事，使督册者果皆亲阅而审察之，则合③奸不去，何弊不除。即一州一县不用数月，有完册矣。但官不躬阅，任凭里书人等团局为奸，月复一月，岁复一岁，迄无就绪。此百弊之所以丛积也。臣等揭查赋役黄册事例，节奉钦依，各该官吏、里书人等依式攒造，俱限年终进呈，解送南京户部，转送后湖收贮，听候委官清查。是宜万世所共遵行而无斁也。夫何督册之官类厌繁冗，而忘检阅，遂致弊端纷纷。甚者，延至二年三年以上始得完解，岂俱违限之过而已哉。册到后湖，复当查驳改正。夫既延滞于前，则于后日之查理重为妨误，正堕其伪功术中，而有法不可以尽诘者矣。是则迟之为害，一至于此。今嘉靖四十一④年轮值大造，其依限完解与违限

① 帙：《康熙字典》引《广韵》："与'帢'同。"帢，古之便帽也。释为"帢"，显然与文义不符。对照后文，似为"帙"字之误。

② 句中疑有错字。

③ 合：疑为"何"字之误。

④ 一：手抄本误写为"二"，据影印明刊本改。

者，迟速迥殊。若无赏罚以行乎其间，何以劝戒后来？伏望皇上轸念版图为重，敕下户部，申明节年限例，除见今福建、广东府、州、县多事地方另行外，其各处黄册，有如式攒造而依期解到者，许令臣等类查各督册官，就便行南京都察院，转行各巡按御史，特先劳奖，以示劝；若限外未到，亦即行移彼处巡按御史，将经该官吏俱照例住俸问罪，严并完报。仍听臣等从公会议，将各督册勤劳并违慢官员，分别类造文册一本，固封，差人赍赴吏部，收后以备考察。庶人心知儆而册籍易完，清查亦无碍矣。伏乞圣裁。

量①增晒册人役。臣等窃惟，册贮后湖，祖宗诒谋宏远，宜无复有他虑矣。臣等系该管湖官员，每当过湖之日，巡视各库，乃见洪武、永乐等年黄册中多烂坏，几于不可披阅。虽近年之册，亦有然者。为是忧且惧焉。窃揆其故，盖缘库洲滨水，涧湿侵蒸，易于浥烂，则晒晾一事，最不容缓。俱册多人少，力不能遍，故册有终岁而不一经晒晾者。此在先年给事中易瓒、彭汝寔等相继言之。况今年愈远而坏愈甚，册愈多而人愈少，其可不亟为之处乎。臣等查得，黄册起自洪武十四年，至今嘉靖四十一年，大造凡一十九次，盖造过库房其②五百四十七间，收贮黄册盈二百万，而在湖库匠止一百一十名。以之看守巡警，则有余矣。如以五日一晒晾，每值阴雨则止，而库匠数少，未免搬移出入之烦，其所经晒者几何。切恐各库之册，虽及二年，难以晒晾一周，欲其不渐烂蚀不可得矣。此非所以重民数而存典籍也。今后合无量增库匠，与本湖查册书手相兼，照依晒晾日期，早则出册如法翻晒，晚则序次归库，务使各册年年经晒，而后可以无烂蠹之患也。如蒙乞敕户部，再加详议，不拘旧库新库，每一大造库房三十间，各令库匠八名看守晒晾。即今库匠已有一百一十名，应该量加四十二名辏用。移咨南京户部，转行应天府，行所属县分，审取身家素无过犯而年力精壮者，佥为库匠，解送后湖，听臣等将查册书手分派。每书手二名，领匠八名。遵将库册着实一一清晒，周而复始，永为定规。其各匠工食，不得派扰府、县，依例将寄贮应天府里书纸赎银两动支。每名每月给与六钱。此则所费者小，而所全者大矣。伏乞圣裁。

一、严禁损坏册籍。臣等切照，天下司、府、州、县远年图册，类多撒逸不全，独后湖版图，永远常存。天下有许③争田土、军匠等项不明者，皆赴后湖告查，而后其争始息。盖赖

---

① “量”字前：当漏“一、”字。

② 其：应为“共”。

③ 许：疑为“讼”字、或为“告”字之误。

有此全籍故也。臣等近来巡阅各库,查得洪武、永乐等年黄册,不但烂蠹之多,且中间亦有纸张裂坏而数目之残缺者。此皆年远致然。臣等犹深虑,夫弊之不尽无也。何者?册籍浩繁,其揭查晒晾,皆经书匠之手。设有欺公玩法之人,乘间作弊,故为损坏,则其于黄册之害也不小。是不容以不豫为之防矣。臣等自今督率书手、库匠,将各库册渐次清晒之后,其前册之损坏者,俱查数就于册旁一一札记明白。如有后弊,可从而稽察也。但法不严则禁不止。臣前谓每册库三十间,合派库匠八名看守晒晾,与查册书乎①兼用。先取各不致损坏黄册,甘结在卷,谕令奉公守法。以后查有轻玩版图,私通外人作弊,故将册籍割裂毁坏等项,相应比拟弃毁制书律斩。庶乎人自不敢轻犯,而全册当传之万万世矣。如蒙乞敕户部酌议,转行后湖遵照,严加防禁,而管册官员亦可以少塞典守之责于万一也。伏乞圣裁。

奉圣旨:“户部知道。钦此。”

嘉靖四十一年十二月初十日,该太子少保、本部尚书高□等具题,看得南京户科给事中等官陆凤仪等条奏,请献天下民数总要、劝戒督册官员、量增晒册人役、严禁损坏册籍四事,俱系大造黄册要务,相应开立前件议拟,上请定夺。伏乞圣裁。

计开:

一、请献天下民数总要。

前件,臣等看得,民数之登耗,备于版图;而生齿之繁庶,由于休养。自古帝王未尝不以此为重也。案查先为赋役黄册等事,节该本部议拟。题奉钦依,通行钦遵。去后,今给事中等官陆凤仪等奏称,“要将新旧户口、田土、税粮总数造册,进呈御览”。一节,无非慎重民数之意,相应依拟。合候命下,移咨南京户部,备行各官,悉照所拟,每于大造黄册完解后湖之日,会其大数,务使文省事核,汇成一帙,上呈御览。庶披阅便而民隐周知,观省备而物情毕照矣。伏乞圣裁。

一、劝戒督册官员。

前件,臣等看得,事必专任而后可以责成,法必谨严而后可以革弊。至于激劝惩戒之典,又甄别勤惰之大辞也。矧版图重务,尤当速于考成,详于祛弊,而劝戒之例岂可少耶?

① 乎:当为“手”字之误。

今给事中等官陆凤仪等奏称，“要将各司、府督册攒造官员，各照限例，严于造解，禁革飞诡、埋没、隐漏、变乱等弊。仍分别勤惰奖劳、提问住俸。”各一节，无非崇重版图之意，相应依拟。合候命下，移咨南京户部，转行各官，悉照所拟，严将各该司、府、州、县，务要遵照节年限例，速□造解。里书人等，如有飞诡、埋没等弊，查究经该官员。其依期解到者，行南京都察院，转行各巡按御史，量加奖劳。限外不到者，亦行彼处巡按御史，照例住俸问罪。仍分别勤惰，类造青册一本，赍送吏部收□，以备考察。庶限例明而事省早完，奸弊息而册易就绪矣。伏乞圣裁。

一、量增晒册人役。

前件，臣等看得，物久则蠹易生，人众则事□办。故册籍久贮，当勤于晒晾，而晒晾以□实资乎人力。况册日增，而匠役如故，责□翻晒之如法也，其可得乎？今给事中等官陆凤仪等奏称，“要将库房三十间，各令库匠八名看守晒晾，额外量加四十二名□用。移文应天府，转行所属县分佥送。其工食动支寄库纸赎。”各一节，无非因时立法之意，相应依拟。合候命下，移咨南京户部，转行应天府，悉照所拟，备行属县，审取年力精壮、身家无过者，佥为库匠，解送后湖。其各库工食，即于本府□贮里书纸赎银两动支。每名每月六钱。不得科扰小民。仍令书手二名，领匠八名，□川晒晾。庶人力增而后使不乏，浥烂免□典籍常存矣。伏乞①。

一、严禁损坏册籍。

前件，臣等看得，赋役备于册籍，奸弊滋于玩愒。非严加防禁，无以保其久而不坏也。案查先为陈愚见、厘积弊以重版图事，该本部议得造册事宜：一、册纸不得用面糊粉饰；一、势要之家不许贱买粗恶纸张，嘱托有司强派里甲，所以防蠹烂以图坚久。俱经题奉钦依，通行钦遵。去后，今给事中等官陆凤仪等奏，“要将禁革书匠奸弊，查有通同外人割裂毁坏等项，比拟弃毁制书律斩。”各一节，无非防微杜渐之意，相应依拟。合候命下，移咨南京户部，转行各官，悉照所议，严督各该书手、库匠，不许私通外人，夤缘为奸，故将黄册割裂毁坏。仍取具不致损坏，重甘结状。如有违犯，径自查照律例施行。庶法令严而奸顽知警，责成专而图册无虞矣。伏乞圣裁。

---

① 从上下文看，此处当漏“圣裁”二字。

本月十二日，奉圣旨："准议行。钦此。"钦遵抄出到部，送司案呈。到部合咨前去，备行到湖。烦照本部题，奉钦依内事理，钦遵查照施行。

隆庆三年[①]

六月，南京户科等衙门管理黄册给事中等官臣张焕等谨题，为补造虫蛀黄册以便清查以革奸弊事。臣等案查先准南京户部浙江等清吏司手本，开送南、北直隶并浙江等布政使司各府、州、县及土官衙门节年分黄册，到湖收贮库间。除嘉靖三十一年以前黄册间有虫蛀，不致太甚，尚堪查阅，不能尽开外，查得广西等布政使司、桂林等府、临桂等县该年分黄册，中间虫蛀甚多。随令监生、吏书、库匠人等，逐一比对检点，或一县有十蛀八九者，或一县有蛀一半者，或概县全蛀者。但经一年，纷纷而碎。臣等切见洪武、永乐等年见在者册，经今二百余年，纸张壳面尚多如旧，未有虫蛀如此之甚者。推原其故，盖因先年攒造如法，纸张无粉，俱堪久贮。近年，经造官员不行用心督造，任凭吏胥、里书人等，纸张不经拣选，壳面不用椒矾，未及数年，易生虫蚀，以致都图、丁产无凭查阅，希图作弊，狡猾百端。若不再行严禁、补造，不惟已往者遂其奸计，抑且将来者仍各效尤，甚妨国计。如蒙伏望，皇上轸念版图重务，乞敕户部，转行广西等布政使司，各将后开府、州、县所属乡都图分虫蛀黄册，逐一照数补造。仍行各该巡按御史，通将原经造册官吏人等，除官吏升迁事故外，其见在经造里书逐一查提，从重问罪。及行各该布政使司管册官，严督各府、州、县掌印官，查照节次奏行事例，不许仍用粉饰纸张作急补造。自文书到日为始，除水程之外，定限半年以里造完，磨对无差，用印固封，解送南京户部，转送后湖，验收复查。敢有似前故违，不行易纸攒造，及过限等项情弊，通将官吏、里书人等，从重参究治罪。如此，庶版图不致废缺，而奸弊永革矣。缘系补造虫蛀黄册以便清查以革奸弊事理，未敢擅便。为此，开坐具本，谨题请旨。奉圣旨："该部知道。"

隆庆四年

三月，南京户科等衙门管理黄册给事中等官张焕等谨奏，为敷陈愚见以慎重图籍事。臣等各准奉本衙门关札，管理后湖黄册。节该承

① 目录止于嘉靖四十一年，此始，以后当为另人所加。

行接管以来，仰惟我太祖继天立极，临御之初，以天下户口藏之后湖。盖念民数至重，必择是严密之地。俾天下负版者麟集于斯，用传之亿千万世，永垂一统之治。神谟远虑，亘古所未逮矣。但相沿既久，弊端渐生，虽屡经建议，天下臣工求其遵行不失者，竟不多见焉。不知国以民为本，民以籍为定，诚不可以慢易视之者。隆庆六年，又当天下大造黄册之期，若不预为甲①饬，何以警戒将来？臣等职掌所系，兢业不遑，谨据一得之愚，上尘天听。伏乞敕下该部，再加查议。如于版籍有裨，俯赐施行。臣等不胜恳切祈吁之至。缘系敷陈愚见以慎重图籍事理，为此，开坐具本，谨具奏闻。

计开：

一、专督理以便责成。臣等以为，事必专理，然后可以善其终始，而因陋就简者，以责任之无常也。矧黄册关系甚重，其中情弊，丝棼发比，难以悉举。揆厥所由，盖以大造之年有司视为末务，任凭里书变乱作弊。所转委者，不过州、县佐二等官。即佐二官亦或弥月不一至册所，欲人心畏惧、户口明妥得乎？臣等谓，非得人以专其事而又久任以要其成不可也。合无查照先年给事中何②相具奏，以各省参议在任颇久，相应专委，比照提学、粮储、兵备、驿传等官事例，请敕一道。各省专委参议一员，南、北直隶专委能干府同知或推官一员，抚按衙门不许别项差占。平居，则访询弊源；大造之年，专一往来巡督。仍各先具职名，申达吏、户二部及本湖管册等官查考。待有成绩，具奏旌擢。大造未完，不许升迁。如有废弛、玩怠，致解册过期，或作弊仍前者，听臣等指名参奏。其各属监造官员，悉听本官择人转委，务令据里按图逐一查阅无差，然后选用无粉坚白细纸，真楷誊写。册尾明列各官职名，先督册本道，次本府，次本州、县。庶事权归一，而人心知警矣。伏乞圣裁。

一、定规则以杜奸弊。各处解到黄册，臣等细加查对，中间弊病故多，然其大则，有所谓那移户口者，或将一甲人户编入二甲之内，或以赵姓丁口混入钱氏之门，搀越失次，难于查理。盖里书受贿作弊，欲其日久为埋没之地尔。有所谓飞诡田粮者，田已尽而粮不为之开除，户称绝而田即注以荒芜。大造及期，此诚里书之利窟也。甚至以军作民，以民顶匠，使各处告争者，每不远千里赴本湖一辨其真伪焉。皆由规则不定，是以人心渐玩尔。伏乞

① 甲：似为“申”字之误。
② 何：据前后文，当为“柯”字之误。

敕谕各处管册官员，务将前项弊病清查痛革，如户口则要挨甲顺序，不许穿甲紊乱；田粮则令通州、县里书算手团□①一处，将各户收除田地面会明白，方许过割。不许有除无收，有收无除。至于军匠丁尽户绝者不许开除，见有人丁者不许折户，务使狡猾积惯之徒，不得行私作弊其间。如此，则奸弊可革而图籍画矣。伏乞圣裁。

一、抄招由以防侵渔。后湖书手、库匠工食，与夫修理库房、治买纸笔诸费，原出自上九②、江宁二县。正德九年，该给事中史鲁见得两县不当独累，题准通行天下司、府、州、县，但有因后湖驳语册开过官吏、里书、算③人等罪名追赎，并纸价银，俱解南京户部，转发应天府收贮。后湖行文取作前项诸费。遵行已久，固为称便矣。近来，人心玩慢，罪赎之多寡，有相悬至数十倍者。盖各处里书、算手固非俱系上门，岂皆尽属贫户？惟上无专督之官，是以有司一遇驳册至日，小心谨慎者，犹念册籍之重，问罪以十分为率；审作稍有力者，四五分；审作无力者，五六分。追完并登答册起解，间亦有之。若贪玩有司，方以此为科敛肥己之计，籍④口民贫，止解数两以图塞责。至有解人将银花费，问之，则去中途被劫。及行查，则竟不申报补解者。夫使果能从宽，俾民受一分之赐可也。若恣鞭朴，以充私橐，而资奸猾，岂可哉？况本朝各役工食，仰给于此者甚急耶。臣愚以为，各虡黄册开载，有上、中、下三等人户之分，则其议罪，亦当照此为例。里书、算手，若系上户则审作有力，系中户则审作稍有力，系下户则审作无力。州、县正官将所问罪名若干，招申督册道。详充⑤之日，州、县给批赴本湖⑥，本府起批赴本道，本道起批赴本布政司。堂上挂号，仍将原问招由，备抄一样二通并银册解来，上⑦通留南京户部，一通转发到湖。臣等逐一稽查，如有不由督册道详充、径自任意轻重、或假此追比、因以肆行侵渔者，听臣等指名参奏。其解人事完回日，前批仍以次销缴。庶法纪严而贪婪知警，册籍亦永有赖矣。伏乞圣裁。

一、严限期以完查注。黄册每十年一造，许本年终造完，类解南京户部，转解后湖。管

① 缺字：似为“局”字。
② 九：当为“元”字之误。
③ 此处似漏一“手”字。
④ 籍：手抄本作“藉”，据影印明刊本改。
⑤ 充：后文为“允”，似以“允”字为妥。
⑥ 湖：似为“府”字之误。
⑦ 上：似疑为“一”字之误。

册官督率监生人等查阅。若新、旧册不同，即系前项奸弊，造册奏缴。仍通行各处原造册衙门，照款登答改正。除水程外，通限半年以里解湖。奉有钦定期限，立法定制，既许①且严矣。迩来，在外者司以催科刑名为急务，视黄册则慢不加意，有延至限外二三年、四五年以外才方解到者，有解至南京、寄放歇家、逃回原籍、不行交纳者，以致本湖无凭查阅。旧册未完，新册□业已续到，新旧丛积，即欲逐一查驳，日不暇给矣。如此，若不行罚究，恐岁复一岁，废弛益甚。祖宗所以重民数德、国本者，其深意不可不察也。伏望敕下户部，申明节年限例，行都察院，转行各处巡按御史，预先申饬督册官，务要依期造解。该省解完，巡按御史具本复命。如仍前怠玩，过违限期，督册官，除臣等查明论劾，该省巡按仍指名参论。吏部不②以此考核定行罚治。庶黄册得以早完，臣等亦得以及时查驳，而无壅滞之患矣。伏乞圣裁。等因。

奉圣旨："户部知道。钦此。"钦遵抄出送司，案呈到部。看得南京户科等衙门管理黄册给事中等官张焕等条陈"一、专③理以便责成"等四事，诚于版籍有裨，相应开立前件议拟，上请定夺。伏乞圣裁。等因。隆庆四年五月初四日，本部尚书刘体乾等具题。本月初六日，奉圣旨："依议行。钦此。"钦遵拟合通行。为此，除外合咨前去，烦照本部题奉钦依内事理，钦遵查照施行，等因。到部送司，案呈到部，拟合通行。为此，合用手本前去南京户科等衙门掌后湖事给事中等官张焕等处，查照该部覆题，奉钦依内事理，一体钦遵，查照施行。

计开：

一、专督理以便责成。

前件，查得先该南京吏科给事中柯相奏，为乞定委专官以枚版图极弊事。该本部议覆，大造黄册之年，移咨吏部，将浙江等十三布政司，于右布政、左右参政、参议员内，选其年资尚浅、才力素著者各一员，疏名上请。及行南、北直隶抚按官，会同推委所属廉能佐二官，每府、州各一员，疏名上闻，一体请敕专理。仍先具职名，申达吏部并本部及后湖管册等官查考，俱候册完缴敕。如各官不行用心，致有纸张粉饰、差错稽迟等弊，俱听后湖管册

---

① 许：似为"详"字之误。
② 不：应为衍字。
③ 此处似漏一"督"字。

官指名参究，等因。题奉钦依，通行钦遵。迄今，该给事中等官张焕等题称，降庆六年，又当天下大造黄册之期，欲要查照先年给事中柯相所奏事例施行，相应依拟。合候命下，一面移咨吏部，将浙江等十三布政司，于右布政、左右参政、参议员内，择其年资尚浅、才力素著①各一员，共五十三员，疏名上请；一面移咨南、北直隶巡抚都御史，及咨都察院，转行各该巡按御史，会同将应天、顺天二府，南直隶苏、松、常、镇、徽、宁、池、太、安庆九府，并广德州，江比②直隶庐、凤、淮、扬四府，并徐、和、滁三州，北直隶真定、保定、顺德、广平、河间、大名、永平七府，并延庆、保安二州，各选委廉能佐二官每府、州各一员，疏名上闻。仍先具职名，申达吏部并本部及后湖管册等官知会查考。通候册完，方准缴敕，一体推升擢用。一面行文内府翰林院撰敕，顺付兵部公差人员，赍送南、北直隶巡抚衙门并浙江等布政司各该委官收领，以便行事。若各官不行用心，致有纸张粉饰、差错稽迟等弊，俱听后湖管册官指名参究，请自上裁。不分已未升迁，俱照例以罢软黜退。其各该抚按官，俱要查照赋役黄册事例，着实举行。伏乞圣裁。

一、定规则以杜奸弊。

各处解到黄册，③前件，看得南京户科给事中等官张焕等奏称，“各处造到黄册，弊端甚多，乞要行令各处管册官员清查痛革，及要通州、县里书团局查造。”各一节，查得团局攒造，原有禁例，遵行已久，似难议更。所据造册里书那移户口、飞诡田粮、埋没等弊，委应严禁。恭候命下本部，通行各该巡按都御史，严行布政司，并南、北直隶府、州各该督册官员，候大造黄册之年逐一清查。攒造，仍严禁里书务要□甲顺序，不许穿甲紊乱。田粮，如有人户买卖田地应该过割者，即于各户收除、实在项下，明白填注作数，不许有收无除，有除无收。以军作民，以民顶匠，其军匠丁尽户绝者不许开除，见有人丁者亦不许折户。敢有仍前作弊，违法害民，悉听抚按官访拏究治。伏乞圣裁。

一、抄招田④以防侵渔。

前件，查得先该南京刑科给事中史鲁题，为通融查册费用以苏民困事。该本部议行各

① 此处似漏一“者”字。
② 比：疑为“北”字之误。
③ 此句：疑为衍文。
④ 田：当为“由”字之误。

该司、府、州、县，但因后湖黄册驳语问过官吏、里书、算手人等罪名追赎纸价，俱解南京户部，转发应天府收贮，听备后湖书匠工食、修理库房、治买纸笔等项支费，不许隐匿侵欺，等因。题奉钦依，通行钦遵。讫今，据给事中等官张焕等所奏，大略与史鲁相同，及“要抄招由以防侵减”一节，相应依拟。合候命下，通行各该省、府。以后但因后湖黄册驳语应问官吏、里书、算手人等罪名，俱要招申督册道，详允稽查，行令该州、县，给批赴府，并本道起批赴布政司挂号，仍抄原问招由，一样二本，并银册，解送南京户部，一本转发后湖稽查。如有仍前不由督册道详允、任意侵减、及假称追比、肆行科罚者，悉听后湖管册官员指名参究。伏乞圣裁。

一、严限期以完查注黄册①。

前件，查得先该南京户科给事中等官万文彩等题，为申严赋役黄册事例以慎攒造以杜奸弊事。该本部议覆，大造黄册之年，移咨吏部，于浙江等十三布政司，各预委布政司官一员，南、北直隶各该抚按官推委每府佐二官一员，会同各该州、县掌印官，躬亲稽查磨算。以文书到日为始，俱限三个月以里，先造草册，呈样抚按衙门。仍取不致错漏结状一纸备照，务在一年之内完解。真册，先将委官职名开报本部及南京后湖查册官知会。如有造解过期者，将违慢人员俱听后湖管册官查参。仍行督册参议等官，照例亲临所司，严督造解。各该掌印造册官员遇有升迁、给由等项，查系黄册驳册未完，不许辄离任所。管册科道等官清查事毕，复命之日，仍查黄册驳问到湖日期，明开某处依期解到，某处违限若干年月，某处今尚未到。其未到并违限太久者，各该掌印督造官员比照拖欠钱粮事例，一体查参，以凭议覆降调，等因。题奉钦依遵行，钦遵讫今，该给事中等官张焕等具奏，前因相应，再行申饬，合候命下本部，移咨都察院，通行各该巡按、监察御史，即行各省督册官员，预先申饬，务要遵照先年旧例，依期造解。该省解完，巡按御史具本复命。如有仍前怠玩、过违期限、不即完解者，悉听巡按御史指名参究。伏乞圣裁。

隆庆五年

十二月，南京户科等衙门管理黄册给事中等官臣张焕等谨题，为查催未到补造虫蛀黄册事。臣等各准奉本衙门关札，管理后湖黄册。

① “黄册”二字，见前文，此处似误为多引。

除清理外，案查前事，查得嘉靖十一年分江西等布政使司南昌等府新建等县，并嘉靖二十一年分广西等布政使司南宁等府武缘等县赋役黄册，被虫蛀烂。先该南京户科给事中郭斗等，节经题催补造。去后，至今年久，尚未解到。盖因各府、州、县督册官员，不知图籍重务，视□①泛常，任凭里书人等恣意延捱，不行催并补造解湖，致使图籍阙略，无凭查理。臣等若不再加严催，未免仍前怠玩。伏乞敕下户部，转行都察院，备将后开各府、州、县迟违□②籍，通行各该巡按御史，转行督册道并司、府、州、县等官，严限查催解湖。如再迟违，许听臣等查参重究。庶册籍得以早完，民数有所稽考。缘系查催未到补造虫蛀黄册事理，未敢擅便。为此，开坐具本，谨题请旨。奉圣旨："该部知道。"

隆庆六年

四月，南京户科等衙门署管后湖事、南京刑科给事中等官臣周守愚等谨题，为查参有司沉误册解、玩慢异常，恳乞究罪申法、以肃一统盛治事。臣等窃惟，天下之治，譬之理琴瑟然。徽废弦决，非大更张之不可复用，若今之册解是已。隆庆六年，轮当天下大造黄册，解赴后湖，收贮开局，备将前运底册比对清查。臣等查得，嘉靖四十一年至今，本湖收过册数，有欠嘉靖三十一年分全册并未解四十一年分驳语黄册者，如湖广之汉川县；有欠嘉靖四十一年分全册者，如湖广等处耒阳等州、县；有全册内欠数里者，如顺天等处实③坻等县；有未解驳语文册者，如顺天等处宛平等州、县。臣等见之，不胜惊骇。夫前运之册，实新册之根株；今造之册，乃旧册之佐证。故必前者尽在，而后今之巧弊有自而稽；必驳者尽管，而后今之差错可据而考也。今既旧册不备，则虽解到新册，将焉用之？不意堂堂一统之朝，赫赫全盛之世，而有玩法废典至于此极者。节经催促，延及十年，原行之员役既不以时竣事，接管之官吏又直废阁不行。事属故违，法当参究。伏乞敕下户部，分别有罪次第，以两运未解者□④等，以前运全欠者为二等，而内欠数里者次之，未解驳册者又次之。转行都察院，通行各该巡按御史

① 缺字：似为"为"字。
② 缺字：似为"图"字。
③ 实：当为"宝"字之误。
④ 缺字：疑为"一"字。

史，提问如律。作速催解，以赴今次清查，则国计民数幸甚。再照各官之玩慢，实由立法之未周。夫册籍至重，王者所天，非簿书米盐之比，可以轻畀而迭更者。其始也，必择其人，不滥委之茸阘；其既也，必竟其事，不中为之迁转。则彼当其任者有所系羁，欲息肩而不可得，必将悉心毕力、虔始厚终，而不致于怠事若此矣。今既因循于已往，急宜申饬于将来。先经给事中张焕等题，奉钦依，将各府管册佐二官员，比照管册司道事例，请给敕谕，以重事权，诚至计矣。但皇图之统驭至广，而各官之职名未通，每每批解黄册，止称某府、州、县而已。其管册之官为谁，臣等不得而知也。则虽册有未解，解有未完，完有未核，亦止漫然催驳，无从指其人册究之。彼管册者，或未解而中有升迁，则扬扬而行，以为原非不了事件；接管者，或奉催而故为推托，则泄泄而视，以为原非真正承行。前遗后玩，积习成风。将来之弊，又当复如前日。伏乞俯纳微言，特敕该部，备行两直隶、十三布政使司各司、府、州、卫，见领敕谕，管册官员姓名汇咨南京户部，转行本湖存照。仍速通行天下，今次解册批文，须列本省府、州、卫管册官员姓名于内，以便臣等查考。每一府册解完日，该府管册官总起解批一张。每一省册解完日，该省督册道总起解批一张。总解批回，方许缴还敕谕。敕谕既缴，方许叙资升迁。其有未经缴敕、辄遇迁转者，乞容臣等参论。敕回原任，必待该管册解尽绝之日，方许起送赴部。庶几人心知畏，积弊难沿，册籍可以早完，民数不至脱错。但，一法之立，一弊之生。今朝廷既以完解为功，则有司必以趣完为务。中间恐有奸猾之官，料臣等之查阅，不能扁①如。计书办之，交通可以贿入，止将上运底册依本誊写，苟且塞白，应急目前，以缴早完之名，而希迁转之便，则虽曰有册，不如无之。其罪又有浮于前之玩慢者，亦容臣等具实参奏，置之重典，以为诬上行私之戒，则法益周而奸无所托，虑益密而人不能欺。臣等罄竭愚衷，无非仰体我皇上重民至意，不自知其可行与否？惟圣明采择焉。缘系查参有司沉误册解、玩慢异常、恳乞究罪申法，以肃一统盛治事理，为此，开坐具本，谨题请旨。奉圣旨：“该部知道。”

万历元年

三月，南京户科等衙门管理黄册给事中等官张焕等谨题，为湖册多年未到、有误大查、再恳圣明、俯赐乾断、亟究玩怠官

---

① 扁：音义均同“遍”。

员以正法纪事。臣等窃惟,法之立也,非徒以防民,亦将以儆有位者也。法之不行也,非惟民之日玩,亦在上者先犯之也。法不行于上,而欲斯民之帖然顺服于下,是犹曲其形,而求其影之直,不可得矣。祖宗立法之严,更有过于后湖之黄册者乎?即今玩法怠政,又孰有甚于湖册违限数年不解到者乎?隆庆六年,天下轮该大造黄册,各处督造官员,有恪职奉公者,不惟前次之册已完,今次黄册且依期解赴,而恐其或后也。至若怠玩废弛、视册籍不以为意者,不止一处为然矣。臣等查得嘉靖四十一年至今本湖收过册数,有欠嘉靖三十一年分全册并未解四十一年分驳语黄册者,如湖广之汉川县;有欠嘉靖四十一年分全册者,如湖广等处耒阳等州、县;有全册内欠数里者,如顺天等处宝坻等县;有未解驳语黄册者,如顺天等处宛平等州、县。臣等每遇过湖检阅之际,见之不胜惊骇,拊膺热中,切恨各处当事臣工,有何所见,乃故违钦限,且至数年尚不起解如此耶?夫今次之册解到后湖,非徒置之高阁而无所事事也。将欲逐一查对驳发,以为防奸塞弊之端,然必前运驳册登答改正,先期而来也。然后有所凭据参酌,以为将来查驳之地,犹之持券合符,更相质证,不容有间焉者也。今旧册未见回称解到,则解来新册且属无用。臣等即欲效其磨对之力,亦束手无策矣。先该臣等申明于前,继该署管后湖给事中周守愚等题催于后,钦蒙明旨饬谕照然,该部文移催攒。迄今,又复一年,所欠前册解到后湖者,大约未及三分之一。其余,日愒月玩,依然若罔闻知,或任凭里书人役假公科敛,迁延作弊;或系差人领解在外,将罪赎银两那移侵欺。州、县正官既不暇亲理其事,而委之佐二首领。该道监司又不肯时行比较,而视为故事虚文。一遇升迁,则云原无瓜代之期,公然而去;问之接管,则云此系前官之事,与我无干。彼此推诿,上下因循。求其实心任事,惟日孳孳者,岂可多得。湖册之所以动经数年不见解到者,职此故耳。臣等反覆思之,诸臣之意,岂不以当今所重者钱粮也,或有未完,法必不宥矣,又何虑一黄册?殊不知钱粮国计所关,黄册民数攸在,其事体重大,载在令甲,原无彼此之分。然要之,水旱灾伤,即钱粮亦有蠲免之时。至于黄册,每十年一造,造而复驳,驳而复解,如日月寒暑之相寻。盖垂之亿万斯年,容有停造免解之例否耶?天下大小臣工非不知之,顾每所重在彼,所轻在此,抑以偷惰成风,法纪日坏,惟知取办于目前之急,而视版籍为迂远之务,殆非一朝一夕之故矣。臣等职掌所关,不敢缄默,且大查伊迩,将开局鸠工,若不再为申请,恐掘井于临渴之时,求瓢于失楫之际。万一废时失事,臣等罪戾夫复何辞?伏乞敕下户部,转行都察院,通行各该巡按御史。文书到日,将按属地方原欠黄册并驳册经管官员，提问如律。近限三个月以里，远限四个月，作速差人起解赴湖，以候清查。其问过里书人等纸赎银两，一并照旧解赴应天府贮库。如巡按御史视为故常，容隐不究，致误大查，都察院俟其复命之日，检举参论，定以不及之等。庶臣工知儆而法纪以昭，册务可完而奸伪斯革。一统同文之治，四海水清之猷，与隆古一揆矣。臣等无任激切、恳祈之至。缘孙①湖册多年未到、有误大查，再恳圣明俯赐乾断、亟究玩怠官员以正法纪事理，为此，开坐具本，谨题请旨。奉圣旨："该部知道。"

万历四年

七月，南京户科等衙门管理黄册给事中等官臣王蔚等谨题，为大查将完、湖册未到、恳乞圣明俯赐乾断、亟惩违慢有司以重版籍事。臣等窃惟，国以民为本，民以籍为定。我朝后湖黄册之制，乃民数登藏，诚非细务。每至十年一大攒造，凡旧管、开除、新收、实在等项，无不分明开载，名曰赋役黄册，定限本年以里解湖。本湖该管官员督同应查员役，与上次黄册磨对。如有飞诡、埋没等弊，摘驳发回，令其登答改造，定限半年，复解后湖，名曰驳语黄册。仍将回报缘由，填注原错册内收架，以为下次黄册查理底案。是法例严密，莫有过于湖册，而有司遵奉，亦莫有急于湖册地②。岂知犹有玩法怠政，视册务不以为意，久违限期，不行解到者乎！臣等奉命督理后湖黄册，查得自嘉靖四十一年至今本湖收过册数，有欠嘉靖四十一年并隆庆六年分赋役黄册者，如广西等处江州等州、县；有欠嘉靖四十一年分驳语黄册并隆庆六年分赋役黄册者，如顺天等处郭县等州、县；有欠嘉靖四十一年分驳语黄册者，如顺天等处宝坻等州、县；有欠隆庆六年分赋役黄册者，如凤阳等处虹县等县；有全册内欠驳回违式数里黄册者，如顺天等处宛平等州、县；有欠隆庆六年分司、府、县总贯黄册者，如徽州等处芜湖等县。臣等每遇在湖检阅之际，不胜惊骇，以为天下当事臣工，果何所见，乃敢故违钦限，且延至十余年尚不造解若是耶？夫前次之册非徒束之高阁也，实为查驳新册之本；驳语之册非徒虚应故事也，乃为改正原册之端。故必前者尽到，而后新册之奸弊有自而稽；必驳者尽答，而后原册之差错可据而更也。今驳语未到，则原误之册亦徒存矣，何以证新册之误；

---

① 孙：当为"系"字之误。

② 地：疑为"也"字之误。

旧册未备，则解到新册亦无用矣，何以效查驳之劳。况并旧册、新册与驳语册俱未到焉，咎将谁归？不意堂堂一统之朝，赫赫全盛之世，而有因循旷废至于此极者。节经题催，钦奉明旨，屡下该部，移文催攒，迄今又复三年，所欠前册解到后湖者，大约未及三分之一。其余仍旧拖欠，若罔闻知，或任凭里书人役迁延作弊，或遣差管解匪人，将罪银侵欺。州、县正官既不暇亲董其事，而委之佐二首领。该道监司又不肯时行比并，而目为故事虚文。一遇升迁，则扬扬而行，以为原非不了事件；问之接管，则泄泄而视，以为原非真正承行。前后推诿，上下因沿。湖册所以动经数年不见完解者，职此故耳。臣等反覆思维，诸臣之意，以为不如钱粮之重耶？不知钱粮即册中之赋税，非册，则钱粮无所稽矣。况钱粮灾伤可免，而黄册之造不可免。何钱粮独重，而黄册反不重也？以为不如徭役之急耶？不知徭役即册中之丁产，非册，则徭役无所考矣。况徭役凋疲可省，而黄册之造不可省。何徭役独急，而黄册反不急也？盖以钱粮不完，徭役不均，该管上司必戒饬之，参论之，轻则住俸改调，重则降谪罢斥，故所重所急在彼。至于黄册，法令虽重，人皆习为泛常。违误期限，处处有之。而该管监司皆将历来事例着实举行者，果何人欤？其目为迂远之务，诚非一朝一夕之故矣。臣等职掌所关，且大查将毕，复命伊迩，若不再为申请严催，诚恐违慢愈久，册竟不到，万一废时失事，则瘝官旷职之罪，臣等夫复何辞？伏乞敕下该部，转行都察院，通行各该巡按御史。文移到日，即严行督册官，将按属地方原欠黄册并驳册经管官吏，提问如律。近限二个月，远限四个月，作速起解赴湖，以便清查。如再迟违，许听臣等查参重究。庶臣工知警而册籍得以早完，民数有稽而奸伪可以尽革。一统图籍之全，万年根本之盛，将超古今而独隆矣。臣等无任激切、恳祈之至。缘系大查将完、湖册未到、恳乞圣明俯赐乾断、亟惩违慢有司以重版籍事理，为此，开坐具本，谨题请旨。奉圣旨："户部知道。钦此。"钦遵抄出到部送司。案查先为湖册多年未到，有误大查，再乞圣明俯赐□□①，亟究□□②官员以正法纪事□③，南京□□④等衙门管理黄册给事中等官张焕等题称，隆庆六年轮当大造黄册，查得嘉靖四十一年至今本湖册数，有欠嘉靖三十一年分全册并四十一年

① 缺字：当为"乾断"二字。
② 缺字：当为"违慢"二字。
③ 缺字：似为"理"字。
④ 缺字：似为"户科"二字。

分未解驳语等册，要将原欠黄册经管官员，通行提问，立限解湖。各将问过纸赎银两并解应天府贮库，等因。已经题奉钦依，移咨都察院，转行各该巡按御史，查问催解。去后，今该前因，案呈到部。看得南京户科等衙门管理黄册给事中等官王蔚等题称，“嘉靖四十一年至今本湖收过册数，有欠嘉靖四十一年分并隆庆六年分赋役黄册并驳册，乞要通行各该巡按御史，严行督册官，各将原欠黄册并驳册经管官吏，提问如律。近限二个月，远限四个月，作速起解赴湖，以便清查。”一节，为照黄册关系国计至重，天下钱粮、徭役根本于此，岂容差阅①？节经本部申明催攒，乃各地方官视为迂文，漫不留心。旧欠者，久而不完；新造者，率多未至。玩愒如此，委宜查究。既经给事中等官王蔚等具题前来，相应依拟题请。恭候命下本部，移咨都察院，转行各该巡按御史，严行督册官。先将后各地方原欠黄册并驳册经管官吏，行提究问如律。仍即催攒造完。以文书到日为主②，近者两个月，远者四个月以里，作速解赴南京户部，发湖候查，并将纸赎银两解赴该部，转发应天府贮库。如再迟违，悉听后湖督册科道官查参，从重究处。伏乞圣裁。缘系大查将完、湖册未到、恳乞圣明俯赐乾断、亟惩违慢有司以重版籍，及奉钦依户部知道事理，未敢擅便，开坐谨题请旨。奉圣旨：“是。”

万历五年

八月，南京户科等衙门管理黄册给事中等官臣王蔚等谨题，为畿郡黄册两次沉误、恳乞圣断、严究玩违官员，以正法纪以重图籍事。臣等仰惟，黄册之造于天下也，乃一统民数之攸关。后湖之贮乎黄册也，乃万年版籍之所稽。攒造有期，而旧管、新收、开除、实在之甚明，此赋役黄册之所以不可缓也；违错有驳，而飞诡、埋没、影射、隐漏之难掩，此驳语黄册之所以不可少也。无赋役黄册，则天下之户口无所考；无驳语黄册，则赋役之奸弊无所查。二者，名虽有异，实则相须。其起解，皆有钦定之限；其违误，皆有应加之罪。立法定制既详目③严，固行之万世而无弊，达之天下而恪遵者也。但法令虽重，人多视为泛常；期限虽严，年久习于玩愒。各该

---

① 阅：似为“阙”字之误。
② 主：当为“始”字之误。
③ 目：当为“且”字之误。

司、府、州、县等官，罔肯上紧督催，以致里书人等恣意迁延，不行依期造缴。臣等被命接管以来，夙夜警惕，惟恐无以仰答祖宗立法，与我皇上委任责成之意，督同在湖应查员役，一一清理。查得嘉靖四十一年分驳语黄册，并隆庆六年分赋役黄册，尚多未到，有误大册已。该臣等于万历四年七月内具题，钦蒙明旨，饬谕该部，移文催攒。迄今又逾一年，前项未到黄册解至后湖者，大约不过十之一二。其余，依然玩违沉误。臣等拊膺热中，殊切痛恨，以为边远州、县道路颇艰，犹可原已；土官衙门钱粮稍轻，犹可缓也。一府若数邑未解，其中或有故也；二册或一项未到，其责尚可诿也。俱遵奉前旨，候各该巡按御史查照原题催解，不敢尽行参奏，以渎圣听。乃若直隶淮安府暨所属山阳等十一州、县，所供皆正项钱粮，且在畿辅之内，既非边远土官等处可比，顾将应解驳语黄册延至十七八年，赋役黄册延至五六年，全不解到。该管官员果何所见，辄敢故违钦限如此耶？将谓田产之被水灾也，然水灾之后，必多渰没，非黄册则后来飞诡等弊何从而稽察也；将谓户口之多逃亡也，然逃亡之久，必思复业，非黄册则后来漏报等情何从而发觉也。故钱粮可免矣，而所以载钱粮者尤不可免；徭役可省矣，而所以纪徭役者尤不可省者也。地无灾伤则经界仍故，民无逃亡则比封可稽，或于黄册视为故常。至于被灾地方，全赖黄册以为张本。其造解，尤宜急急也。况灾伤不止于淮安，而邻郡已尽解矣；黄册不产于地畿，而难借以为辞矣。不意皇上精核吏治之时，稽查考成之际，而畿辅近郡犹有玩法废典以王①此极者。苟任其违慢而不一行重惩，则工②界之驳语黄册不到，嘉靖四十一年里书之奸弊已泯没而不可究；今次之赋役黄册不到，隆庆六年见在之丁产又散失而无所统。日复一日，年复一年，时愈久而册愈湮，册愈湮而造愈难。不惟该府接管官员，畏难苟安而终于不解，各省远方郡县不无效尤。臣等职掌所关，不敢缄默，且大查将竣，复命伊迩，若不亟为申请，则有罪官员无所惩戒，而图籍重务终或废驰矣。伏乞敕下户部，移咨都察院，转行彼处巡按御史，将该府及所属掌印③并督造官员严查素行。如果止于迟误黄册一事，别于职业无亏，亦宜从重问拟。遵照先年题准事例，住支俸粮。必待前册解到，取有批回，方许奏请开俸。若册籍既以稽迟，而诸务复

① 王：疑为“至”字之误。

② 工：疑为“上”字之误。

③ 原文仅为“印”字之左偏旁，据文意而改“印”字。

尔废坠，则久灾地方将可①所赖，尤当分别优劣，参奏区处。庶法纪以昭，而臣工知警矣。再照督造黄册者，司官府佐也；催攒黄册者，巡按御史也。督造不严，则巡按得以论劾之；催攒不完，则朝廷得以考成之。更乞天语敕谕都察院并该科，于各处巡按复命之日，如节次题催黄册勘合未完，是即任使不称，即行检举参论，定以不及之等，则纲维既举，万目自张。我皇上执简御烦之要，孰有大于此哉！臣等无任激切、恳祈之至。缘系畿郡黄册两次沉误、恳乞圣断、严究玩违官员以正法纪以重图籍事理，未敢擅便。为此，具本谨题请旨。奉圣旨："户部、都察院知道。钦此。"钦遵抄出到部，送司案呈到部。臣等会同都察院左副都御史部光先等，看得南京户科等衙门管理黄册给事中等官王蔚等题称，"直隶淮安府暨所属山阳等州、县，未到嘉靖四十一年驳语黄册，并隆庆六年赋役黄册，乞要将该府及所属掌印并督造官员严查，问拟住俸。若于别务废弛，尤当分别优劣参处。又要将各处巡按御史复命之日，如节次题催黄册勘合未完，都察院并该科即行检举参论。"各一节，为照黄册登载户口、钱粮之数，门②系国计至重，攒造有期，违错有查，岂容缓阙？先该管册科部题催各处未到并驳回册，本部覆题，转行究问催攒，不为不严，但各处官员相沿视为迂文，全不经意。如淮安一府驳语黄册延至十五六年，赋役黄册延至五六年。新旧俱未完解。虽地方灾伤，政多系难，而版章额数岂可湮灭？在经管者既已玩愒士③先，而接管者又复违慢于后，委当严究。既经南京科部具题前来，及④要责成巡按御史催攒，无非慎重版籍之意。相应酌议题请，恭候命下，备行庐、凤、淮、扬巡按御史，即查淮安府并所属山阳等十一州、县未到驳语⑤册并赋役黄册，节行如何不行造解？将各掌印官并督造经管官吏，即便行提，问拟如律。有旷职之甚者，从重参究。一面加意严限，各要催造完备，速解南京户部，发湖攸⑥查。并问过赃赎银两，解赴南京户部，发应天府贮库。毋得视为泛常，任其耽阁。其各处巡按复命之日，查其任内曾有节次题催黄册勘合未经完报者，本院及该科照依考成事

① 可：疑为"何"字之误。
② 门：当为"关"字之误。
③ 士：似为"于"（或"在"）字之误。
④ 及：疑为"又"字之误。
⑤ 此处疑漏一"黄"字。
⑥ 攸：似为"收"字之误。

理，分别参论罚治。庶臣工知警，而册籍可充①矣。伏乞圣裁。缘系畿郡黄册两次沉误，恳乞圣断、严究玩违官员以正法纪以重图籍，及奉钦依户部、都察院知道事理。臣等未敢擅便，谨题请旨。奉圣旨："是。"

万历七年

七月，南京户科等衙门管理黄册给事中等官臣王蔚等谨题，为预建黄册库房、慎重版图事。臣等照得，后湖册库，自洪武十四年起，至隆庆六年止，每遇十年一次大造黄册，俱预期盖造册库三十间，以备收贮。查得隆庆六年大造黄册，预于隆庆三年具奏，起盖册库。万历十年，复该天下司、府、州、县等衙门大造黄册解湖。其贮册库房，相应照例先期盖造。况今后湖新洲该建册库处所，四旁草木茂盛，湖水浸刷，剪除栏砌，工程浩大，尤不可不及早开荒整理。伏乞敕下工部，转行南京工部，查照往年事例，委官带领匠作人等，过湖相勘，并议处一应合用物料、夫匠等项，盖造册库三十间及册架、披垫、板木齐备。庶不临期有误，册籍其有赖矣。再照册库每座必三十间，每间必有余檩。非筑杵固，则基址不坚；非材木真，则虫蠹易致。况建之湖中，物料颇难于搬运；出自官造，淹久恒至于怠忽。兼以督理接管不常，夫匠更换不一，推诿最易，责成难专，往往筑造不精，倾圮甚易。告成甫毕，报坏接踵。或一墙一磉下陷，致将一间牵倒；或一梁一柱蠹朽，致将全库摇动。当此之时，欲上补其坏处，则牵摇者势不耐久；欲尽修其全库，则新建者理难更造。以此随修随坏，迄难经久；东拄西撑，率无完库。劳而无绩，费而无补，皆因初工不慎、责成不严所致也。假如初建官匠，各矢心着实，如民间自己盖造房屋，纵湖中水气蒸湿，人烟隔远，易于损坏，则以必可以延数十年之久，何至方完而即坏如此耶？更乞敕下该部，今次造作册库，将督工官员并应役匠作，逐一列名于原造库柱，定限或五年或七年，必出限无坏，方与原修官匠无干。如限内有前项损坏者，明系经管细手人员不行用心如法盖造，不论官匠，一体依律问罪。仍量责令赔偿修理。夫如是，庶罪既有所归，则工必不敢易。此亦慎重图籍之急务也。缘系预建黄册库房、慎重图籍事理，为此具本，专差办事吏赵文，赍捧谨题请旨。奉圣旨："工部知道。"

---

① 充：疑为"完"字之误。

万历八年

七月，南京户科等衙门管理黄册给事中等官臣王蔚等谨题，为有司故违钦例、擅留驳册罪赎、恳乞圣明究处，以济湖用以重图籍事。臣等窃惟，我国家黄册藏之后湖，凡天下户口、事产之数，尽在其中，乃专设给事中、主事等官以管理之，诚非细务也。自洪武十四年起，至隆庆六年止，大造二十次矣。承平日久，弊伪日滋，中间埋没、诡计、影射、违例等项，一次多于一次，十年甚于十年。语查驳，则有书算之费；语看守，则有库匠之费；语修理，则有砖瓦木植之费；语册籍，则有纸张笔墨之费。每查必须五六年，每费必逾一二万。初取办于上元、江宁之里甲，偏累莫支；后暂借于龙江盐仓之积盐，权宜难久。节经南京刑科给事中史鲁等、南京户科给事中曹迈等目击其弊，题准通行天下司、府、州、县，将驳册罪赎银两，比照在京刷卷清军衙门事例，类解南京户部，转发应天府寄库，以抵前项不赀之费，不许那移，不准赦宥。自此之后，上、江二县之贫民始得息肩，后湖诸费之浩繁又不告乏。诚取诸本分之中，求之见成之内，不扰一民、不科一夫，而自足为经久可行之道。法制之善，人情之便，莫有过于此矣。顾迩来人心玩慢，百计侵隐，往往藉口那借存留。臣等自复命履任以来，节准南京户部江西清吏司手本，陆续开送江西南昌等府丰城等县隆庆六年公①驳语黄册到湖。查得该省督册道张大忠、吴与、言音礼，并带管杨芷等，招由未②照称，近奉明例银六钱四，兼收除钱四，并钞价存留外，止将银六解报。南昌府丰城县原纸赎银四百三十七两九钱五分，止解银六银二百六十二两七钱七分，存留钱四银一百七十五两一钱八分，又入官赃银一拾二两四钱一分。奉新县银一百九拾六两一钱一分二厘五毫，解一百一十七两五钱一分，留七拾八两六钱二厘五毫。靖安县银四拾六两九钱，解二十八两一钱四分，留一十八两七钱六分。进贤县银三百四十四两四钱五分，解二百六两六钱七分，留一百三十七两七钱八分。宁州银七十一两六钱，解四十二两九钱六分，留二十八两六钱四分。建昌府广昌县银七十七两六钱五分，解四十六两五钱九分，留三十一两六分。南丰县银八十五两五钱五厘，解四十九两九钱八分，留三十五两五钱二分五厘。新城县银六十六两一钱七分，解三十八两八钱二

---

① 公：当为“分”字之误。

② 未：应为“来”。

分，留二十七两三钱五分。南城县银一百七十四两八钱二分五厘，解一百零一两四钱三分，留七十三两三钱九分五厘。南安府崇义县银三十两九钱，解一十八两五钱四分，留一十二两三钱六分。南康县银七十六两零五分，解四十五两六钱三分，留三十两四钱二分。大庾县银三十一两七钱，解一十九两二分，留一十二两六钱八分。南康府都昌县银一百二十五两三钱五分，解七十五两二钱一分，留五十两一钱四分。星子县银八十五两二钱，解五十一两一钱二分，留三十四两八分。建昌县银一百六十六两六钱，解九十九两九钱六分，留六十六两六钱四分。吉安府龙泉县银一百九十二两九钱，解一百一十五两七钱四分，留七十七两一钱六分。广信府永丰县银一百二十三两六钱五分，解七十四两一钱九分，留四十九两四钱六分，入官赃银四两二钱。弋阳县银一百六十一两一钱五分，解九十六两六钱九分，留六十四两四钱六分。贵溪县银二百五十五两三钱六分七厘五毫，解一百五十二两三钱七分五厘，留一百二两九钱九分二厘五毫。铅山县银一百八两二钱五分，解六十四两九钱五分，留四十三两三钱。兴安县银九十七两九钱五分，解五十八两七钱七分，留三十九两一钱八分。上饶县银二百七十三两八钱七分五厘，解一百六十四两三钱二分五厘，留一百九两五钱五分。饶州府浮梁县银二百一十五两七钱，解一百二十九两四钱二分，留八十六两二银①八分。德兴县银五十八两二钱，解三十四两九钱二分，留二十三两二钱八分。鄱阳县银一百七十四两七钱五分，解一百四两八钱五分，留六十九两九钱。赣州府雩都县银六十七两一钱，解四十两二钱六分，留二十六两八钱四分，又赃银二两二钱。定南县银一十三两八钱五分，解八两三钱一分，留五两五钱四分。宁都县银二百三两七钱，解一百二十二两二钱二分，留八十一两四钱八分，又入官赃银一两。石城县银二十九两八钱五分，解一十七两九钱一分，留一十一两九钱四分。信丰县银三十五两一钱，解二十一两六分，留一十四两四分，又入官赃银一两。会昌县银二十八两九钱，解一十七两三钱四分，留一十一两五钱六分，又入官赃银一两。龙南县银三十一两，解一十八两六钱，留一十二两四钱。赣县银二百二十一两五分，解一百三十二两六钱三分，留八十八两四钱二分，又入官赃银一两。安远县银二十六两一钱五分，解②一十七两七钱九分，留八两三钱六

① 银：当为“钱”字之误。
② 解：手抄本误写为“留”，据影印明刊本改。

分。兴国县银一百五十八两七钱,解九十五两二钱二分,留六十三两四钱八分。瑞金县银三十两三钱,解一十八两一钱八分,留一十二两一钱二分。袁州府宜春县银一百三十四两,解八十两四钱,留五十三两六钱。分宜县银六十七两五钱,解四十两五钱,留二十七两。萍乡县银一百五十一两六钱,解九十两九钱六分,留六十两六钱四分。万载县银一百八十四两三钱五分,解一百一十两六钱一分,留七十三两七钱四分。九江府彭泽县银三十一两五钱,解一十八两九钱,留一十二两六钱。德安县银三十四两九钱五分,解二十两九钱七分,留一十三两九钱八分。湖口县银三十一两五钱,解一十八两九钱,留一十二两六钱。瑞昌县银二十一两四钱五分,解一十二两八钱七分,留八两五钱八分。临江府新淦县银七十三两四钱,解四十四两四分,留二十九两三钱六分。臣等每遇过湖投文之际,见之不胜惊骇,拊膺热中,切恨该省当事臣工,有何所见,乃敢故违擅留,不行尽解如此耶?夫罪赎之解应天府,非积之无用之地也,所以待后湖万不可已之用也。后湖之用,又非一家之私费也,乃以天下之财供天下之用也。且题奉钦依,遵行已久。罪赎之多寡,固难取以,然天下未有一处不解,亦未有一处解不尽者。独该省忽然解其陆分,留其肆分,又不明言奉何明文,使其所留者,仍充官用,已违例也。倘恣鞭朴,以充私囊而资奸猾,岂可哉?况后湖诸费,仰给于此者甚急。苟听其沉匿,不行追查,恐各省闻风效尤,将来后湖之用,大有可忧者矣!逮其不足,而后设处凑补,则前日之偏苦权宜之弊,必将复起,下而遗累朝廷之赤子,上而有损国家之帑金。臣等今日依违之罪,即万死莫赎。事关职掌,不敢缄默,所据该省有罪人员,若不重惩,无以示戒。伏乞敕下户部议覆,移咨都察院,转行彼处巡按御史,将该省各府、州、县掌印并督造官员,提问如律。仍查原留钱肆罪赎并钞价赃银,果封贮见在,勒令变银解补;如或有那移、侵欺等情,尤当尽法重究。庶臣工知警而湖用不匮,民累永除而图籍有赖矣。缘系有司故违钦例、擅留驳册罪赎、恳乞圣明究处,以济湖用以重图籍事理,为此,具本谨题请旨。奉圣旨。

万历八年

七月,南京户科等衙门管理黄册给事中等官臣王蔚等谨题,为申明赋役黄册事例、恳乞圣明严谕承造官员如式攒造,以重图籍以济实用事。臣等各准奉本衙门关札,管理后湖黄册。自万历三年接管以来,清理洪武等年黄册,则仰我朝图书之甚备;查驳隆庆六年黄册,则仰我朝编籍之甚广。

因有以知我太祖临御之初，即以天下户口藏之后湖严密之地，良有深意。所以至今二百余年，各处典籍多有散逸，惟后湖黄册收贮井井有条。俾天下负版者知有全册在斯，不惟乐于输赋供役，凡有军匠来历不明，田产争竞不定，皆不远数千里赍文告查。此其所系，诚非眇小也。乃说者不知有曰黄册，抄旧塞责，有曰与实征不同，有曰徒虚设，无益实用。缘是隆庆六年工科给事中郑岳曾题准，另造清丈实征文册，与黄册并解后湖。审若是，且无论实征文册真伪莫辨，无从稽考，即别立实征名色，则祖宗黄册将愈病矣。臣等私切痛恨，以为黄册国家重务，岂宜如是。及查户部原定攒造册式，并后湖历年收架黄册，知人言果有大谬不然者。何也？盖造册之式，先旧管，次新收，次开除，而以实在终焉，原非一定不可增减之制。使各该衙门依式据实攒造，既以此为赋役黄册，则实征之钱粮，即此册所谓赋也；实征之人丁，即此册所谓役也。又何不同之有哉？惟文册浩繁，造报延迟，各该有省督造提调等官，率视为泛常，不行躬亲对磨，以致吏书、里老人等得逞其奸猾，通同作弊。是以所解黄册，遵违莫一。如福建、广东、四川、湖广、云南、贵州等处，收除颇明，与原式不大相远也。北直隶、山东、河南、陕西、山西等处，收除十不开一。每次止将人丁加其年岁，照旧誊造。山西，更纸张粗薄，字迹潦草，不免几于塞责矣。南直隶苏州府并浙江，或有收无除，或有除无收，内多飞诡、影射、差错之弊。常州府，册样甚大不合原式。江西抚州府并广西，纸张粉饰，十常八九，易为虫蚰①。此非黄册之法不善，皆各处承造者之罪，甚非所以尊朝廷重图籍也。虽屡行参究，而实不改故习。不知国以民为本，民以籍为定。如册籍之造弗慎，则赋役之派弗均。豪强得计，良弱受害。生民之聚散，国计之盈缩，恒必由之，诚非细故。是在循行故事之时，且不可任其废弛。曾谓当我皇上精核吏治，加意民生，法必求行，事必责实，此何等时也。又户部近年为省繁文以节财用事题准，止造后湖赋役黄册一本，视往年尤为省便。岂可听其因仍苟且，不加意查造，以济实用哉？万历十年，又该天下大造黄册之期。户部之成规俱在，历年之条议甚悉。所有各项事宜，若不先行申明，严加禁治，诚恐各该官吏、里书人等，不以版图为重，仍前玩愒迁延，虚应故事，深为未便。伏乞敕下户部，查照旧例，预将本部原定册式，及备查历年以来各项奏准事例，通行刊入榜内，毋致遗漏，先行差人赍去。各该司、府翻刻，给散所属，查照攒造。推选廉能公正、年力

① 蚰：音“昆 kūn”，义为“两虫同体”。

精锐官员，专管其事。各该司、府、州、县掌印官时常提调，仍行各处抚按，严督督册等官，亲临比较。文书到日，即令里书先将隆庆六年改正实在，照册抄誊，交与监造官员收掌，以为今次旧管后取各户亲供。除军、民、匠、灶户①等照旧详开外，其余自万历十年正月为始，年终为止。或有新报人丁，并置买事产丈出田土，即开于新收项下；或有事故人丁，并卖出事产除豁虚粮，即开于开除项下。收除既明，未②总结一实在。务总撒相合，务字样真楷，务纸张坚白，务与各处见行赋役册无异。所谓实征文册者，不必再行造解，以省繁文。不许积年人役包揽，以肆科求。亦不许滥委贪懦③无为、衰老官员管理，以滋弊端。倘其间若有奸民豪户，或曾诡寄田地、飞走税粮、埋没军匠、隐漏丁口、那移里甲等项情弊，许令自首改正，并免追问。各于收除项下，明白声说，以便查对。待其黄册造完，查果无弊，依限用印固封，起解南京户部，转送后湖收查。若督册提调监造官员，有能依限解缴，获有批回，各抚按官量加奖赏，具奏旌擢；过限不完者，即将俸粮住支，仍重惩经该里书人等，监并的亲家属，勒限完报。如此，庶民便于自新，官励于惩劝，奸弊可以□革，册籍得以早完，而造解查贮俱不为无用也。臣等不胜惓惓，仰望之至。缘系申明赋役黄册事例、恳乞圣明严谕承造官员如式攒造以重图籍以济实用事理，为此，具本谨题请旨。奉圣旨。

万历十一年

六月，南京户科等衙门管理黄册给事中等官臣余懋学等谨题，为大查届期驳册未到、恳乞圣明严究怙终衙门以重版籍以肃吏治事。臣闻有恃而犯谓之怙，再犯不悛谓之终。若今违慢驳册衙门，恃君门之万里，屡申饬而故违，皆所谓怙终者也。臣等查得万历五年以前该先任给事中臣王蔚等查将隆庆六年分各省直黄册奸弊，驳出奏行。经该衙门对款改正，造册报湖。续因各处造报不齐，又该臣王蔚等查将各省直违慢衙门，题奉钦依，通行各该巡按御史，提问住俸，立限完解。盖又二年于此矣，其解者十之三四，其未解者十之六七。及查嘉靖四十一年分驳册，亦尚有至今未解者。夫前次之驳册，固今次清查黄册之张本也。若驳册未至，则虽有黄册

---

① 户：手抄本漏抄，据影印明刊本补。

② 未：应为“末”。

③ 懦：手抄本误写为“礻”旁，据影印明刊本改。

之至，臣等孰从而质之，又孰从而查之？臣等窃意，各处驳册之数年不解，是必有豪猾里书通同作弊，惧册到而弊难瞒，故意迁延，希图沉匿，是豪华①里书之罪不能逭也。上之，则各州、县官之慢视版图，故违上命，是州、县官之罪不能逭也。又上之，则司、府官之徇情宽纵，苟且目前，是司、府官之罪不能逭也。至如巡按御史，奉有考成事例，而违限不完，未见参究，玩视钦依，姑息下属，是巡按御史之咎，亦不能辞也。臣等奉□□□□□□□□□□□□□□□管理，睹兹怙终，难容缄默。伏乞□□，轸念版图，特奋乾断，敕下户部，转行都察院，通行各该巡按御史，即将后开驳册未到衙门经该官吏、吏书人等，提问如律。若有规避，从重究处。官员俸粮，截日住支。督造完报，自文书到日为始，近者两个月，远者四个月，作速起解到部送湖。取获批回，方准开俸。巡按御史仍将各住过俸粮、问过罪名，开报吏、户二部查考。如本年十月之内，各处驳册仍前未到，即系巡按御史因循慢令，容臣等分别地方远近，有无事故，查参议罪。庶几臣工有所警惕，而册务不致迟误矣。缘系大查届期驳册未到、恳乞圣明严究怙终衙门以重版籍以肃吏治事理，为此，具本谨题请旨。奉圣旨："户部知道。"该本部覆题，奉圣旨："是。"

六月，南京户科管理黄册给事中臣余懋学谨奏，为册务完解愆期、有司玩视故事、恳乞圣明及时申饬、振颓敝以重图籍事。臣惟，人有恒言，每曰故事。故事云者，忽其事以为不屑为，但以其自昔相沿始为之。了此前件，尔是坏国家纪法之防、长天下慢易之念者，皆此一言为之也。闻之曰，率由旧章，监于成宪。夫旧章成宪，庸非故事之谓乎！率之监之，夫何可以慢易视也？我国家赋役黄册，十年一造，备贮后湖，设官查理，差错者有罚，埋没者有罚，诡寄隐漏者有罚，飞走那移者有罚。防范周严，法纪详密。二百年未②土地之辟，人民之聚，历历如指诸掌。官司有所征发，细民有所争讼，一经查册，奸弊莫施，则以后湖历年之所贮者，至明且备也。臣旧岁在籍，适当大造之期，闻钦限当于年终进呈。本县官吏、里书昼夜攒造，无敢懈怠。才及初冬，即已完解。臣窃意以为，册务完解之同人臣急公之义，当若是矣。乃臣今岁蒙恩起用，备员管理，则见上年之黄册犹有未到，今年之册解十不二三。勤惰不同，闻见迥异。

① 华：当为"猾"字之误。
② 未：疑为"来"字之误。

查钦限既已愆期，闻各官尚多慢令，臣诚窃有大不安于心者。臣等随即移文南京户部，查照节年题准事例，严行催督。臣每遇各省直官吏人等间以他事至京，与臣相见，必问其该省黄册完否若何？则或对曰："故事尔，尚未动头。"又或对曰："故事也，今方起手。"及询其该省管册之官，则往往又有升迁而去者矣。臣闻人言，不胜惊骇。窃念赋役黄册，乃备载天下田土、人丁之数。税粮曰赋，盖取诸田土；征徭曰役，兼取诸人丁。官司视此以派征，百姓视此以输纳。其关系不为不重。迩年以来，管册科臣条奏申明，慎简贤能，省司佐一人，每直府佐一人，□名题请，给与敕书，专理册务。其责成不为不切，乃各官尚称沿袭旧套，视若等闲，完解逾期，因循自若。臣不知敕书之所以专责者何如？该部之所以考成者何如？而各官乃敢违慢之若此耶！臣尝反覆思之，黄册不完之弊，其故有四：管册官之以传舍视衙门也，州、县委官之贪贿迁延也，南京之威令不行于省直也，法令虽申而当事者未一着实奉行也。而总之则将一故事之心误之也。传舍视衙门，则受任之始便因循以待迁。既迁之后，束文书于高阁。带管者以非专责，代任者以非己事，而黄册遂无完日矣。是故，必停管册官之推升，而后册可完也。委官贪污，则查比之际，惟利纸钱之入，而□究册务之完。延一日则得一日之利，延一岁则得一岁之利。里书缘以为奸，黄册因之废阁。是故，必惩委官之受贿，而后册可完也。威令不行，人无顾忌。此见以为国家之钜典，彼见以为案牍之空文。抚按不以考成司、府，因而玩愒日复一日，年复一年。盖有今轮之黄册未解，而下轮之攒①造又及期者矣。是故，必重南京之事权，而后册可完也。科臣建白，户部题覆。住俸问罪之例，非不屡屡申明也。然自题准以来，黄册之不如期者多矣。住俸者谁乎？问罪者谁乎？此虽有参究之名，而无参究之实。彼虽有违误之失，而无违误之罪。间以为常，恬不畏惧。是故，必着实举行住俸问罪之例，而后册可完也。臣又惟责成切，而后人有所恃循；事权重，而后人有严惮。查得京官注差，若太仆寺之马政，少卿、寺丞，皆奉有敕书行事。以故，各省直官员虽在辽远，亦知畏□□。大查黄册，臣等虽有管理之责，而权力不能行之于外；虽事终复命，而原未领有专敕，可以为告成之据也。以故，题请虽勤，而人不知畏；法令虽申，而人不加饬。查驳徒严，造报多慢。且今管册司、府等官，亦经请给敕书，以示专责，臣等奉命大查，又属册务大弛之后，非得纶音严敕何以督率群工，儆惕中

① 攒：手抄本误写为"撵"，据影印明刊本改。

外？如臣之见，欲乞皇上，敕下该部，比照马政事例，于大查黄册之年，题请敕一道，查将各年奏准事理，备载敕内，严行申饬，赍付臣等管理□。臣与同添委道部诸臣，钦遵行事。查完之后，遵照旧例，臣与管理部臣赴京复命。□□□□□□□□□□□□□□□□□□□□□□虑驳册难完。造缴之后，易生□□，则请比照南京营务事例，给与传敕，永为遵守。十年大查，另请换给。斯则天威具严，臣等畏此简书之重，自不敢萌苟且之念，而中外臣工□扬新命，亦将夙夜趋事，而无复敢有后期者矣。此又振颓敝、重版籍之一大机也。然非臣之所敢，必也。至于各处黄册，虚文搪塞，习以成风，容臣等今次严加查核。苟有见闻，条列上请。不敢沿袭旧套，虚应故事，以负任使。其见在未解各省直查违，钦限已越半年，管册诸臣通应住俸，并乞敕下该部，移文各该抚按，严行所属，住俸督造，勒限完解。近者限七月到湖，远者限九月到湖。已解在道者，严并批回，不得宽纵。若州、县册完，而该府耽阁，咎在该府。该府册完，而布政司耽阁，咎在该司。司、府因循，抚按参劾。抚按宽纵，臣等查参。臣等又查得隆庆六年分黄册，如山西代州、繁峙等州、县，经今十年，尚未解到。若不重加惩究，何以大一统而昭□□？亦乞敕下该部，严行彼处巡按，查将先后接管官吏提问究罪。仍行补造，以备一轮之册，以示□外□□。臣一介草茅，重荷收录，使臣以故事视臣职，是苟禄也；臣知其故事之敝而不以闻于上，是负君也。苟禄、负君，罪孰大焉？一得之愚，辄有论奏，亦愿皇上申饬该部，俾无以故事视臣奏，则各省□①诸臣，当终不敢以故事视版籍，而臣亦得□勉报效，以逭苟禄、负君之咎矣。臣无任激切、悚惧之至。缘系册□□②解愆期、有司玩视故事、恳乞圣明及时申饬、振颓敝以重图籍事理，为此，具本谨具奏闻。奉圣旨："户部知道。钦此。"该本部覆题，看得南京□③理黄册给事中余懋学奏称，"赋役黄册备载天下田土、人丁之数，为钱粮、徭役之准，关系甚重。各省直造册官员视为旧套因循、不行完解者，其故有四：乞要停管册官之推升，惩委官之受贿，重南京之事权，严住俸之事例。及要比照马政与营务事例，请给专敕，传敕以永遵守。其见在各省直造册违限官员，通行抚按司道，住俸督造。又称山西代州、繁峙等州、县隆庆六年分黄册，经今十年，尚未解到。严行彼处巡按御史，查提接管官员，追究问罪，补造以备一轮全册。"各一节，为照

① 缺字：似为"直"字。
② 缺字：据上文，当为"务完"二字。
③ 缺字：当为"管"字。

黄册备载天下户口、田粮，军民灶匠之区别，民生物产之登耗，皆系于此。册籍明，则额税之输纳，差役之审编，里甲之更番，田土之推收，皆可按图而指掌。册籍紊，则奸民豪户诡寄、飞走、隐瞒、脱漏、埋没军伍匠役、那移里甲贫富，遂致坏法而殃民。故《禹贡》则坏①赋于中邦，《周礼》登民数于天府。盖国家之命脉，政事之根本，非细故也。今制十年一大造，内有科臣部臣以董其事，外有司、府等官以专其任。册完解京，复行驳查，以清奸弊，而正讹谬。其事体之慎重，既为详密；题覆之申饬，不啻再三。乃各省解册尚尔因循，视为故事，不肯完解，则中间田粮、里甲或有变化作弊，与老册旧规大有异同者，何凭稽查？推原所由，盖以经②官员勤敏廉干者固多，而贪贿迁延者亦有。且或迁转不常、交代数易、迟误违慢者，虽有住俸罚治之例，未实举行。又，科臣部臣未领敕命，则事权不重，而人不知警。此法虽严，而玩愒如故。今科臣深究弊源，力图振刷，请给敕命，以重事权，诚于民生国本深有裨益，相应依拟。恭命下本部，移文内府翰林院，将南京管理黄册科印③诸臣，比照马政及管务事例，撰给专敕一道，开载一应督造事宜，与节年题准事例，咨送兵部，差人赍付各官，钦遵行事。事完之日，赴京复命。□有定期，而驳册迟速不等，须再给传敕一道，付接管各官，以便查催行事。十年再造，专敕另行撰给。至于责委任，停推升，惩贪贿，住俸问罪，悉照本部原题事例，行各该抚按着实举行，不得仍前虚应故事。其各省司、府、州、县造册各官，有违限未解者，通行住俸，严限督造完解。已解在道者，严行比并掣取。批回获日，方准开俸。未完黄册，通限本年十二月内，解部送湖。如州、县册已解府而府有延阁，府册已解司而司或愆期，则罪坐所由。若抚按官有市恩宽纵者，听该科查参。至于山西代州、繁峙等州、县隆庆六年分应造黄册，延今十年，尚未解到，尤属怠玩故违，合行彼处巡按御史，接管官吏问罪补造，勤④限解京，以备一轮全册。庶法令之申饬以权重而易行，积弊之因循因惩创而有警，版图咸正罔缺，而赋役均平无累矣。伏乞圣裁，谨题请旨。奉圣旨："赋役黄册系国家重务。该司、府官员漫不经心，迁延推诿，致滋奸弊。管理科道等官给与敕，遵照节年题准事例，督造查催。有故违的，参奏处治，其余俱依拟。钦此。"

① 坏：应为"壤"。
② 此处，似漏一"管"字。
③ 印：似为"部"字之误。
④ 勤：当为"勒"字之误。

十月，南京户科等衙门管理黄册给事中等官臣余懋学等谨奏，为土司誊申改隶构隙可疑、恳乞圣明俯赐勘究以靖遐属以正版图事。佳①南京户部四川清吏司手本，为暴横孽属沦蔑太祖成规、变乱朝政、擅改版册、恳祈大振乾纲、严拿究正以警叛逆以免驳累事，奉本部送据四川酉阳宣抚司申前事大略言，本司所属石耶洞，每年大造黄册，俱由本司类造。今被杨正魁擅违成规，捏写重庆卫衔头解赴。布政司核实驳回，仍被正魁故违，不服造报。本司遵奉布政司信牌，差目把杨秀忠前去石耶催造，被将秀忠夹打，扯毁公文。申蒙巡抚张都御史、巡按宋御史批行石耶，遵照大造黄册一应文移，照旧系于酉阳宣抚司之下取结，转报。屡行正魁，抗违不服，又经申蒙巡抚孙都御史、巡按宋御史批行督册王参议，行委南川县典史龚仪，亲请石耶省谕。正魁扎兵挟制，面骂委宫②："有你这吏员出身典吏，岂足挂齿！就是巡抚来，也不过如此！怎磨得我甘结黄册，怎肯输造。"等语。委官见势凶狼③，只得退回，呈报申乞，照详移咨抚按，转行布政司并当道衙门，差委廉能重职，亲诣石耶，行拿杨正魁，正法究罪，取具输结。遵照成规，仍属本司责令，将该司黄册造同本司忠孝等一十一里黄册，类解本布政司钤印，解缴南京后湖。如杨正魁故违，私擅改隶，先行赍解，乞行后湖严查。自洪武迄今，节解垛册，比对驳回，依律究罪改正，等因。到部送司，备行到湖。臣等见之，不胜骇异，随揭查石耶洞长官司黄册，自永乐十年，至隆庆六年，凡十七垛，俱系属酉阳宣抚司，与该司所申无异。为照版籍不可以轻紊统属，岂容于擅更？今石耶长官杨正魁乃敢妄萌非分，不守成规，耻于服属酉阳，辄欲直隶重庆。抚按不能节制，委官受其欧④辱。信如该司之言，则方今一统全盛之时，岂宜容此孽徒作奸犯法，致长乱萌？第止据一面申词，未详彼中的实，衅匪无自，斩⑤不可长。臣等欲俟彼处黄册解到，方行具奏驳回，恐旷日弥久，情隙弥深。事关版图，难容玩拒。伏乞皇上，轸念土司重情，敕下该部，查行该省抚按，速将该司所申事情，严加勘究。如果正魁屡拒不服，即治以悖逆之罪；其或该司妄腾申报，则诘其起

---

① 佳：应为"惟"或"准"。
② 宫：当为"官"字之误。
③ 狼：当为"狠"字之误。
④ 欧：当为"殴"字之误。
⑤ 斩：应为"渐"。

衅之由。仍亟檄召二家,示以上下之分,不容越天朝之法,不可干即彼此,或有互构之嫌。而黄册决无改隶之理,速照旧规,类造解进。一应统属文移,悉遵国初定制,不得一毫变乱。解争释忿,世世相安。其或疾储不已,稔恶如初,则国典具存,王法无赦。轻则削夺,重则剿除。抚按官悉心谘画,勘明具奏。无忽履霜之防,务图桑土之策。庶几处置得宜,土司帖服,版籍既正,而地方亦永有赖矣。缘系土司腾申改隶、构隙可疑、恳乞圣明俯赐勘究以静①遐属以正②版图事理,为此具本,谨具奏闻。奉圣旨:"土司管辖,国初已有定制。杨正魁如何捏写卫分,抚按官亦不行参奏,且不究。石耶土司,照旧例酉阳宣抚。如再抗违,重治不饶。该部知道。"

十月,南京户科等衙门管理黄册给事中等官臣余懋学等谨奏,为条议大查事宜以裨册务事。臣等奉命管理黄册,连日过湖,更翻查阅。窃见册以地殊,弊以册异。习既久而难变,人率玩而弗从。苟非大破拘挛,一洗旧套,徒致详于点画升合之微,而弗究夫传讹袭罔之弊;是彼中之造报者固为虚文,而臣等之查核者亦为塞责。版图何赖焉?庸是不避琐屑,谨以见闻所及,条列数事,上尘圣览。伏乞敕下该部采议,转行臣等施行。其于册务,未为无补。缘系条议大查事宜以裨册务事理,为此,具本谨具奏闻。

计开:

一、核故册。臣等窃见,今次各处解到新册,查与上轮旧册相对,有户口、事产、收除、实在,全册相同、一字不易者。盖因彼处官吏、里书习于常套,止将旧册照式抄誊,苟且了事。其彼中催征编派,则另有实征文册,与见解黄册大不相同。夫人户以籍为定,若上下异册,是文具也,焉有版籍而可以文具为首?况今值大丈之后,户口、田土从兹一新。合无今次大查,遇有抄誊旧册者,容臣等驳回该县,查将彼中见年实征文册,对款核实另造。要见某户先年有何事故,今实征何人顶允③;户内原报人口若干,今实征人口若干;原报事产若干,今实征事产若干。以旧册所载者为旧管,以实征所载者为新收,以旧册当豁者为开

---

① 静:据上文,当为"靖"字之误。

② 正:手抄本误写为"重",据影印明刊本改。

③ 允:疑为"充"字之误。

除，以实征见在者为实在。务使旧册与实征相对，实征又与黄册相合。备造明白，定限解湖。庶几册为信册，而不徒文具矣。伏乞圣裁。

一、豁免户。臣等窃见，各处解到黄册开报人户中，有事产、收除俱无，而实在人丁项下又开本身故绝者。此绝户也。此等绝户，彼处官司惮于申豁。以故，册中不敢开除，节年造报徒淆耳目，无补实数。合无今次大查，遇有前项人户开注故绝者，容臣等驳行彼处官司，严加核实。除军、匠二籍仍弃原户以补稽考外，其余系民户者，查果故绝，即便备开明白，登注驳册，解报本湖。俟下轮造册之时，即将此等人户，列于开除之下，不复造入实在之内。以后黄册，永为开豁，不复列造。庶几册籍一清，而人口不复淆杂矣。伏乞圣裁。

一、核诡丁。臣等窃见，各处解到黄册开报人户，多有年至百岁以上者。即如扬[①]州府兴化一县，百岁以上者至三千七百余户，内有人无产者又二千九百余户。夫事产既已报无，而人岁又多过百，是并人与土而俱无之。此所谓诡册也。此等诡弊，皆由官司狃于故常，不复致察，名存实亡，殊非圣明慎重版籍之意。况田粮既已清丈豁除，而丁口安可沿旧耆报？合无今次大查，遇有前项人户捏报老丁者，容臣等驳回波[②]处，查将见报百岁以上诡丁，尽行除豁。仍于本户内审其见在正丁若干，从实开报，不许隐匿。以后造册，但有捏报老丁虚文搪塞者，造册官吏各以欺罔论罪。庶几丁无虚冒，而官司有所稽核矣。伏乞圣裁。

一、核科则。臣等窃见，今次各处解到黄册，多有概称官民一则，田地若干，通计麦米若干，而不明述起科则例。以故，查阅之时，无从磨算。臣等查得先年洪武初册，每县田土，俱于册首备开，某田若干，科麦若干、米若干；某地若干，科麦若干、米若干。山塘[③]等项亦然。迄今二百余年，科则历历可据。今如各处所报，则官民既无差等，而科则又复不明，恐册由是蠹，而弊从此起。合无今次大查，遇有前项官民一则混列不明者，容臣等驳行该县，备将前后起科则例通行查出，要见该县原额田土若干，麦米若干。内某田若干，科麦米若干；某地若干，科麦米若干。今清丈实在田土若干，有无奏请，奉何明文，混为一则。每亩见在科麦米若干，民麦米若干，丝茶等项若干，逐一分别明白，备造文册，解部送湖，以便稽考。庶几税粮有所查核，而奸滑不得隐瞒矣。伏乞圣裁。

---

① 扬：手抄本误写为“杨”，据影印明刊本改。
② 波：当为“彼”字之误。
③ 塘：手抄本误写为“糖”，据影印明刊本改。

一、省驳册。臣等窃见，上年驳出各处黄册奸弊，俱本湖备造手册，钤送南京户部，转发彼处官司，照款登答，另造文册，解报户部，转送过湖，以致各处官吏、里书复指驳册为名，科派纸张，累及小民。且造报之时，又多有脱漏、原驳人户不行登答及字画差讹复行重驳者。是以新册及时，而驳册未到，往复愆期，事体未便。合无今次大查，驳出各册奸弊，容臣等督令书役，备造文册，逐款开立前件，空书其下，或三行，或五行，钤盖完备，送过户部，转发彼处官司，查核明白①，即于原册前件之下从实登注。完日，差人赍缴，解部送湖。不必另造驳册，致兹民扰。庶几官无科派之烦，而民省重驳之累矣。伏乞圣裁。等因。奉圣旨："户部知道。钦此。"

随该户部尚书王□□等覆题，看得南京户科给事中余懋学等条议核故册等五事，中间厘革相沿之弊，求成画一之规，深于册务有裨，相应议拟，开立前件题请，恭候命下之日，通行各该抚按衙门，转行各司、府、州、县，一体遵奉施行。奉圣旨："依议行。钦此。"

计开：

一、核故册。

前件，臣等看得黄册十年一造，中间人丁、事产必有推收过割，多寡自与前次不同。缘各该有司另造实征，以为赋役科则，而黄册则只凭里书抄誊旧底，以应虚文，致使上下异籍，虚实混淆，殊非政体。况今丈量初更，尤当核实正始，以为后日之据。合无依议，通行申饬，今后解至新册，但有仍前抄誊者，悉听该科驳回另造，务与见年实征，逐款查对的确。其旧管、新收、开除、实在，悉如该科所拟。俾消长盈虚之数，较若尽一，视如指掌。仍照地方远近，勒限解湖。庶版图不致谁伪②，而万世可为信征矣。伏乞圣裁。

一、豁绝户。

前件，臣等看得黄册十年一造，中间户口有逃亡，人丁有消乏。此理势之必然者。缘各该有司恐失旧额，故凡绝户，只于实征册内开除，而黄册则仍存户籍。此名有而实亡者，委宜查豁。合无依议，今次解册，但有田产已尽而户籍虚存者，悉听该科驳行彼处官司，逐一查核。除军、匠二籍仍存原户以备查考，一切民户，果系故绝，明白填注，俟下轮黄册，即

---

① 白：手抄本误写为"曰"，据影印明刊本改。

② 句中疑有错字。

作开除。庶造报者不至混淆，而管册者易于查核矣。伏乞圣裁。

一、核诡丁。

前件，臣等看得，大造黄册，正以户籍有逃亡，人丁有消灭，故立开除、实在之法，以稽奸诡、脱漏之弊。今各处造册人名，查有百余岁者，此老丁也。田产无而人丁在者，此贫丁也。缘造报只凭旧册，是以讹谬，至于难稽。况今田粮既已清丈更正，人丁亦当据实开报。相应依议，凡解册开载老丁名存实亡者，悉听该科驳回，除豁改正，将见在正丁从实开报。其有贫丁无田产者，亦明注于下。若仍前诡名，虚文搪塞，听该科参究治罪。庶名实相应，而稽核有凭矣。伏乞圣裁。

一、核科则。

前件，臣等看得国初各省，官田起科原重，民田起科原轻。又，地势有高下，上①脉有肥瘠。是以，上、中、下科则不一，即《禹贡》则壤成赋之意也。若开载不明，轻重无别，则赋役不均，奸弊百出。相应依议，今后解册，但有混称官民一则者，听该科驳回查核，要见官民田地、山塘原额若干，起科麦、米各若干。其有前次等则悬殊、今次清丈更改一则、奉有明文者，亦要明开，与前册相合。庶无隐漏混杂之弊。伏乞圣裁。

一、省驳册。

前件，臣等看得，十年大造黄册，间有奸弊讹谬，势必驳查。但册籍浩繁，法难简便。一经驳查，或屡岁不到，即有解到，又或登答不照原行，仍复遗漏，以致再驳，则往返延迟，竟无完日。且恣里书之科害，无益典籍之稽查。今该科欲将驳回文册先立前件，空其后行，以便就款从实登注。其文移既省约而易行，其立法又详尽而无漏。相映②依议，通行遵守。伏乞圣裁。

万历十三年

八月，南京兵科等衙门管理黄册给事中等官臣钟宇淳等谨奏，为土司违旨构隙、乞赐勘究以正版图以杜乱萌事。据四川酉阳宣抚司为顽叛逆属藐法违旨、乞赐拯复以崇制度以安边夷事大略言：本司所属石耶洞杨正

① 上：应为“土”。

② 映：似为“应”字之误。

魁，以隶属宣抚司嫌其迫近，改隶重庆卫隔远，可遂其私，变乱成规，欺蔑法典。先经万历十年奉文大造黄册，正魁故违不服，具申南京户部，请后湖册籍查正。蒙本部四川清吏司手本，备送后湖查核。随蒙南京户科管理黄册给事中等官余懋学等具奏，为土司腾申改隶构隙可疑、恳乞圣明俯赐勘究以靖遐属以正版图事。奉圣旨："土司管辖，国初已有定制。杨正魁如何捏写卫分，抚按官亦不行参奏，且不究。石耶土司，照旧隶酉阳宣抚。如再抗违，重治不饶。该部知道。钦此。"该蒙户部咨行到省，行司钦遵间，正魁仍不肯服，冒行申扰。蒙本布政使司批委，坐镇指捏蹇遴，并重庆卫指挥苏兵、左维准亲往该司督造，方将黄册填写酉阳宣抚司衔头，仍不肯具结，反谓总志黄册，两无可遵。潜遣弟杨正敷并党陈天华等，欲行蓦奏，故违明旨，变①乱旧章。重庆卫指挥刘光先希②图趋利，□受隶属，均为有罪，等因。并画图贴说，具□到湖。臣等见之，深为骇异。为照版章定于画一，明旨昭如日星。石耶长官杨正魁始欲紊乱成规，已为犯非其分。既已钦奉明旨，乃敢复蹈前非。蜂虿有毒，古人善喻。信如该司所言，则正魁怙终不悛，法所不宥。第衅启有繇，事在彼中，未详的实。伏乞皇上轸念夷情，敕下该部查行。该省抚按速将该司所申事情，一一勘究。如果正魁执迷不悟，自干天谴，无所逃罪。其或该司妄行申报，亦严为诘责。重庆卫指挥刘光先有无受其贿嘱，擅为改隶，仍檄示申饬，使知明旨，决不可犯旧章，决不可紊册籍，悉遵国初定制。敢有变乱者，一以法从事。其或冥玩稔恶，则国典俱在，孰敢奸之？轻则削夺，重则诛剿。无纷扰以多事，无如③息以养乱。抚按官悉心总画，勘明具奏，务使处置得宜，土司帖服，以杜奸萌，以消隐患，则溪洞蛮夷闻风喙息，版章定而远人安，地方可长无事矣。奉圣旨："户部知道。"

万历十四年

二月，南京户科等衙门管理黄册给事中等官臣王嗣美等谨题，为册解未到、有误大查、恳乞圣断、俯赐查究承造怠玩官员以重版籍以明法纪事。且天下有视之若甚缓，而实关国家根本之重虑者，黄册是

① 变：手抄本字被圈，据影印明刊本补。
② 希：音义均同"希"。
③ 如：应为"姑"。

也。盖黄册之设，专载民数，而凡天下户口之增损，田产之盈缩，赋役之繁简，皆于此稽。我朝赋役黄册，每遇十年一造，解赴后湖收藏，期限不过一年。中间人丁、田产、粮税于旧管有不合者，许管册官严加驳查。其有差错、埋没、诡寄、隐漏等弊，究罪期限不过五年，管册官亲赍复命。此载在令甲，不可易也。然必一年之册解已完，而后臣等之驳查也有所据。又必驳查之回答已完，而后臣等之复命也有其期。若违慢玩愒，忽视民数，如云南一省者，臣等安得坐视而不为之言耶？臣等钦奉敕命，管理后湖黄册，夙夜兢惕，惟恐无以仰答祖宗立法，与我皇上委任责成之意。履任以来，即督同在湖应查员役，一一清理。看得万历十年黄册，各省俱已解集，惟云南未到。臣等以为滇南隔在数千里外，途路视他省为独远，若再假时月，陆续能至，是以可原。今且为万历十四年矣，逾限期者，又二年矣，此时尚无一字之至，不知臣等何时驳查，该省何时登答，版籍何时完结也。且黄册之重，昭如且①星，天下臣工罔不知之。滇南虽远，非正朔不及之地。若承造官日夜督催，即迟至二年内，亦可解完。顾②违误期限，迟迟至今者，盖钱粮不完，该管上司必戒饬之，参论之。轻则住俸改调，重则降谪罢斥。故所重所急在彼。至于黄册，法令虽重，人皆视为泛常。该管监司将历来题准事例着实举行者，十无二三，以致府、州、县官恣意迁延，罔肯上紧催督。偷惰成风，法纪日坏，盖非一朝一夕之故。而云南则其尤甚者也。臣等执掌所关，且大查甚亟，若不蚤为申请严催，万一违慢愈久，册竟不到，则临渴而后掘井，晚矣；失楫而后求瓠，迂矣。瘝官旷职之罪，臣等夫复何词③！伏乞敕下都察院，转行云南巡按御史，文移到日，即严行督册官，将按属地方经管官吏，提问如律。仍严立界限，作疾起解赴湖，以便清查。如再迟违，许听臣等查参重究。庶臣上④知警而册籍得以蚤完，民数有稽而奸伪可以尽革，一统图籍之全，万年根本之盛，将超古今而独隆矣。臣等无任激切、恳祈之至。奉圣旨："都察院知道。"

万历十□⑤年

□月，南京户科给事中吴芝鹏题，为及时修理册库、定期

---

① 且：似为"日"字之误。
② 顾：手抄本缺，据影印明刊本补。
③ 词：似为"辞"字之误。
④ 上：似为"工"字之误。
⑤ 缺字：据上下文，似为"五"字。

限、议经费以重图籍事。仰惟太祖高祖①帝定鼎金陵,贮天下图册于后湖,而又事为之防,以杜其窥伺。列圣相承,日益综理。其慎重之意,良亦至矣。故各处版图虽多残缺,而取征纳册尤为独全。去岁,江西九江府湖口县禁江渔课向被兵燹,失去册籍,遂致隔县势豪侵占入己,贻累韩尚义等连年陪办。比及给文查册,昭然散见于册中。即此可见圣祖之深谋睿算,迄今不能逃也。臣以非才署管其事,目击心忧,岂敢缄默,谨为陛下陈之。切照洪武年间始造黄册,建立册库。自后,黄册每十年一造,则册库亦十年一建。由今日而溯至洪武十四年册库,盖以六百零七间矣。为数既多,历年又久,非彼处之倒塌,则此处之倾颓,势固使之然也。况每库间架势相连,万无少间断。一木蠹则牵及一架,一墙倾则牵及一间。若月复一月,而已坏者未修,则年复一年,而续坏者愈众。万一全库俱倾,则此十年架册六万全本何从安顿?其不为风雨之所侵湿浥烂者,鲜矣。是岂可不预防而曲处乎?臣自十五年四月署管以来,看得册库之应修者,有洪武十四年北库及二十四年南库,有永乐元年南库,有景泰三年前库,有天顺六年南库,有成化八年前库及成化十八年之前、后库,有弘治十五年西库,有正德七年东库,有嘉靖四十一年东库。或梁析而柱杇②,或脊崩③而架倒,或因土虚而□之倒塌,或因久雨而盖瓦之渗漏,甚有倒至二间,莫知其所终者。虽行文工部,先后不等,然查有报自十二年六月内者,则及今犹未修也。大率留都修理,往往视为不急之务,故视后湖亦若此耳。或有谓该部修理动用钱粮,凡百两以外,必待题请,往返不无耽延。又谓商税木料则例,折色多而本色少,一时不得完备。是必有所据矣。但天下之事,因其将弊而改作之,则费省而功易成;待其大坏而撤新之,则费广而力难举。且钦定过湖日期,每月不过六日,少挨一日,便是一旬。若不预为区处,则工料、夫匠安得临期毕至,而振起其因循之故习哉?顾臣一得之愚以为,事必有期限而后人情不弛,用必有措处而后经费不乏。合无自今以后,每遇册库圮坏,俱以本科行文之日为始,通限一年以里修完。如有违误,许臣参奏,以听上裁。又恐该部钱粮或有不足,查得本湖递年驳册赎罪银两,见贮应天府库,除存留本湖查册公用、给散书手、库匠工食外,相应量议动支,协助其十分之三。庶造作有限则功可速成,财用有经则事可就绪。即商税不敷,立可买办,而随坏随

---

① 祖:当为"皇"字之误。

② 杇:查无此字,似为"朽"字之误。

③ 崩:手抄本作"𡾟",查无此字,据影印明刊本改。

修，必不积至百两之外，重烦题请之费矣。其于祖宗慎重册籍之意，岂不永有赖哉？伏维圣明，俯赐采择。乞敕工部，转行南京工部施行。奉圣旨："工部知道。钦此。"钦遵。

万历十六年

□□，南京户科等衙门管理黄册给事中等官徐常吉等谨题，为补造虫注[①]黄册以便清查以革奸弊事。窃惟国家重民，收天下图籍，贮之后湖。设有专官，督率监生、吏书、库匠人等，逐日晒晾检阅。虑有残蚀，吏得夤缘为奸，每查其间虫蠹，随请补造，循习至今，永为成规。臣等接管，常川督令诸役晒晾装钉。除旧册字迹未磨可备查理者不开外，查得隆庆六年及万历十年分南、北直隶并湖广等布政使司所属府、州、县等衙门中间虫注坏册，逐一检阅，有十注七八者，有十注四五者，或久注而纸如蜓行者，或新注而虫丝相连者，触手即碎，开卷辄黏。切照洪武、永乐年间老册，经今二百余年，纸张壳面尚多如旧，未有虫蛀如此其甚者。盖因先[②]年攒造如法，纸张无粉，堪以久贮。近年，经造官员不行用心督造，在[③]凭吏书、里老人等冒破工费，故事塞责。纸张不经捡选，壳面不用取矾，故不待数年，辄生虫蚀，以致亥豕[④]不分，甲乙莫所，都图丁产，无凭查阅。及今不行补造，岁月既久，该省、府、县底册浥烂，则十年丁口、田地开旧收新，千百弊孔，无从稽核，匪细故也。伏望皇上轸念版籍重务，乞敕户部，转行南、北直隶并湖广等布政使司，各将后开府、州、县所属乡都图分虫蛀黄册，逐一照数补造。自文书到日为始，除水程外，定限半年以里造完，磨对无差，用印固封，解送南京户部，转送后湖验收。备行各该省直巡按御史，通将经手造册员役，除官吏事故外，其见在造册里书，查提问罪，以警将来。仍行各该布政使司管册官，严督各府、州、县掌印官，查照节次奏行事例，不许仍用粉饰纸张补造，苟且完事。违者，听臣等指名从重参究。臣等再查得嘉靖十一年分广西布政使司柳州府柳城等县、嘉靖二十一年分广西布政使司南宁等府宣化等县、嘉靖三十一年分湖广等布政使司长沙府临武等县、嘉靖四十一年江西布政使司抚州府金溪县黄册，被虫注坏。隆庆三年，先该南京户科给事中张焕等，节经题催补造。去后，至今年久，尚未解

---

① 注：当为"蛀"字之误。下同。

② 先：手抄本误写作"老"，据影印明刊本改。

③ 在：似为"任"字之误。

④ 豕：手抄本误写作"承"，据影印明刊本改。

到。参照各府、州、县督册官员蔑视图籍,不行催并补造,致使版图阙略,无凭查理。若再延捱,遂同湮没。伏乞敕下户部,转行都察院,备将后开各府、州、县迟违册籍,通行各该巡按御史①,转行督册司道并府、州、县等官,严限查催解湖。如依旧故违,并听臣等查参重究。庶版图不致废缺,而奸弊永革矣。缘系补造虫注黄册以便清查以革奸弊事理,为此,开坐具本,专差办事吏谷声远赍捧,谨题请旨。奉圣旨:"是。"

万历十七年

六月,南京户科等衙门管理黄册给事中等官臣徐常吉等谨题,为预建黄册库房、慎重图籍事。臣等照得,后湖册库,自洪武十四年起,至万历十年止,每遇十年一次大造黄册,俱预期盖造册库三十间,以备收贮。查得万历十年大造黄册,预于万历七年具奏,起盖册库。今照得万历二十年复该天下司、府、州、县等衙门大造黄册解湖,其贮册库房相应照例先期盖造。况今后湖新洲该建册库处所,四旁草木茂盛,湖水浸刷,剪除拦砌,工程浩大,尤须预先开荒整理。伏乞敕下工部,转行南京工部,查照往年事例,委官带领匠作人等,过湖相勘,并议处一应合用物料、夫匠等项,盖造册库三十间。及查洪武等库册架披垫板木,并沿湖石砌堤岸,年久,俱各朽烂崩坏。迄今建造册库,相应并行修理。庶不临期有误,册籍其有赖矣。再照册库,每座必三十间,每间必十余檩,非筑杵固则基址不坚,非材木真则易致虫蠹。况建之湖中,物料颇难于搬运;出自官造,淹久恒至于怠弛。兼以督理接管不常,夫匠更换不一,推诿最易,责成颇难。往往筑造不精,倾圮相寻,告成甫毕,报坏接踵。或一墙一磉下陷,致将一间牵倒;或一梁一柱蠹朽,致将全库摇动。当此之时,欲止补其坏处,则牵摇者势不耐久;欲尽修其全库,则新建者理难更造。以此随修随坏,迄难经久。东柱②西撑,率无完库。劳而无绩,费而无补,皆因初工不慎,责成不严所致也。假如初建官匠,各矢心著实,如民间自己盖造房屋,纵湖中水气蒸湿,人烟隔远,易于损坏,则以必可以延数年之久,何致方完而即坏。如此,则更乞敕下该部,今次造作册库,将督工官员并应役匠作,逐□③刻名于原造库柱。定限或五年,

---

① 史:手抄本误写作"使",据影印明刊本改。

② 柱:疑为"拄"字之误。

③ 缺字:当为"一"字。

或七年，必出限无坏，方与原修官匠无干。如限内有前项损坏者，明系经管经手人员不行用心如法盖造。不论官匠，一体依律问罪，仍量责令赔偿修理。夫如是，庶罪既有所归，则工必不敢易。此亦慎重图籍之急务也。缘系预建黄册库房、慎重图籍事理，为此，具本专差办事吏韩学赍捧，谨题请旨。奉圣旨："是。"

万历十八年

四月，南京户科等衙门管理黄册给事中等官臣徐常吉等谨题，为查催驳语黄册事。臣等管理后湖黄册，案查先为清理黄册事，该管后湖南京户科等衙门给事中等官余懋学等，将各省解到万历十年分赋役黄册，遵奉钦依事理，会同道部等官清查，驳出奸弊，造册奏缴，并候命下，驳行各该原造衙门，遵照节次奏准事例，照款改正。自驳回之日为始，除水程外，定限半年以里造完，登答驳册，解送南京户部，转送后湖填注，以备新册到日查对。今查得应天并直隶苏州等府，及浙江等布政使司各所属州、县万历十年分驳册，至今尚未解到者有之，其全省未到者有之。即今天下又该大造期近，驳册未到，新册何从查对？事属有违，合当参究。切照版图乃国家重务，祖宗所以综理防范者，其法甚严，而其念亦甚切也。今各该有司慢不加意，纵容吏书延捱作弊，故违钦限。若不严加惩治，无以警戒将来。伏乞敕下户部，转行都察院，通行各该巡按御史，即将后开故违接管承行有罪掌印官员，并各吏书人等，提问如律。仍行督册等官，严督有司，作急造完，星驰解送南京户部，转送后湖，收查填注，以备查对。如再仍前延缓作弊，听臣等指名通行参究罚治。庶司、府有所警戒，而图籍永赖矣。缘系查催驳语黄册事理，为此，具本。

万历十八年

四月，南京户科等衙门管理黄册给事中等官臣徐常吉等谨题，为申严赋役黄册事例以慎攒造以重图籍事。臣等管理后湖黄册，窃惟国以民为本，民以籍为定。如册籍之造弗慎，则赋役之派弗均，豪强得计，良弱受害。民生之凋疲，国计之亏缩，恒必由之，诚非细故，不可以慢而忽之者。我祖宗立法定制，天下黄册，每十年攒造一次，依限解送后湖查理。其变乱、埋没、飞走、诡寄等奸弊经该官吏、里书、算人等，俱定有罪名。条例甚详，法禁甚密。又历经该部，查将册式并一应合行事宜，刊刻榜文图册，预期给发所司。良法□意，固已详悉，宜当遵行，而不可易者也。奈何人心玩愒，视黄册为泛常，因循废弛，弊端丛出。有所谓那移户口者，或将一甲人户编入二平①之内，或以赵姓丁口混入钱氏之门，搀越夫次，难于查理。有所谓飞诡田粮者，田巴②尽而粮不为之开除，户称绝而田即注以荒芜。以致解册愆期，或州、县稽迟未行解府，司、府停阁不行解部，故违定限。如此情弊，丝棼毫发，难以枚举。揆厥所由，盖以大造之年有司不行用心督理，任凭里书作弊。是以前解黄册，遵违莫一。如北直隶顺天等府大城等县，南直隶凤阳等府宿州等州赖上等县，俱不遵原降册式造解，字迹潦草，行款参差，册内又不开造奉例，均丈声说，朦胧造解。宁国府南陵县册内行款，俱只字单行。其山西、河南、陕西三省合属太原、开封等府阳曲等县册本，亦不遵式。广西布政司所属桂林等府全州等州临桂等县，及湖广岳州府华容县、宝庆府邵阳县、长沙府益阳县、郴州并所属永兴等县，纸张一薄，兼之粉饰，易为虫注③。此非黄册之法不善，皆④各处承造者之罪甚，非所以尊一朝廷重图籍也。虽屡行参究，而故习不悛。况万历二十年又该天下大造黄册之期，若不预为申饬，何以警戒将来？伏乞敕下户部查议，预将原定册式，并合行条例事宜，逐一通查，刊入事例榜内，先期差人赍去。各该司、府翻刻，给发所属，查照攒造。推选廉能公正、年力精锐官员，专董其事。各该司、府、州、县掌印官时常提调，仍行各处抚按，严督管册等官，亲临比较。文书到日，即令里书先将万历十年改⑤正实在，照册抄誊，交与监造官员收掌，以为今次旧管。后取各户亲供，除军、民、匠、灶等户照旧详开外，其余自万历二十年为止。或有新报人丁及置买事产，即开于新收项下。或有事故人丁并卖出事产，即开于开除项下。收除既明，未⑥总仍结一实在。务总撒相合，字样真楷，纸张坚白，册本如式。不许积年人役包揽，以肆科求十，不得滥委贪懦无为、衰老官员管理，以滋弊端。其黄册造完，查果无弊依限，用印封固，起一则⑦京户部，转送后湖收查。若督册提调监造官员有能依期

---

① 平：似为“甲”字之误。
② 巴：似为“已”字之误。
③ 注：当为“蛀”字之误
④ 皆：手抄本误写为“兼”，据影印明刊本改。
⑤ 改：手抄本误写作“吃”，据影印明刊本改。
⑥ 未：应为“末”。
⑦ 起一则：疑为“赴解南”三字之误。

完解、获有批回者,各抚按官量加奖赏,具奏旌擢。过限不完者,即将俸粮住支,仍重惩经该里书人等,监并的亲家属,勒限完报。如此,庶官有劝惩之典,人有自新之效,奸弊□①以杜革,册籍得以早完,而于造、解、查、贮均为实用矣。臣等不胜惓惓、仰望之至。缘系申严赋役黄册事例以慎攒造以重图籍事理,为此,具本。

万历二十年

正月,南京户科给事中臣郝世科谨奏,为时值大造、积弊当厘、敬陈税契末议以塞贪窦以一法守事。臣待罪计垣,专版籍之司。近兼署后湖,有督册之寄。惟是万历二十年,正天下大造赋役黄册之期也。遵奉钦依,凡一应丁粮之飞诡、户口之那移与军匠之漏脱、都区之虚实,皆臣之职掌所得而兼核者。第先后科臣条议已悉,可勿再赘。触目激衷,独有税契一节。名为国课,而实润私囊;事属旧章,而害入骨髓。当此民穷财尽之时,戒吏惩贪之日,诚不忍坐视天下有此因循弊蠹,而不为更新之虑也。语曰:宽一分,则民受惠一分。况所宽者原无损于朝廷,而蒙惠者又不止于一分之利。臣请言税契之弊,而并及一得之愚,惟皇上其鉴察焉。内除在京县分并差重处所年年税契者应否照旧不敢概议外,窃见天下各府、州、县,每遇壬年开局,推收造册。民间有置买田地事产等项,例应过割入户。有司拘其文契,不论升合毫厘,片纸只字,俱尽数到官。仍查其契内所载价值多少,在各省直事例不同,有契价一两而税银三分者,有税银四五分者。纳银上官后,各以印信契尾给之。其所收税契银两,随其申报上司。截数起解府、司,转解户部,听备边之用。此税契之大略然也。查《会典》,亦未见开载详悉。顾其通行,亦既久矣。夫契在民间充栋,布散本甚浩繁,而价载契中,数目漫茫,亦从何究诘其拘契到官也?勿论穷年堆积,百姓守候奔走之难,而吏书则刁②有定亩者也,自可杜吏胥之生□;□□不□价,亩有定数者也,自能绝有司之横索。况□轻易举,既能藏富于民;而原额不失,又未损税于国。由一州一县以通于一省,由一省以通于天下,计节省闾阎者,诚不啻千百倍,而国计民生固两利俱得者也。是说也,臣加意□访,在两粤地方,间有行之,民极称便。而此外,则江南浙直以逮楚蜀之间,其大坏极弊,尤当急为厘正者。臣复再四思维,

---

① 此处原文为“革”字,又被墨笔圈掉,似当为“得”字。

② 此处疑有缺页缺字。

税亩之法，有谓本户自收，或不便于尽派，而惟此正可以消其花分之弊；有谓亩则不等，或不可以均派，而便民亦不必争利于尺寸之间。大要，税价不如税亩，验契不如验册。使朝廷无虚名而百姓蒙实惠者，其利害固较然也。抑臣尤有说焉。夫税契之设因于过割，而过割之例因于大造。其大造黄册，又必以十年为期也。今各省事体不同，十年一税者十之八九，年年俱税者十之二三。夫年年契税，则必年年推收。乱版册而伪户口，其滋弊亦有不可胜言者，甚非国家画一之制也。臣请敕下户部，详查议覆。如果臣言不谬，转行各□①按官，与同督册该道，将前议等事虚心讲求，酌量施行，一以贻便民之利，一以昭一体之法。庶足国裕民，惩贪恤隐，或亦少补于万一也。臣无任陨越，待命之至。奉圣旨："户部□道②。"

万历二十年凡四条③

四月，南京户科等衙门管理黄册给事中等官颜文选等谨奏，为大造届期、敬陈职掌、祛积弊以清邦本、查侵渔以裨国计事。洪惟圣祖开基，收天下图籍贮之后湖，设科部官专司其事，盖以民为邦本，诚重之也。十年大造，无或后期，缘民间之消长而核其实，即实在之数而定其征。此万世法守也。至于过割税契，下以便民间之推收，上以佐国计之万一，岂为有司充橐计哉？奈之何，时久人玩，法久弊生。既视黄册为虚文，如同敝帚；又视大造为奇货，或润私囊。臣待罪悬职者五年，抚膺扼腕久矣。迩者冒叨行取，拔置留垣，所职掌者后湖之册，所适遇者大造之期。敢因闻见之真，陈积习之弊，谨以四事上请，非敢冒昧塞责也。倘蒙圣慈俯赐，采纳施行，邦本国计幸甚，臣愚幸甚，等因。奉圣旨："户部知道。钦此。"钦遵抄出到部送司，案呈到部。臣等看得，南京户科管理黄册给事中颜文选条陈核丁粮等四事，内除稽查税契、先该南京户科给事中郝□□④题议前因、该本部覆奉钦依、通行各省直抚按官会议、至日另行覆□

① 缺字：似为"抚"字。

② 缺字：似为"知"字。

③ 原目录只到"卷之十·事例七·嘉靖四十一年"，此后文中记载显系另人后添。后添文中，有年份，多无"凡几条"。此处，前已有万历二十年正月一条，又出现"凡四条"，其实前后相加并不止四条。后又两次重复出现"万历二十年"字样。如此，可见编排之紊乱。此系点校，维持原貌，不作改动。

④ 缺字：据前文，当为"世科"二字。

外，其核丁粮等三事，相应开立前件，议拟上定夺施行，等因。万历二十年五月十一日，本部尚书杨□□等具题，十三日奉圣旨："依议行。□□。"钦遵抄出□□送司，案呈到部。合咨前去，备行到湖。烦□本部覆，□钦依内事理，钦遵查照施行。

计开：

一、核丁粮之实，以绝弊端。夫解部有黄册，则州、县有实征。盖据黄册之实而征之，此祖宗立法意也。今州、县如册派征者未必尽无，而实征之籍不同于黄册之数者十之八九。推原其故，以先年黄册既定，复听民不时推收，以致混乱。及至大造，既厌清查之难，又惧驳查之罪，委之积书誊旧塞责，遂成故套。臣闻江西安福县黄册，以一生员包揽，任意攒造。又查吴江等县屡次老册，竟无推收，安得与实征相同哉？今据江宁县呈详①黄册，实征不对，欲行改正，他县可推矣。此里书飞隐之径，贪污加派之窦也。查得隆庆六年，各州、县尚以实征文册与黄册并解，贮湖备查。迩来，渐致浸湮。州、县之弊，从此起矣。是有司专租②庸于下，朝廷握虚数于上，又何用十年大造为哉？伏望敕下该部，通行省直抚按官，责成黄册道官，吊取实征簿籍，逐一查对。差讹者，速令改正，方准解部。若并解实征，亦属多事，而核实之责，则在黄册道也。有因循袭旧、虚造搪抵者，容臣等将经管黄册官一体参究。庶丁粮得实，而弊端可绝也。

前件，臣等看得南京户科管理黄册给事中颜文选奏称，"解部有黄册，则州、县有实征。今州、县实征多与解来黄册不同，缘黄册既定，仍复不时推收，以致混乱。乞要通行各省直抚按官，责成黄册道官，吊取实征簿籍查对。差讹者，速令改正。如有因循搪塞，经管黄册官参究。"一节，为照前项□□十年攒造一次者，欲令民间过割田土。推收既定，以此造实征，即以此造黄册。部、科据黄册以稽查，州、县按实征为税敛。事实相须，岂容紊乱？近因有司听民推收无时，兼之积猾里书隐射、飞诡，以致实征成数与黄册迥不相同。今科臣条议及此，诚为有见，合移咨各省直抚按官，责成黄册道官，吊取实征簿籍，逐项磨对。有差讹者，改正明白，方准解部。以后，务要定以十年，民间方许过割。实征、黄册，有司官监造，无听积书包揽那移。如有司综理怠玩，裨丁粮实数仍多异同，听本部与该科指名参治。

① 详：手抄本作"祥"，据影印明刊本改。

② 租：疑为"租"字之误。

伏乞圣裁。

一、饬过期之罚，以惩积玩。臣伏读《敕书》，内一款："十年大造黄册，系国家重务。各该抚按官，转行司、道、府、州、县该管官员，照式开造，勒限完解。有违限未解者，通行住俸，严限督催。已解在道者，严并批回获日，方准开俸。未完者，通限十二月以里解部送湖。如仍故违，听尔等指实参究。钦此。"臣又读《大明会典》一款："其司、府等衙门，遇有驳回青册，自驳回之日为始，定限半年以里造完，印封送部。如有违限及不用印封送者，经该管官吏、里书人等，通提问罪。仍照违限月日住俸，满日方许开支。"夫正册则十二月以里，驳册则止半年。钦依森然，敕典具在也。查上届黄册，延至四五年方行解齐。驳回青册，至今南直隶并浙江等处节次行催，尚未解到。新册已造，旧册未完，怠玩极矣。伏望敕下该部，通行省直抚按官，遵奉《敕书》、《会典》，严行申饬，今次新册不得过本年十二月之限，前次驳册不得□□本年七八月之期。如仍前怠延，听臣等指名参奏。□①积玩可惩，而册籍早正也。

前件，臣等看得南京户科管理黄册给事中颜文选奏称，上届各省直黄册，延至四五年方行解齐。至于"驳回青册，节次行催未到，乞要申饬，今次新册不得过十二月，前次驳册不得过七八月。如仍前怠延，参奏。"各一节，为照黄册造解原有定限，违限罚治之严，具载《会典》。乃近来有司官慢不经心，多违钦限。诚有如科臣所论者，合移咨各该抚按官，督行所属司、府、州、县，悉照该科所拟，勒限造解。先次驳册，不得过本年九月。今次新册，不得过本年十二月。如敢仍前故违限期，查照《敕书》、《会典》事例，将各官参题住俸。批回获日，方准开支。伏乞圣裁。

一、汰造册之费，以禁横派。夫大造重务，安得无费，但攒造工食，里书各经私派，官办纸札，又复加征。此亦不可不核其实也。臣去年行取，道经河南，闻民间有言，军、黄二册加派纸价，至千两之外。迩闻江南诸县亦有派至七八百金者。他县从可推也。大县不过二三百里，小县仅数十里。一里造册一本，每本不过一二百叶，纸价几何，而动派千金耶？此非积猾之冒破，则为有司之垂涎耳！夫屡祲之后，十室九空。宽一分，则民受一分之赐。正额输办，尚且不支，而堪此无实之科敛乎？此出风闻，不敢指名。但有所闻而不言，臣之

① 缺字：似为"庶"字。

罪也。伏望敕下该部，通行抚按，严加查访。果有科派狼籍者，摘发一二，以警其余。仍以各县多派之数，抵民别项正征钱粮，亦恤民生、清吏治之一端也。

前件，臣等看得南京户科管理黄册给事中颜文选奏称，“大造纸价、工食私派加征，有至千两外，亦有派至七八百金者。乞要行抚按查访摘发，仍以多派银数抵充别项正征。”各一节，为照造册公用所费不多，有司官若□无惮繁劳，加意磨算，则里书等纵欲乘机冒破，岂可得乎？科臣欲要摘发一二，诚为探本之论，合通行各该抚按官，严行所属司、府、州、县等官，备查前项造册工价，俱动支该州、县公费银两，或申请别项无碍官银应用，并不许科敛闾阎，及纵容里书侵克。如果科臣所闻，有已经坐派征完在官者，准抵别项正征钱粮，以苏民困。悉听抚按官从实查核，勿致枉纵。伏乞圣裁。

六月，南京户科等衙门管理黄册给事中等官臣颜文选等谨奏，为铸换关防事。照得本湖原蒙钦降管理后湖黄册关防，嘉靖二十五年二月，该给事中游震得等，为因模勚，奏请换给嘉字二千六百九十号一颗。接到用使，至今四十六年，篆文模糊，四角平勚。切缘前项关防，揭查天下黄册军民户籍、田地清粮、驳弊备造、本册奏缴，及行各该司、府衙门青册，并准到各处查理户籍、丁产，及本湖钱粮出入等项文移钤记，事务颇繁。况今大查在即，印篆无文，不便钤用，合行奏请换给。乞敕礼部，从新铸换降用。候新印至日，另将旧印奏缴。缘系铸换关防事理，未敢擅便。为此，谨具奏闻，伏候敕旨。

八月，南京户科等衙门管理黄册给事中等官臣颜文选等谨奏，为赍缴关防事。照得本湖关防，年久模勚，已请换。蒙敕礼部，从新铸给。于本年八月初六日，差吏阮礼领赍到万字三千一百三十四号管理后湖黄册关防一颗。到臣接用外，今照原旧关防应合奏缴。为此具本，专差办事吏陈尚策赍捧，谨具奏闻。

万历二十年

八月，南京户科管理黄册给事中臣颜文选谨奏，为目击时艰、加意节省、议解赎银贰万以助军费以效涓滴事。臣窃谓，今天下矮①叛交讧，则兵费时不可缺；闾阎久困，则民赋势不可加。以不可加之赋，而应不可缺之

① 矮：应为“倭”。

费，当事者岂能神输鬼运哉？惟是，在事诸臣每事节省，以羡补不足而已。臣伏蒙皇上命之管理黄册事，事之初即查职掌，知自开国以来，十年一造。天下之册，贮之后湖者，迄今二十一次。册库相望，九百余间。于是稽查磨算有书役之费，看守番晒有库役之费。虑册之蚀散也，而时加补钉，则有绳壳之费；虑册之倾颓也，而不时修葺，则有砖瓦、板木之费。抄誊有纸张笔墨之费，修理有各项工匠之费，奏缴有差役盘缠之费。凡此多费，皆倚辨①于州、县驳册赎银，贮之应天府库，会同户部管理主事支给，年终造册奏缴。迩年以来，前任本科给事中徐常吉以久病而废弛，继此代署不常，亦因循而未振，以致种种费用俱属滥觞。如开查之时，书手例用三百余名，每日工食五分，两月给银九百；歇查，则惟誊驳册，百名足矣，亦至二百名之外，给银五百有零。钉册籍，库役原不可少，不酌繁简，不定名数，人愈多而事愈不可办。旧有库匠二百二十名，两月给银二百六十六两有零。此冗役之当裁也。库多年久修葺不赀，册多役重用费浩繁，使非从中查核，必至冒破侵渔。旧例，两月一支，每支至二三百两，甚且至四百八十两者。此冗费之当节也。臣目击时艰，心忧国计，常自愧不能展尺寸以图补报，能不为病国之蠹，是亦一事之忠也。莅任以来，渐次更张，逐一裁减。书手分为两班，入湖者计工给值，则工食半者。此亦不革之革也。库役酌册定人，革去三十三名。二项人役，每两月已省银二百四十两矣。修理、纸张、绳壳等项，每两月止用银七十八两。较之旧费，已省银四百余两矣。两月如此，推之一年，所省可积算而计也。开查之时，稽之旧案，每年支银八千。此时裁省之数，虽不可以为例，视往者歇查年分，所省亦多矣。今西贼未灭，东倭报警，我皇上尤当出内帑，以救燃眉。以主忧臣辱之时，而有公帑省稽之资，安得不为边事计哉？案查应天府库贮后湖赎银，尚有四万三千。今次黄册开查在迩，留二万三千，以备监生、书役等项数年支用。议将二万两解户部，以助边费。虽土壤细流无裨岳海，而区区涓滴亦臣子助军灭贼之一念也。伏乞敕下户部，转行应天府，如数动支，委官起解。庶边事少裨，而臣亦借纾愚悃之万一矣。臣不胜悚息，待命之至，等因。奉圣旨："户部知道。钦此。"钦遵随该户部尚书杨□等覆题，看得南京户科给事中颜文选奏称，加意节省，议解赎银，以助边费，相应依拟。合候命下之日，移文应天府，如数动支，等因。奉圣旨："是。"

① 辨：似为"办"字之误。"办"的繁体字为"辦"。

万历二十年

十二月，南京户科等衙门管理黄册给事中等官臣颜文选等谨奏，为驳册违限久沉、新册届期不解、敬遵职掌、申明敕书、恳乞乾断、亟惩玩怠以一事权以重版籍事。臣等奉《敕书》开载："十年大造系国家重务，今命尔等专管查照该节年题准事理，移文各该抚按官，转行司、道、府、州、县该管官员，照式开造，勒限完解。如有变乱、埋没、飞洒、诡寄、那移、脱漏等弊，即照式查驳。有违限未解者，通行住俸，严限督催。已解在道者，严比批回获日，方准开俸①。未完者，通限十二月以里解部送湖。如仍故违，听尔等指实参究。若州、县册已解府而府有延阁，府册已解司而司或愆期，则罪所由，听抚按官查提问罪。若抚按官市恩宽纵，亦听科道官指名参奏。钦此。"我国家何故十年大造，专官驳查，催解之严如是哉？盖不大造，则十年消长之籍，何自而清，何以为均徭定赋之地；不驳查，则前册诡漏之弊，何由而正，何以为后次稽考之资？然则天下重务，孰过黄册，奈何有司顾以弁髦视之乎；国家立法，孰可玩怠，奈何黄册反以敝帚视之乎？臣等奉命以来，查上次黄册，挨至四五年方行解齐。驳回青册，已经十年矣。直隶长洲等十七州、县，浙江仁和等三十五县，江西南昌等二十六州、县，山西徐沟等八州、县，陕西保安等六州、县，广西恩城等十四州、县，及四川全省，俱未解到。业已具题，部覆，今次新册不得过本年十二月之限，前次驳册不得再违本年五六月之期。奉旨②行催，昭若日月矣。至今，新册止处③永平、保定两府解到。问之各处，有谓其尚未起手者，有谓其将有草册者。臣不知其册至何日到也。至今，驳册止据海盐、靖安等县解到。问之各处，有谓其将赎那借不解者，有谓其解役侵赎难追者。臣不知其册自何时来也。臣闻管册之官，审户则有纸钱，推收则有常例，延一日则有一日之利，延一岁则有一岁之利。不知一县不齐，则集查之役终不可散，后湖之公费独不可惜乎？况臣等必待查完复命，迟误之罪不可逭矣。臣闻驳册之行，里书恐露弊，则图迁延；有司入蒙蔽，则日沉匿。

---

① 俸：手抄本作"奉"，据影印明刊本改。

② 旨：手抄本缺，据影印明刊本补。

③ 处：繁体字为"處"，据下文当为"据"（繁体字为"據"）字。

升迁不入考成，司府不知督责，共相慢令，则动经数年，终无下落。岂有十年登塔①不完之册乎？况旧册未经厘正，则新册虽到，弊不可诘矣。夫黄册限十二月以里，载在《敕书》；驳册惟限半年，载在《会典》。且经具题奉旨。而有司玩法废典，至于此极者，势将尽废黄册而后已也。皇上如以为册可废也，则今日不必为催督之令；如以为国家重典必不可废也，则可以一日而不为事权计哉！天下明知版籍之重，而相率为玩怠之极者，亦谓南京衙门事权之不重耳。今国家之事权，皆统干比②，故人轻视乎南。而南中之事，类多废弛。今天下之版籍，尽贮于南，非假之以可行之资，欲无废事，不可得也。南粮有举劾，故粮储完；南太仆有举劾，故马政举。此假以事权之明验也。国家之版籍，恐不在南粮、马政之后。臣等不敢以举荐以示私恩，而参罚之议不可不严也。司、道、府、州、县管册官故违，则参究。抚按官市恩宽纵，则参究。《敕书》具在，臣岂不知而复喋喋哉？臣等历查旧案，往者，科臣未尝不官司、道、府、州、县之故违也，及至部覆，不过行之抚按查催而已，从实住俸者谁乎？往者，抚按未尝不奉部文督催也，目为故事，不过行一文移而已，从实议罪者谁乎？是使臣等近奉之敕不能从友举行③，益似重臣等之罪矣。天下管罪④官管黄册为虚文，视参究为空言，日愒月玩，愈催⑤愈迟，又何凝哉？今驳册不到，合行参处，姑且存记。容臣等遵照⑥书，通行各处抚按官，严立程限，自文书到日为始，近者两月，远者四月，驳册、新册俱速起解，到部送湖。如仍前不解，则司、府、州、县难逃故违之罪，即抚按官亦将有宽纵之责矣。臣等于各省直怠玩之甚者，摘参一二，以警其余。恳乞圣明轸念版图，务行照例住俸，以为人臣不恭职者之戒，无为往日查催故事，固肃吏治一事权之大机也。臣等岂不知，任一事则怨。臣人⑦为国家办公事，不得不求振励尔。再照后湖书手工食，与夫修理、绳壳、纸笔诸费，原出上、江两县。先该给事中史鲁见两县独累，题准以驳册赎锾⑧充之，大称便矣。

---

① 塔：似为“答”字之误。

② 干比：疑为“于北”二字之误。

③ 句中疑有错字。

④ 罪：似为“册”字之误。上、下句中，亦疑有错漏字。

⑤ 催：手抄本误写为“速”，据影印明刊本改。

⑥ 此处似漏一“敕”字。

⑦ 人：疑为“等”字之误。

⑧ 赎锾：前皆作“赎银”。按：锾，为古代重量单位，又通“环”，或说同“环”。以此，似以“赎银”为是。但，此后又常写作“赎锾”，显非误写。此或当时习惯用法，保持不改。

奈何法久弊生，遂成蹊径哉。盖变乱埋没者驳矣，改名易姓，虽止一字，能保无逃避军匠之弊乎？飞诡那漏者驳矣，洗改挖补，虽止片纸，能保无以重易轻之奸乎？在后湖不得不驳。而察其弊之有无，权其罪之轻重，则在州、县正官也。今一概问罪，一里不遗，里书有罪，书手有罪，算手有罪。苛罚者十之九，解部者十之一。此臣之所目击而亲见者。衙门积役见官染指，领出起解，旋即侵费。虽至迟延，官不敢问。升迁之后，竟归乌有。此驳册久沉之由也。近如麻城等县解到册赎，此违三年之外，可概推矣。先该科臣张埙①题准，抄招②以防侵渔。今皆改由减数，亦不足凭。莫若容臣等查册，有弊者明注驳究，错误者明注改正，不许一概苛罚。驳回一里，共问有力一罪，不许仍及二三。州、县，据驳之里数以定版。后湖，据里之多寡以定赎。如多问一罪，少解一赎，臣等访实参处，则有司无垂涎之窦，小民无滥科之苦，似可以却弊也。伏乞敕下户部，再加酌议。如果臣言可行，即转行都察院，通行各该巡按御史，申明敕书，使司、道、府、州、县管册官员从实遵行，并以驳册问罪，定规乎各州、县。庶臣工有所警惕，而册务不致迟误矣。版籍幸甚，愚臣幸甚。缘系驳册违限久沉、新册届期不解、敬遵职掌、申明敕书、恳乞乾断、亟惩玩怠以□壶御以重版籍串照③，为此具本，专差办事吏王化钻捧，谨具奏闻。奉圣旨："户部知道。钦此。"看得南京户科等衙门管黄册给事中等官颜文选题册④，大造黄册系国家版籍重务，向因事权大惟，以致人情玩纵。况黄册限十二月以里载在《敕书》，驳册惟限十⑤年载在《会典》，乃今有司官罔畏明旨，抗违殊甚。上次黄册，挨至四五年后方□解齐。驳回青册，延今十年，竟不赍到。二十年该解新册，有尚未起手者，有止创草册者。且旧册未正，新册虽到，弊不可诘。欲要遵照《敕书》，通行各处抚按官严⑥立程限，无拘驳册、新册，俱行速解后湖。仍查各省直怠缓甚者，摘参一二，照例住俸，以警其余。及称"驳册问罪太监，以后分别问拟"各一节，除驳⑦赎锾一款，先该管册主事徐存德题，本部覆，奉钦依，似属详尽，无容别议，其余催册参罚事

① 埙：当为"焕"字之误。

② 此处：似漏一"由"字。

③ 串照，疑为"事理"二字之误。

④ 册：疑为"称"（或"奏"）字之误。

⑤ 十：应为"半"。

⑥ 严：即为"严"字。

⑦ "驳"字后，似漏一"册"字。

宜,有关政体,通应依拟。恭候命下本部,移咨都察院,转行各该巡按御史,通行所属司、府、州、县官。文书到日为始,前项新册、驳册,近者限两个月,远者限四个月,俱要解送后湖。如敢仍前玩愒,听管册给事中等官指名提参,覆请重罚,以儆警尤。万历二十一年正月初九日,本部尚书杨□等具题。十一日,奉圣旨:"是。"

三月①,南京吏科给事中陈容淳奏,为大查钜典议处宜周、谨陈愚见以重皇图事。臣承乏湖役,适逢大查之期,恭奉明命,与道部诸臣殚心从事。解册方来,以序参阅,首尊畿辅,业已进呈矣。顾法不可泥,议不嫌悉,窃有愚虑,敢以冒闻。

一曰:册式当议也。高皇帝之贮所后湖,岂为观美之具哉!民数定则根本安,赋役详则兵食足,而且使人主览舆图之广大,必兴思于王业之艰难;察户口之登耗,将交惩于世运之降替。睿算良谟,赍越千古矣。岁月既久,玩愒随生。有司视为虚文,而设不谨日;计役习为故事,而一切朦糊。人历数代而不更,跻②问几户而如故。用于郡邑者自为一册,而收于后湖者又自为一册也。车书不同,缓急何赖?非皇帝秉盂之意也。臣查得二十年分黄册,如浙江所属州、县,虑③天所属六县,宁国所属五县,及广德、建平等处,不依旧册,俱照实征,简而不烦,核而可据。百年积弊,一旦更新,诚为明方之式也。伏乞敕下该部,转行各省抚按官,其册之已解与造之已完者,势难另造,姑准收查;其经始攒造者,务照浙江、应天实征之例,永为定式。敢有仍前混造者,容臣等指名参奏,则由此而后,万历三十年之册皆真实有用,而皇相之懿宪可复矣。

二曰:催册当议也。夫催攒黄册,屡奉圣旨矣,而有司之怠缓自若也。臣查得,新册除北直隶、山、陕全解外,有全省未解者,有驳册至而新册未至者,有并土④界驳册而俱未至者。夫《敕书》所载,解⑤册限十二月以里,驳册限五月以里,即今论之新册,已属违限,况驳册乎。盖驳册不至,宜新册之更迟也。新册若至,无驳册之可望矣。使历代之典籍缺而不

① 据上下文,此处月份前缺"万历×××年"记载。

② 跻:查无此字,疑为"籍"字之误。

③ 虑:似为"应"字之误。

④ 土:似为"上"字之误。

⑤ 解:似为"黄"字之误。

备，廷①之号令格而不行，则职湖者安所逃责也。夫陪曹有所弗得，而庙不为之主，臣不知所终矣。其必申严住俸之例，着实举行，而后可冀所之速集乎。

三曰：赎锾当议也。臣查得，赎锾之解，所以济大查必不可缺之实，而舒上、江两县，不宜偏累之困也。自不良有司假驳册之名，多方刻剥，罪罚如总，邑里骚然，十一起解，丁九私侵，而民大困矣。往主事徐存德罚赎太多之疏，盖有激也。奉旨已征者解，未征者停，诚救弊之渥惠矣。而有司又借停征之名，一切延展，有止解驳语空册者，有视上界千百分之中而不及一二分者。夫使其果逋负于百姓也，犹之可也。闻之，已派而攘夺于吏胥，已解而隐匿于奸猾，郡县那移以抵别支，司道积留以为公费，任意转取，不可悉陈，而皆假之乎停征。是未尝宽闾阎之毫厘，而只以遂官司之掩饰尔。大查之费甚夥，而府库之贮无几，后之不继，前者易竭，势将匮乏，将何取办哉？伏乞严敕各省抚按官，除未征免解外，其侵欺、指留等项，尽数解部发湖，以充大查之用可也。臣窃思之，征则有所证而病民，停征则有所托而病国，必稍加变通，庶为两便。臣等于新解黄册悉从宽议，搜其大蠹，宥其小过，必不敢有滥驳矣。其册之应驳者，宜察所驳之条，定以应得之罪。一县该罪若干，即该赎银若干。有司照数征解，不得妄加分文。而本湖则总计十年大查之费几何，取足而土②，亦不敢苛求，以致滋弊。庶乎上无缺费，而下无横敛矣。

四曰：解役当议也。臣自署湖以来，见各省解册不同，有县自为解者，有合一府而解者，有合数府而解者。夫分解者有一人则有一人之费，曷若总解者以一人而省数人之费哉？第地有烦简，册有多寡，又未可概论也。如河南委解官典史黄鹤鸣管解彰德等四府黄册，磨破水浥者半，而林县册尾首相穿者四本。山西委解官县丞张鸣乔管解平阳等四府黄册，而太原县缺少者四本。盖册多至于数府，则检点之难；而管解止于一官，则疏虞之易。此所以不免破损、遗失之弊也。既至于破损、遗失，则法不得不发还，而势不得不补造。臣恐补造之费反不下于分解之费矣。臣谓一县一解则太扰，一省一解则太约，而且以千万之册收于一日之间，即竭力朝暮，安能详验哉？似宜酌量府之大小，小者合两府，大者合一府，签委贤能职官押解，而又令轻赍坚裹，以防破损、遗失之患，则事有则成而册无他□矣。

---

① “廷”字前，似漏一“朝”字。

② 土：疑为“止”字之误。

以上四事，皆恒谈尔，无人不能言，亦无事不可行者。惟在□庙廊之上，加之意而已。伏望皇上念版图之重，建宏远之规，敕下该部，俯赐施行。其于册籍大典不无涓滴之助矣，等因。奉圣旨："户部知道。钦此。"钦遵抄出到部送司，案呈到部。看得南京吏科给事中陈容淳条议册式等四事，版图重务，干系甚重，相应开立前件，议拟上请。恭候命下本部，通行各省直一体钦遵，等因。万历二十二年二月二十四日，本部尚书杨□□等具题。二十六日，奉圣旨："依议。钦此。"

计开：

一曰：册式当议。

前件，臣等看得南京给事中陈容淳奏称，"大造黄册，有司漫不经心，事多朦胧，册式互异。止浙江、应天等处不依旧册，俱照实征，积弊更新，足为定式。议要将各处黄册，除已解已完者姑准收查，其经始者，务照实征攒造。"一节，为照天下户口、田粮例载黄册，诚为钜重之典。旧制，十年一造，贮收后湖，专官查理。其所以重版籍防奸宄，法固善也。乃近来有司循袭旧套，存用者一册，造送者又是一册，以大造为故事，视驳查为虚文，殊非从政之体。合无通行各省直抚按官，查所属黄册，除已解已完者姑准收存，其未完者，照依浙江、应天等处格式，俱照实征攒造，永为定例。潦草搪塞，听管后湖科臣指名题参。伏乞圣裁。

二曰：催册当议。

前件，臣等看得南京给事中陈容淳奏称，"各省直黄册，有全省未解者，有并上界驳册未至。夫解册原有限期，今驳册已违，□①册愈迟，议要申严住俸之例，着实举行。"一节，查得原限黄册十二月以里，驳册五月以里，各完解。万历二十一年正月内，该南京管册给事中等官颜文选等题称，解册愆期，议要严立期限，照例住俸，已经本部获奉钦依，通行各该抚按，严督所属，将新册、驳册，自文书到日为始，近者限二个月，远者限四个月，解送后湖。如违，听管册给事中等官参究，等因。在卷。今各省直不畏明旨，耽延如故，既经科臣具奏前因，合无通行各省直抚按官，严催所属新旧黄册，令其勒限完造，解送后湖。管册官查有过限未到者，指名题参，听本部覆请罚治。伏乞圣裁。

三曰：赎锾当议。

---

① 缺字：据上文，当为"新"字。

前件，臣等看得南京给事中陈容淳奏称，“驳册赎锾，以济大查，以舒上、江两县偏累，奈被不良有司每每假名刻剥欺匿，议要除未征者免解外，如侵欺、肯留等项，尽数解部，发湖充用。其新解黄册，悉从宽议，不必滥驳。如有应驳者，不得分外科罪。”一节，为照驳查黄册，盖欲正版，章厘紊乱，原非为赎锾计。顾有司中不肖者，借此横敛，尽入私囊。查得万历二十年十一月内，该管册主事徐存德题议及此，该本部覆奉钦依，将今次黄册，查有飞洒、诡寄、脱漏、那移等弊，□①行问罪。如一字错讹，片纸疵窳，许令册后改正，免罪。其赎银已征者速解，拖欠未完者蠲停，等因。通行钦遵在卷。今科臣覆议，前因诚为有见，合无通行各省直抚按官备查。先次赎银果收在官者，尽数起解，不许侵隐。果如未完，近准停免，不许朦胧括征。其今次驳查黄册，定以应得之罪，毋得滥肆科罚。仍明开某州、县，问过某人等，罪若干，共该赎银若干，照数解用。违者，听抚按官访实参究。伏乞圣裁。

四曰：解役当议。

前件，臣等看得南京给事中陈容淳奏称，“各省直押解黄册，有合全省、有合数府、有县自为解者。今河南典史黄鹤鸣、山西县丞张鸣乔管解黄册，半系破损水浥，又缺少本数。盖因数多，检点之难，议要以后小者二府，大者一府，委贤能官押解，以防疏失。”一节，为照民间攒造黄册，经费甚钜。若管解员役不加意检点，则损浥、脱漏之弊，断不能免。夫有司遵例以攒造，下民竭膏以供费，拮据辛劳，不可胜言。岂宜使之途中遗弃，竟成空废乎？今科臣目击议请，尤为急要，合无通行各省直抚按官，以后起解黄册，小者二府，大者一府，各委贤能职官管解。如有前项疏虞，如县丞张鸣乔、典史黄鹤鸣者，该科等官从实题参，重治不贷。伏乞圣裁。

万历二十三年

十一月，南京户科等衙门管理黄册给事中等官臣伍文焕等谨题，为册库倾颓、恳乞圣明亟赐修理以重版籍事。窃惟我太祖定鼎金陵，收天下黄册，藏之后湖。其虑甚远，其事亦至重矣。黄册十年一大造，册库十年一大修。如嘉靖年间以来册库，时尚未久，栋宇尚坚。即有小倾圮渗漏，本湖陆续补葺，无烦别议。如永乐、成化、弘治等年分册库，至今二百余年，时已久远，且湖中四面皆水，湿润浸

---

① 缺字：似为“通”字之误。

渍，易于朽坏。兼之本年夏初，霪雨月余，以致梁柱朽烂，砖瓦倾塌，阴雨淋漓，册籍难收。臣等一面亲诣查验，将册籍移寄别所；一面行文南京工部、亟行修理外，随据该部回称，行委大使朱旻，带领作头沈可德，前来估计合用工料，扣算该银四百八十余两。查得本部修理各衙门，如百两之内，径行会料修理；百两之外，该衙门自行题请，移咨本部修理，等因。到科臣等看得本湖所估银两数多，委当题请。及查得本湖修库之例，该部出工银十分之七，本湖量帮银十分之三，此旧规也。伏乞皇上轸念民数乃邦本所系，册库又民数所关，敕下工部，转行南京工部，亟行修理。本湖照依旧规，量行帮助。庶库藏完固，而图籍亦重有赖矣。臣等不任，待命之至。

万历二十八年

六月，南京户科等衙门署管后湖事、南京吏科给事中等官臣祝世禄等谨题，为申严黄册事例以慎攒造以杜奸弊事。臣窃惟，平民之情，莫先于平其赋役，而赋之平不平，要在攒造。祖宗定制天下黄册，每十年一攒造，如期解送后湖，查理其变乱者、埋没者、飞诡者种种奸弊。经该官吏、里书人等，各坐罪名。其条甚详，其法甚密。历年以来，又经该部，查将册式并一应事宜，刊刻榜文图册，先期给发所司。其意美，其法良矣。奈何人心玩愒，视黄册如敝帚；弊端百出，等法令于弁髦。以那移户口，则将一甲人户编入二甲者有之，以赵氏丁口混入钱氏者有之；以飞诡田粮，则田已罄而粮不开除。户已绝而田注[illegible]废。若山东布政使司所属黄册，有撒无总。南直隶苏州府所属黄册，有旧管、实在，无新收、开除。丁口一无生死，田粮一无买卖，而户名籍贯全不对同。似此情弊，何凭查理？而南直隶应天府溧水县、广西布政使司所属桂林等府、全州等州、临桂等县，纸张粗薄，兼有粉饰，蛀蚀腐烂，不可经久。揆厥所由，皆由大造之年有司视为故事，全付里书之手，漫不留心，甚非所以遵祖制，重民版也。万历三十年，又当大造之期，若不预为申饬，其何以善其后？伏乞敕下户部查议，预将原定册式并合行条例事宜，逐一通查，刊入事例榜内，先期差人赍去。各该司、府翻刻给发所属，查照攒造。仍推廉能公正、年力精锐官员，专董其事。各该司、府、州、县掌印官时常提调，仍行各处抚按，严督管册官，亲临比较。文书到日，即令里书先将万历二十年改正黄册实在照册抄誊，交与监临官员收掌，以为今次旧管。后取各户亲供，除军民匠灶等户照旧详开外，其余自万历三十年为止。或有新报人丁及置买事产，即开于新收项下；或有事故人丁并卖出事产，即开于开除项下。收除既明，末总结一实在。务使总撒相合，字画明楷，纸张坚白，册本如式。不许积役包揽，以肆科索。亦不许滥委贪懦衰老官员管理，以滋里书之弊。造完之日，查果合例，依限用印钤封，起解南京户部，转送后湖收查。若督册提调监造官员依期完解、获有批回者，各抚按官量加奖赏，具奏旌擢。过限不完者，即将俸米住支。仍重惩经该里书人等，监并的亲家属，勒限完报。盖司、府、州、县之册收贮不得法，而奸徒恐其害己，往往贿去其籍。而后湖之册百年如新，但有赋役不明，一查而决，真可为百姓之耳目。奸豪莫可容私，良懦恃以无恐，其有裨国家平明之政，非眇小矣。臣等不胜惓惓、仰望之至。为此具本，谨题请旨。

万历三十七年

九月，南京户科等衙门管理黄册给事中等官臣段然等谨题，为预建黄册库房、慎重图籍事。臣等照得，后湖册库，自洪武十四年起，至万历三十年止，每遇十年一次大造黄册，俱预期盖造册库三十间，以备收贮。查得万历三十年大造黄册，预于万历二十七年具奏，起盖册库。今照得，万历四十年，复该天下司、府、州、县等衙门大造黄册解湖。其贮册库房，相应照例先期盖造。况今后湖新洲该建册库处所，四旁草木茂盛，湖水浸刷，剪除拦砌，工程浩大，尤须预先开荒整理。伏乞敕下工部，转行南京工部，查照往年事例，委官带领匠作人等，过湖相勘，议处一应合用物料、夫匠等项，盖造册库三十间，及册架、披垫、板木齐备。庶不临期有误，册籍其有赖矣。再照，册库每座必三十间，每间必十余檩，非筑杵固则基址不坚，非材木真则易致虫蠹。况建之湖中，物料颇难于般运；出自官造，淹久恒至于怠弛。兼以督理接管不常，夫匠更换不一，推委最易，责成颇难，往往筑造不精，倾圮相寻，告成甫毕，报坏接踵。或一墙一磉下陷，致将一间牵倒；或一梁一柱蠹朽，致将全库摇动。当此之时，欲止补其坏处，则牵摇者势不耐久；欲尽修其全库，则新建者理难更造。以此随修随坏，讫难经久。东柱①西撑，率无完库。劳而无绩，费而无补，皆因初工不慎、责成不严所致也。假如初建官匠，各矢心着实如民间自己盖造房屋，纵湖中水气烝湿，人烟隔远，易于损坏，则亦必可以延数年之久，何至方完而即坏如此耶？更乞敕下该部，今次造作册库，将督工官员并应役匠作，逐一刻名于原造

---

① 柱：似为“拄”字之误。

库柱。定限或五年,或七年。必出限无坏,方与原修官匠无干。如限内有前项损坏者,明系经管经手人员不行用心如法盖造。不论官匠,一体依律问罪。仍量责令赔偿修理。夫如是,罪既有所属,则工必不敢易。此亦慎重图籍之急务也。为此,具本谨题请旨。

南京户部尚书郑□等谨题,为修实政、恤民隐、防诈冒以明职掌事。内一款,开请铸关防,以杜诈冒。南京后湖黄册,额设户科给事中□员,户部广西司主事一员兼同督理,诚重其事也。户科,先年业已请有关防,而本部主事未经请铸,至今尚缺关防。一应文移,其钤盖条记,止行上、江两县,刊刻木石为之,殊非法纪。即使中有假冒,何从而办①? 应行礼部铸给,以便遵守题请。去后,随该户部覆题,奉圣旨:"是,准与做。"督后,后湖黄册主事关防。随于万历三十八年十月内,颁给关防到部。

万历四十年

三月,南京户科署管后湖事、南京礼科给事中臣晏文辉谨奏,为祖宗创法尽善、寺臣议法难行、敬陈后湖兴建之由、驳赎之用、以祈圣鉴并候圣裁事。臣惟,知无不言,言无不尽,怀忠者之所为效忠也;不知而言,言而不实,好事者之所为多事也。光禄寺少卿徐必达因论□黄册均田,而波及后湖驳册罚赎,洒洒不下数十余言。此臣未署湖印时疏,与臣无干也,臣若可以无言。但今既署湖印,则即臣之事也,臣又何可以无言? 敢据实为皇上陈之。高皇帝定鼎金陵,首重图籍。相度后湖周环四十里,中有数大洲,相继创造,可藏千万年之版册。规模盖甚宏矣。初摄以户部侍郎,后改户科一给事□②、户部一主事专督,巡湖有役,过湖有舟;操舟有人,系舟有锁,其匙掌于大内。钦定一、六过湖,监生禀给匙钥。非其期不敢渡,非湖官湖役、工官工匠不敢渡,防范盖甚严矣。钦定十年一大造,前五年开查,后五年收查。当开查时,每年一科臣、二道臣、四部臣轮宿湖内,监生、书手毕集。惟收查时,每年员役始半之。军民匠灶之户日③,不敢易;军民匠灶之事产,不敢乱。旧管、新收、开除、实在之数目,不敢隐,稽核盖甚详矣。今寺臣曰,后湖黄册皆祖洪武旧本誊写,与实征文册不同,有图籍

① 办:繁体字为"辦",似为"辨"字之误。

② 缺字:当为"中"字。

③ 日:疑为"口"字之误。

之名，而不足核田赋厄塞之实。此言良是。至谓照实征文册造送后湖，不必查驳，寺臣能必天下造册里书人人忠诚，毫不作弊乎？能必天下督册监司户户对查，毫无遗漏乎？夫田粮作弊，彼有田有粮之家犹可按鱼鳞册以清查。若户口作弊，则逃军逃匠逃灶者不为驳正，任凭里书为奸豪徒更户，十年以后，将尽去其籍而民之矣。争者、讼者，何所考而查耶？夫洪武旧本，由木之根、水之源也。木有千条万干，总出一根；水有千支万派，总出一源；人有千门万户，总出于军、民、匠、灶之一籍。惟据旧籍以查驳，庶欺隐者、改窜者始不能逃。不然，何臣署湖一月，而徽州、常州，安丰场、广洋卫之争讼，而告查湖册；河南辉县之被焚，而告抄底册者纷纷乎？且驳者驳其有弊者，非驳其无弊者也。若云任意而驳，不惟湖书不敢，即天下其谁服之？驳既有弊，自当有罚。弊而不罚，何以明法？罚而不赎，何以便民？寺臣曰，罪不当辜，取非其有。寺臣其将等科臣于御人者耶？况此罚赎，科臣原不得而私之者。银，藏贮于府库；用，关会于部、司。支给，有各役之领状；奏缴，有各项之款目，彰彰可查。今乃曰，以一衙门公费，而骚扰遍天下于法云，何寺臣亦未核其真而失言矣？本湖册库，自洪武十四年，至万历三十年，库房已有六百六十七间。其内贮黄册一百五十三万一千四百五十八本。库匠晒晾者，共一百八十三名。此辈能枵腹为我晒乎？开查五年，每年约用驳查书手三百余名。收查五年，每年存留书手四十六名。此辈能枵腹为我查乎？故总计开查五年，每一年书匠工食、纸札等项，约用银九千六百余两。收查五年，每一年约用银四千一百余两。因人之多寡，而酌量银数，不得不然也。本湖总书四名，衙书四名，六科书办各二名，写本书办各一名，赍本差舍各三名，南、北抄报二名，医生二名，部、司书办二名，共五十三名。本湖门皂及六科门皂、马夫、厨役，部、司各役，共六十名。计每年工食银一千三百余两。以科部之合用，而酌派应役，不得不然也。湖内官厅、监生册房、书匠住房，共二百三十三间。湖外官厅等房，共二十三间。及前册库六百六十七间，并见今新添册库三十间，其大修每千两协济工部三百两，小修则本湖自备。以逐年之修葺，而酌办经费，不得不然也。凡此不得不然之用度，从正德以前，皆派上元、江宁出办，民苦重役，相率逃亡。以故，先科臣史鲁见独累之苦，条救民之策，于正德九年题准，为通融查册费用以苏民困事，大约谓以□黄册之罚赎，散寄天下之库藏，以累二县之远徙，莫若解应天之府库，充给本湖之工食，以解二县之倒悬。部覆，奉旨遵行，载在志书可考。繇斯以观，是工食也，而非公费也；是利民也，而非扰民也。是圣祖之默允，而非科臣之私敛也。查科臣部臣，每年不过心红纸札各十八两，到任过湖宿湖一饭而已。此外，无费也。寺臣突然诬为公费，而欲议革，则必废后湖之黄册而后可。乃寺臣又以①实征文册造送后湖，则后湖似又不可废矣。后湖不可废，而无工食，则无书匠。无书匠，则谁守册籍，谁守房舍？寺臣亦下②觉言之矛盾矣。夫耳闻不如目击，虚传不如核实。事有今昔之不同，人有彼此之各别。自非甚不肖者，谁肯安然坐污泥涂炭之内，而不洒然处冰壶秋月之中？微嘲冷诮，无风而波。古人耻己独为君子，今人诬人尽是小人。不知寺臣胡为出此言也？或者寺臣当日之在南铨也，见一二科臣多徇③情以买湖纸，多取银以买湖椿，多不避嫌疑以招物议，其人虽已察去，其事犹未忘怀，故不再核而漫为此言耶？然以昔而概今，以彼而概此，则立言者苛，闻言者骇，而当事者惧矣。且美言足市，甘言易入，寺臣以不驳不罚为言，必启天下之信从；臣以应驳应罚为言，必来天下之訾议。天下信从乎寺臣，而訾议乎臣，必不解已前之赎，以为将来查册之费。大造伊迩，大用无资，大典大法将废坏而不复振举矣。更又加以公费扰民之说，是诸臣名节之所系，非一人唾吐之可干者，故不得已而具疏上陈。伏乞敕下九卿科道会议，将依寺臣言，废后湖之册耶，抑遵皇祖制，造后湖之册耶？将停驳罚，分派上、江二县，户、工二部，以给册役料役工食耶，抑仍驳罚，令册役料役工食、料作，取给于赎锾耶？孰可孰否，何去何从，惟圣明电鉴斧裁而已矣。至其中间宜省宜减，以体朝廷节约之意，亦俟大造之年督册之臣临期斟酌，而非代庖微臣今日所能逆睹而预计也。事干国制，词聒宸严，臣不胜悚息、待命之至。

万历四十年

十二月，南京户科管理黄册给事中臣黄建中谨题，为册务旁挠可虑、法纪申饬当严、敬循职掌、肤陈末见以厘积弊以重版图事。窃惟，我国家立法，始未尝不善，而后不能无弊。若蒿木忧时而并欲废法，则过于纷更；若承讹袭舛而坐视其弊，则过于因循。二者皆非所以守王章而襄一统之盛治也。臣两为刑官，查盘诸郡，竞竞以搜奸剔蠹为务。今蒙选授留垣，专管后湖。当此履任之始，适

① 以：手抄本误写为“日益”二字，据影印明刊本改。

② 下：疑为“不”字之误。

③ 徇：手抄本误写为“荀”，据影印明刊本改。

值大造之期，敢不悉心厘正，有负任使。先是光禄寺少卿徐必达因论均田，末后插入后湖一段，谓天下大造黄册，率皆誊写旧本，无一实数，且以一衙门公费，扰遍天下，欲将查驳并赎锾事例，尽为裁革，已经科臣晏文辉辩驳，甚悉矣。继有台臣朱万春揭帖，追恨原任上饶时册道有重罚之弊，猾吏有横敛之弊，因议及后湖驳罚，欲求节省。必达乘此复出一揭，反覆数千言，大概欲以驳罚之任付之监司、府佐。其不如式者，听后湖官指名参究，不必于参究之外再烦查驳。至后湖工食、修理之费，裁酌定数，分派省直于各督册官罚赎内动支，以免重罚。其说不啻详矣。窃谓本湖驳罚以充工食、修理之用，以省上、江二县之苦，此题准事例也。不知册道重罚，奉何明文，作何支销？抚按若知，似难纵容不问，乃不此议禁，而何乃以扰害归之后湖乎？监司、府佐专任查驳，其不如式者，听后湖官指名参究。似矣①，不知解册到时，将悬坐其不如式而遽参乎，抑查其不如式而后参乎？夫不如式之款多矣，势不得不细查，既查不得不驳，既驳不得不改正。若不改正，将讹以传讹，又何以为下次开查张本乎？至于造册间有誊写旧本者，总以解册衙门计之，不及二十之一，何乃据其一偶②之见，尽谓天下皆依样葫芦乎？此则留心世务，锐意纷更，亦忘其身在事外，而未洞其底里也。夫后湖二百余年之职掌，系圣朝千万年之根本，遽欲一旦废格，身任其事者讵敢轻议乎？但册务日久弊生，法弛人玩，即微寺臣言之有不容坐视，而不为一振刷、一节省者。谨虚心参酌，条议五款上奏，伏祈圣慈采纳，俯赐施行。版图幸甚，臣愚幸甚。

计开：

一、核实数。窃照大造黄册事例，以上次驳正者为旧管。十年之内，人丁有新故，田产有推收，俱照实征数目造于新收、开除项下，以为实在，节经颁行册式矣。今查解册衙门，计有一千六百余处，尚多依式开造，分别款项。但其中推收之数不合，前后之次失伦，不无飞诡等弊，有烦查驳。若邳州、禹州等处七十余州、县，则誊写旧本，止存军、民、匠、灶之名，更多参差脱漏之弊，几令莫可究诘。此皆有司怠玩，视为故事，督册道府谩③不经心，何怪乎哓哓者欲以噎废食也？乞敕户部，转行各省直抚按官，责成各造册官，俱照实征丁粮之数攒造，不许抄誊旧本塞责。如再故违，定行参究。至于前次解册，若川、陕、云、贵等

① 句中疑有错字。
② 偶：疑为“隅”字之误。
③ 谩：似为“漫”字之误。

处，则一省类解；河南、山东等处，则一府类解；江、浙、南直隶等处，则州、县零解。夫全省类解，诚两便矣。省分大者，不能合一省，独不可合一府乎？若俱令委官类解，则不特免稽迟之弊，亦可省零星之费矣。伏乞圣裁。

一、禁科罚。窃照黄册到湖通查，内有变乱、埋没、飞洒、诡寄、那移、脱漏等弊，驳行各处改正、拟罪。至于一字差讹、片纸瑕窳，不必苛求。事例昭然在也。但不才有司借此横征，掩有力为无力，以润私囊。督册官又或照解湖之数，重取一番。其积猾里书，一遇大造，先向人户科敛，曰造册要纸张也，解役要盘费也，各衙门要使用，要罪银也。多者满千，少者数百，早已侵分入己。及至册完之日，司、府使用不到，则黄册之解愆期；罪银花费难追，则驳册之解愆期。以至数年尚未到湖。情弊显然，天下焉得不称扰乎？乞敕户部，转行各省直抚按官，将重罚科敛等弊严加禁革。其应用造册纸张，所费不多，酌议处给。查出驳册中诚有变乱、飞诡等项弊端，照例拟罪。若止年月字画无心之错者，但令改正，不必滥罚。仍明开问过某人等罪，若干解银，应天府以备支用，则所省民害不浅矣。伏乞圣裁。

一、重事权。查得嘉靖九年题准事理内云，各省直督造黄册官，如有纸张粉饰、差错稽迟等弊，俱听后湖管册官指名参究。不分已未升迁，俱照例以罢软黜退。万历十一年奉给敕书内开，各省直委官督造黄册，各该抚按官勒限完解。有违限者，住俸督催。如仍故违，听后湖官指实参究。若抚按官市恩宽纵，亦听后湖官指名参奏。载在令甲，孰敢不遵？但每年开查，各处违限愆期者不一而足。后湖官率存厚道，未闻参处一二。夫责在言官不难，他有搏击，以示风力。而于此故违者反以为不足辱，白简职掌之谓何，又何怪其视册籍为故事，以管册官为赘疣也。今查三十年分黄册，尚有数处未到者。十年、二十年分驳册，有数十处未到者。三十年分驳册，有数百处未到者。以限计之，则迟之又迟。纵有新册，将何对查？其故违亦甚矣。乞敕户部，转行各省直抚按官，行令各督册官，查将历年未到黄册、驳册，并四十年新册，通限四十一年六月以前到湖。如再故违，定行指名参处。伏乞圣裁。

一、汰冗役。本湖大查五年，旧用书手三百余名，今酌用一百五十名。除见在收查书手四十六名外，再取一百零四名，以足前数。人用其半，功求其倍。每年可省工食银二千七百余两。收查五年，止用原在书手四十六名，抄誊驳语、前件，酌量多寡，分班进湖。库匠一百八中①三名，计晒晾黄册一百五十余万本，似难议减。惟看守新库，旧例该增十名，

① 中：似为“十”字之误。

今四十年新库三十间,须用看守酌议,不必外取,即于见在库匠内量摘十名,以充其数。每年可省工食银七十余两。本湖科部及六科书办、门皂、马夫等役,共九十二名。其人各有供役,遽难议减。惟差舍二十一名,似乎太多,量减六名。每年可省工食银一百余两。以各役工食言之,库匠、门皂等役,日给银二分,无容议矣。若书手等役,其事烦,其力劳,既已裁其人数矣,可复裁其工食乎?照旧日给银五分,似不为多也。前项工食,俱行应天府,各具领状支领。每过湖日,科部官逐一点查书匠。其给假者,扣银还库。以上所省银两,若有赢余,不妨题请协济别项公用。伏乞圣裁。

一、议修理。照得本湖册库、官厅、号房、科部衙门,年久不能不坏,既坏不得不修。第前此借修理之内①,而别项费用于焉取给,或听奸商钻求而预买木料,致价值之多亏;或任书役冒破而东支西费,致嫌疑之罔避。彼旁睨者、逖听者,不免滋多口矣。合无今后凡大修者,移会工部估修,照旧协济;其小修者,行委应天府廉能衙官一员,前来从实估计,监督修理。合用工料,清算明白,即给文与本官,赴府支领。眼同给散②,并不令湖役沾手。本湖官惟稽其工程,毋使有冒破等弊。至于公用,有必不可省者,如过湖宿湖饭食、应用纸札书炭等项,俱明开款项,赴府支领,不许混入修理项下,仍于奏缴册内明白开造。其余一切冒支滥费等弊,尽行杜绝。庶各役无从染指,而管册官虽欲自外于冰壶秋月中,不可得也。伏乞圣裁。等因。奉圣旨:“该部知道。钦此。”钦遵抄出到部,送司案查。万历三十九年十月内,查得四十年分该天下各司、府、州、县重造赋役黄册,所有应行事宜已经本部题奉钦依,通行钦遵。去后,今该前因通查,案呈到部,看得南京户科管理黄册给事中黄建中条议册务款件,皆补偏救弊之良谟③,经国爱民之实政。既经提议前来,除议修理一款系隶工部掌行、听该部题覆外,其间核实数等四款,相应开立前件酌议覆请。恭候命下本部,移咨各该巡抚,及咨都察院,转行巡按御史,严行各该省、府、州、县经管官员,一体钦遵施行,等因。万历四十一年四月初九日,户部署部事左侍郎李□□等具题,十三日,奉圣旨:“是。钦此。”钦遵拟合就行。为此,合咨前去,备行到湖。烦照本部覆奉钦依内事理,钦遵查照施行。

一、核实数。

---

① 内:疑为“名”字之误。
② 句中疑有错字。
③ 谟:手抄本误写为“缦”,据影印明刊本改。

前件，臣等看得，十年之间户口有消长，产业有推收，且沧海桑田，变更难凭，故必一大造黄册，以清赋役，乃均平之重典也。若推收之数不合，前后之次失伦，抄誊旧本止存军、民、匠、灶之名，更多参差脱漏之弊，明属有司怠玩，循袭故套，以塞责也，将何以查飞诡之奸、清积习之弊乎？俱应如议，责令各造册官躬亲查算，务使田产、人丁推收吻合，总撒相同。如仍前抄誊旧本，字样差讹，推收前后互异，该管有司安能辞责？相应指名参究，以警怠忽。至如解册之规，若省小者全省类解，省大者一府类解，均为适可。若江、浙、南直等处州、县零星解送，几于烦扰。以后，江、浙、南直等处，俱令一府类解，庶清查有据，而免于琐屑之费矣。伏乞圣裁。

一、禁科罚。

前件，臣等看得，黄册查驳之罚，本以禁那移、脱漏之奸，变乱、埋没之弊。今不才有司借此横征，积猾里书因而科敛，是欲厘弊而反滋弊也，贻害小民岂浅鲜哉！相应如议，严加禁革。其应用造册纸张，酌议处给。如驳册中的有变乱、飞诡等弊，当照例拟罪，明开某人等因某罪罚赎银若干，解应天府，以备支用。如止年月字画无心之错，但令改正，勿加滥罚，以杜扰害。庶闾阎无鸡犬之警，而苍黎苏横征之困矣。伏乞圣裁。

一、重事权。

前件，臣等看得，黄册乃赋役之本，十年一造，所以勤稽核也，故历年言官建白甚详。如有粉饰、差错、稽迟等弊，听后湖官指名参究。令甲昭然，孰敢怠玩？奈何三十年黄册尚有数处未到者，十年、二十年分驳册有数十处未到者，而三十年驳册未到数盈几百矣。旧册未到，新册可①知，纵有新册，将何以为准而考正乎？相应如议，一应新旧未完之册，定限四十一年六月以前，尽数到湖。如再故违，听该管衙门指名参究，以警怠忽。庶解送无稽迟之误，而粉饰、差错之弊可少杜矣。伏乞圣裁。

一、汰冗役。

前件，臣等看得，人役之设，足于办事，止矣。多则滋糜②，何裨于事？相应如议，书手三百名，酌用一百五十名，汰革一百五十名。其收查年分，较常闲暇，止用原在书手四十六

---

① 可：疑为“何”字之误。

② 糜：查无此字，疑为“糜”字之误。

名。所有新库三十间，即于见在晒晾黄册库匠一百八十三名之内，摘取十名看守，不必另行增派。其差舍二十一名，既称太多，亦裁减六名。至于各役工食，库皂、门皂日给银二分，书手等役日给银五分。如有给假者，按月扣银还库。积有盈余并汰省工食银两，一并题请协济。庶衙门无冗赘之徒，而国家杜糜费之窦矣。伏乞圣裁。

天启元年①

二月，南京户科署管黄册事给事中臣欧阳调律谨题，为钦奉敕命事。准南京吏科给事中姜习孔关称，准礼科给事中晏文辉关称，先因六垣缺官，有后湖京营，俱奉敕命管理。不意于泰昌元年十一月初一日夜，有南军惑听，乘圣天子御极，接诏摆队，拥众挟赏，将礼科公署烧毁。黑夜人众，难以救护，遂将后湖京营原颁敕书二道，俱毁无存。关防二颗，见在无恙。已经具奏外，止将关防送臣接管。该臣照得后湖敕书一道，专董天下大造册籍。此万年根本所系。况今值十年大造，正宜行查清理，厘奸剔弊，非奉天语，无所责成。查得万历四十三年内，有前任户科给事中张笃敬奉命巡视营务，烧毁敕书。随经比照万历三十五年内监察御史李云鹄曾毁巡视上、下江敕书二道，具疏请补。迄今照给事中晏文辉所管后湖敕书，似与前例相合。伏乞敕下礼部，查将前敕照旧颁给，以便遵行。缘系钦奉敕命事理，为此具本，专差舍人杜一凤赍捧，谨题请旨。奉圣旨："该部知道。"

天启元年

二月，南京户科等衙门署管黄册事给事中等官臣欧阳调律谨题，为预建黄册库房、慎重图籍事。臣等窃照，后湖册库，自洪武十四年起，至万历四十年止，每遇十年一次天下大造黄册解湖，俱预期盖造册库三十间，以俟收贮。此定例也。今查天启二年又值大造之期，应当预行修建。但后湖新洲该建册库处所，草木蓊翳，波涛荡激，一切芟刈堤防，工用浩大。所需于开荒整理，当先而蚤为之计，从来皆然，亦理势之不得不然者。伏乞敕下工部，转行南京工部，查照先年事例，委官带领匠作人等过湖，相看议处。将此三十间合用物料，及夫匠、工程等项，逐一料理齐备，庶不临期

① 此后俱书"天启元年"，与前体例不合，皆为此书增补痕迹。

有误耳。再造册库，每座必三十间，每间必十余檩，非筑杆之固，而望其有基勿坏，难矣；非木材之良，而望其日久不蠹，抑又难矣。故往往筑造不精，倾圮相寻。或一墙一磉下陷，致将一间牵倒者有之；或一梁一柱朽蠹，致将全库动摇者有之。劳而寡效，费而无补。嗟嗟国家有限金钱，此何时也，尚能堪此朽蠹哉！纵云湖水浸蚀，人烟隔远，易于圮坏，而假令受事者各殚心力，视官舍如己居室，岂令速朽至此哉？先该科臣题请造作册库，将督工官员并应役工匠人等，逐一刻名于原造库柱。定限十年无坏，方与原造官匠无干。如限内有仍前损坏者，明系经管经手人员不行用心，一体依律究治，仍量责赔偿修理。此其遵行已久，法非不善，而无如委官各役故事相寻，则由于委任之不专也。夫事无专属，甲换乙易，互相推诿。且事经十年，官吏不知几更，待其事已去而问之，无及矣。亦由于采办之不实也。夫物有良楛，而成毁因之。有如以不堪物料冒破价值，是朽蠹之根，不在异日，而在今日矣。合无今次造作，该部专委能干官一员，令始终其事，计日课程，勤惰有稽，能否有别。庶乎责成专而本官尽力效用矣。至于买办物料，钱粮经手，虽属该部委官，而赀稰可核，物料可衡。一切务必胜任而后偷快，庶乎实用臻而朽蠹之根先杜矣。由此行之，事半而功倍，费省而用实，总以补功令之所阙，可并行不悖。而当此公私诎乏之时，但省一分耗蠹，得留一分物力，臣终不敢因代庖苟且塞责也。伏维圣旨省览，并乞敕下该部，容臣等遵行。其于慎重图籍之务，岂小补哉？缘系预建黄册库房、慎重图籍事理，为此具本，专差舍人杜一凤赍捧，谨题请旨。奉圣旨："该部知道。"

天启元年

南京户科署管黄册给事中臣欧阳调律等谨奏，为革浇风以防壅蔽事。臣等案查前事，先于嘉靖二十六年三月二十四日，该南京户部手本广西清吏司案呈，奉本部送准户部，咨该本部题山西清吏司案呈，奉本部送于户科，抄出南京广东道监察御史韩一佑奏，奉南京都察院札付准都察院，咨该本院题刑科，抄出给事中罗崇魁奏前事，及南京户部尚书闵楷奏，为稽查后湖积贮银两以节滥费事。各抄到院备咨。南京都察院选委御史一员，查吊事内文卷，将后湖银两通查，明白开造，具奏施行。嘉靖二十五年五月二十五日，太子少保、都察院左都御史周用等具题。本月二十五日，奉圣旨："是。这银两着从实查明具奏。钦此。"钦遵咨行到院，札行广东道监察御史韩一佑，查明具奏施行，等因。本官已经备行应天府，吊取历年收支后湖银两卷簿，逐一清查，并无侵欺情弊。

查自正德十一年七月三十日起，各处解到银两，存留应天府贮库。后湖一应给与书手、库匠工食，并纸札、修理等项支费，俱该府据管湖给事中等官明文，径自动支，原不关①白该部。合无今后该府准到管湖给事中等官行文，支过银数，每一季终，差管库官吏赴该部注销。管湖给事中会同管湖主事，仍每年春正月类将在前一岁收支过银两并实行数目造册，具本奏缴。庶该部钱粮出入之数俱明，而彼此不致有疑误矣，等因。奉圣旨："该部知道。钦此。"钦遵抄出到部送司，案呈到部。看得南京广东道监察御史韩一佑题称，"后湖银两，今后该府支过银数，每季终，差管库官吏赴部注销。管湖给事中、主事仍每年春正月将在前一岁收支过银两并实在数目，造册奏缴。"各一节，相应依拟，以后率以为常，则钱粮互相觉察，事体亦庶稳便，等因。嘉靖二十六年正月十六日，本部尚书王杲等具题。本月十八日，奉圣旨："是。钦此。"钦遵合咨前去，照本部题奉钦依内事理。钦此查照施行，等因。咨部送司，案呈到部，拟合转行管湖给事中会同本部主事，照该部覆题，奉钦依内事理，每年春正月，将在前一岁收支过银两并实在数目，造册奏缴施行。希造青册一本，送部查考。以后率以为常，等因。先经备行到湖，除将上年银数照旧造册具本奏缴外，窃照后湖驳册赎银寄贮应天府库，每年四季支给各役工食，并修理、物料、纸札等项，移会户部，行文支给。岁终，类册缴报。此旧例也。但查册开各役工食，俱有细开，花名可稽；而修理、物料等费，止开支银总数，并无领给撒数。相沿已久，不免含糊可疑。臣虽代庖，比受事初，已急行更正，即会同督册部臣胡继先关白合于衙门，自天启元年四月内为始，一应支给银两，不论各役工食与修理、物料等项，俱要逐起细开其项用银若干，又总开用银若干，务使总撒相合。仍于支领各项下，各标记领银姓名，以便稽查。遇支银之日，仍造②此式，各备造简明清册，知会合于衙门兑阅，彼此互考。故今将天启元年正月起、至三月终一季，仍照旧式登造。盖此未经臣更正之先者也。自四月分起、至十二月终三季，即照新式登造。盖此属臣更正之后者也。总将应天府寄收后湖银两，分别旧管、新收、开除、实在数目，备细攒造文册，具本，专差舍人顾守信赍捧进缴，谨具奏闻。天启元年十月廿八日具题，十一月廿五日奉圣旨："该部知道。"

① 关：手抄本误写为"阙"，据影印明刊本改。
② 造：疑为"照"字之误。

右疏，每遇年终奏报一次，例也。但开报支银，列款分项，一切缕析，宁不惮烦，惟取总撒相合，姓名可考，以便稽核耳。立法谬自今始，故标一于此，以后不赘。

天启元年

十月，南京户科等衙门署管后湖事给事中等官臣欧阳调律等谨题，为申严黄册事例、特惩因仍敝习以重版图以苏民困事。

臣等窃惟，民生利病莫大于赋役，故国家经制莫要于攒造。祖宗功令，首重攒造，以均赋役。每十年大造天下黄册，定以期限，专贮后湖，尽法查理。其变乱、埋没、飞诡种种奸弊，责在经管官吏、里书。各罪有差。又历来屡经题行该部申饬，逐①将册式并一应事宜，刊刻榜文图册，先期发所司。其法法②甚严，其条例甚具也。奈何人心积玩，辄视册籍为敝帚；弊端百出，竟等法令于弁髦。以那移户口，则甲之户可徙于乙，而赵之丁可移于钱；以飞诡田粮，则田已罄而粮不豁，户已绝而田仍旧。甚至抄誊故纸，而总撒不符、关收不列者有之；又有淆乱规式，而彼此矛盾、前后颠倒者有之。以故，人多百岁之老，产竟世守之业，从来已然。而以竹简之粉饰，供蠹鱼之腐蛀，盖难屈指矣。所以然者，盖缘大造之年，有司视为故事，委之里书，漫不加意。不过曰，驳查有罪，例在率循，便足了当耳。臣等自为令时，痛惩此弊。每见各处凡过③大造，里书蒙造册之名，而衙胥实分受包揽之利。迨至驳查，里书蒙罪拟之名，而小民实概受罚锾之苦。故当其撵④造之时，民间已有驳赎之派，肤既削于征科；及其驳问之日，小民复有增赎之扰，髓仍竭于追呼。且使功过无分，劝惩不别，此亦一罪，彼亦一罪，更何所惮而不相率苟且完事耶？是奸胥不唯不关痛痒，反以罪名为奇货；罚锾不唯不足以惩怠玩，反足以滋弊丛。尝试揣天下赎锾，归湖内者十一，润官橐者十三，而搔扰在民间者已不啻百千万亿，莫可究诘矣！夫攒造，本以均天下之大利害，而未能贻利，先以启害；驳查，本以核天下之大奸弊，而未能除弊，先以长奸。祖宗立法之美意谓何，而忍令其胥越至此耶！臣虽代庖，敬与部臣胡继先协力殚心，共期胜任。除一切湖内洗涤积习、裁抑繁冗、严惩胥后之奸顽、总核钱粮之出入、可径行者已经振刷、未尽事宜另请申

---

① 逐：疑为“遂”字之误。

② 法：此处第二个“法”字，当为衍文。或句中有错字，如“列法”错为“法法”。

③ 过：繁体字为“過”，疑为“遇”字之误。

④ 撵：疑为“攒”字之误。

饬外，今天启二年又值大造之期，伏乞敕下户部查议，首革里书、衙胥通同揽造之弊，并严禁驳查赎锾概扰小民之习。其原定册式，并合行条例事宜，逐一通查，刊入榜内，先期差人赍发。各省直翻刻给发所属，查照攒造。务择廉能精壮官员专董其事，督率各该司、府、州、县掌印官，留心料理。仍行各抚按，责成管册官员，比常倍加严谨。文书到日，即令里书以万历四十年改正黄册为实在，照册抄眷，交与监临官员收掌，以为今次旧管。后取各户亲供，除军、民、匠、灶等户照旧详开外，其余自天启二年为止。或有新报人丁，及置买事产，即开于新收项下；或有事故人丁，并卖出事产，即列于开除项下。收除既明，总结实在。务使总撒相合，字画明楷，纸张坚白，册本如式。造完之日，依限用印钤封，起解南京户部，转送后湖收查。若督册提调监造官员，册果合式，依期完解，获有批回者，各官宜以贤能奖赏。各抚按官仍具奏旌擢。如有积役仍前包攒，以肆科索，或贪懦衰庸官员滥承委任，以滋里书之弊，过期不完，及纸张粉饰不堪者，各官即将俸粮住支，以不□示惩。经管里书人等监究，勒限完报。其应得罪名，着落本身承当，不许牵连无干，仍前派扰。庶乎功罪分晓，人有劝惩；赎锾清楚，人可休息。习槩为之一新，夙弊可以永杜。当此民穷财尽之日，岂曰小补，而祖宗立法真可以传亿万世不敝矣。臣等不胜翘首仰望，激切之至。天启元年十月二十八日具题，十一月二十五日奉圣旨："该部知道。"

卷之十一

大类

五代

南唐迩事实录

郑文宝

金陵，北有湖，周回数十里。幕府、鸡笼二山环其西，钟阜、蒋山诸峰耸其左右。名山大川，掩映如画。六朝旧迹，多出其间。每岁菱藕网罟之利，不下数十百千。一日，诸阁老待漏朝堂，语及林泉之事。坐间，冯谧举元宗赐贺监三百里镜湖，信为盛事。又曰："余非敢望此，但赐得后湖，亦畅平生也！"徐铉怡声而对曰："主上尊贤下士，常若不及，岂惜一后湖？所乏者，知章尔！"冯大有惭[①]色。

宋

奏请废湖为田疏熙宁八年

王安石字介甫，号半山[②]，临川人。熙宁中，拜中书门下平章事。封荆国公。

臣蒙恩特判江宁军府，于去年十一月十一日到任，管当职事。当时，集官吏军民，宣布圣化，启迪皇风，终成一载。所幸

① 惭：手抄本误写为"渐"，据影印明刊本改。
② 半山：手抄本漏抄，据影印明刊本补。

四郊无垒，天下同文。然臣切见金陵山广地窄，人烟繁茂，为富者田连阡陌，为贫者无置锥之地。其北关外，有湖二百余顷，古迹号为玄武之名，前代以为游玩之地，今则空贮波涛，守之无用。臣欲于内，权开十字河源，泄去余水，决沥微波，使贫困饥人，尽得螺蚌鱼虾之饶。此目下之利。水退之后，济贫民，假以官牛官种，又明年之计也。贫民得以春耕夏种，谷登之日，欲乞明敕所司，无以侵渔聚敛，只随其田土色高低，岁收水面钱，以供公使库之用。勿令豪强大作侵占，车驾巡狩，复为湖面，则公私两□[①]矣。伏望明降隆章，绥怀贫腐。

跋放生池碑

欧阳修字□□，□□[②]人。翰林学士，谥[③]文忠。

右《放生池碑》，不著书撰人名氏。放生池，唐□□处有之。王者仁泽，及于草木□□□□□必遂其生，而不为私惠也。惟天地生万物，□以资于人。然代天而治物者，常为之□，使□足而取之，不过万物得遂其生而不夭。三□之政，如斯而已。《易·六传》曰：庖牺氏之王也，能通神明之德，以类万物之情。作结绳而为□罟，以佃以渔，盖言其始教民取物资生，而为万世之利。此所以为圣人也。浮屠氏之说，乃谓菽[④]物者有罪，而放生者得福。苟如其言，则庖牺氏遂为人间之圣人，地下之罪人矣。[⑤]

---

① 缺字：似为“便”字。

② 所缺四字，当为“永叔”和“吉水”。

③ 此字原刻只有“言”旁，当为“谥”字。

④ 菽：应为“杀”。

⑤ 据《欧阳修集》卷百四十载原文校之，该引文缺字依次为“世处”、“昆虫，使一物”、“所”、“节”、“其”、“代”、“网”。

放生池青溪阁记

张椿

金陵，古帝都也。青溪数曲，近在城中，晋则□郗僧陀之所领览，陈则为江总持之所据□[①]。二人者，虽号为声名震耀，胸次丘壑，一时□[②]从见于歌咏，然襞笺赋诗之时，君臣狎昵，□[③]酣昏蔽，竟不能免艳妃桥上之戳，至今使人羞之，则青溪殆为江令所污而不可洗也。□□□[④]氏结庐其上，王半山诗之，而“割青”之□[⑤]遂振。兵大[⑥]后，走鼪鼯，埋荆棘，独取给于渔师老圃之用。钟山之秀，无复照映此溪之上。今大帅史公，繇甘泉，法从宅，牧[⑦]留京，政修户庭，而人自得。于一路十州之外，凡地之胜与景之殊者，悉表出之。六朝以来人物事迹搜访具备，觉山川益奇，登览益多，而闻见益广。至是，青溪数曲之地，足历而心营[⑧]之。因柳堤之旧，筑层阁之新，忽若飘浮，上临云气，环城之山，毕出轩露。朝漪夕岚，烟颜雨态，尽得于指顾之内。公听讼之余，风清月白，兰桡画舫，时往来其间。无红旗穿市[⑨]之劳，有延绿混碧之观。龟鱼禽鸟，欣荣飞跃，鸣声下上，而自喜得所遇焉。是可为青溪贺也。一日，公顾客曰：“夫岂以游乐故，而

① 缺字：据《景定建康志》，当为“依”字。
② 缺字：据《景定建康志》，当为“游”字。
③ 缺字：据《景定建康志》，当为“沈”字。
④ 所缺三字，据《景定建康志》，当为“异时段”三字。
⑤ 缺字：据《景定建康志》，当为“名”字。
⑥ 大：据《景定建康志》，当为“火”字之误。
⑦ 牧：手抄本误写为“收”，据影印明刊本改。
⑧ 营：手抄本误写为“管”，据影印明刊本改。
⑨ 市：手抄本误写为“世”，据影印明刊本改。

为此哉？予之意，殆非也。尝迹《建康志》，……为昇日，据石壁，窠太书奇字[①]，以纪乾元放生池者，盖自江宁秦淮，连太平桥，并江带郭，皆禁网捕，所以宣皇明而广慈爱也。今青溪之地，延袤数里，蒲莲葭苇，联蔓葱蒨，潜深伏奥，依戏藻荇，不知其几千万亿，皆欲使之遂性。咸若圉圉洋洋，游泳恩波，以祈两宫万年之寿。此予之理是溪、创层阁，而以时往来其间者，述平原之志，举乾元之实，而效藩臣之精悬者也。"客闻而叹，乃酌而赞之。椿乃摭其事而书焉。

皇明

移萱记

杨廉丰城人。南京户科给事中。

予来莅后湖版图之次年，是为弘治壬子。是岁夏六月，始宿于湖中。文册浩穰，漫若烟海。竟日翻阅，疲极心目。时霪雨连日，暑气郁蒸，无所于体其体。顾荷浦柳堤不远偌迩，有不可得而即者。偶睹厅事左偏庋阁之前，有萱且花。惜其处于偎僻，人迹罕到，而予方求所以少涤烦襟者，欣得焉。即累台干[②]厅事之后，移植其中。觊以簿书之暇，得资游息。庶乎在我者常逸，而所以委顿乎前者，无以汩吾胸中之天，否则心清时少而乱时多，欲不为其所汩，难矣。移萱之次年，是为癸丑。春三月，予再宿于湖中，观其根叶繁茂，生意勃勃，真若解人意。而自庆所遭者，时虽未花，而已可倾卜其盛矣。予闻萱草忘忧，又

① 此句手抄本多有删动痕迹，《景定建康志》所载，作"颜平原为昇州日，据石壁，窠大书奇字"。影印明刊本作"……为昇州日，据石壁，窠太书奇字"。

② 干：疑为"于"字之误。

闻萱草言树之背。今兹草于吾厅事后之台而植焉，为不失地矣。而范希文所谓江湖忧君，则岂敢忘之。若予来此，虽甚有公事，亦昔人所谓湖中可了者，而其忧固不在是也。

前人

予既植萱于厅北之两台，越岁，余得陶缸于墙隅，甚钜。以众力舁致于两台之间，取湖莲之根而种之，附以污泥，浸以清泉。旁萱而中莲，尊莲也。莲，何为而尊？濂溪周夫子命莲为花之君子。若是，焉得而不尊之？吾郡黄太史庭坚作《濂溪诗序》，有“胸中洒落，如光风霁月”之说。延平李先生称其善，形容有道者之气象。此诚名言矣。但太史公又有“高荷为盖兮，不知何处散发醉”之语，此恐不可以比拟想象濂溪也。虽然夫子之于莲，其真趣殆非后学所能骤窥。至于景仰乎，洒落光霁之表；则藐乎，小子安敢自弃？若曰莲之爱而同子者，则谁可犯是不韪哉？记移萱后一日记。

过后湖记

计宗道柳州人。南京户部郎①中。

正德壬申秋，南京户部以天下版籍之在后湖者，间有讹谬，记其处，重令正之。予叨职户部，获同诸司视篆官后过湖磨勘，自八月至十月始讫事。凡过湖，必出自太平门。命舟而行，可七八里许，一望渺漫，光映上下。微风播扬，文漪聿兴。荡漾于烟波之上，莫不气舒襟豁，情畅神爽。见之者，若游仙焉。余门立舟首四顾，其嵯峨霄汉之表、王气郁葱而峙乎东南者，钟山

① 郎：手抄本缺，据影印明刊本补。

也；叠连如屏如帏，在西北者，幕府山也；峦岭偃蹇、盘伏于地而松森其上者，覆舟山也；挺拔而凸出城头、殿阁参差、浮屠耸空者，鸡鸣山也；山东、西一带列如悬榜者，世传台城也；崚嶒冒水而出者，岛屿也。旁视三法司公所，隐隐错落云水之湄。重岗叠阜，遥连于其外，翔然而鸾凤峙，腾然而蛟龙走矣。其中，远近芳洲，相聚如五星；红紫烟花，毕绚如匹锦。鸥鹭凫鸿，载飞载鸣；鲦鲙缨[1]鲤，以潜以泳，则已目饫而心怡矣。一日惊作[2]暴作，洪涛舂撞，篙人惶惧，挐舟舣岸而行。经败荷间，香气犹袭人。浮藻乱荇，牵舟缀揖[3]。已乃引入[4]曲渚，两岸荟蔚，无可登者。须臾，抵小陂，遂舍舟以陟焉。命隶剪荆分莽，排雾穿云，逡巡而进，见数处颓垣废趾，意前朝遗踪，可令人慨叹。而丛林蒙翳，追探前路尚窒，众亦惫焉。或籍草坐茵，箕踞少憩。复进，望一高丘，隶指曰："此相传郭仙墩也。"众狙犷以上，四围树林蔽日。复下故道，向新建籍库。过石桥，延伫其上，骋望云水茫茫，清飙飒飒，遂相与携手入旧库之洲。躡齐而升玄武厅，则黄门赵君惟贤已先渡，见余辈劳态，殊讶。既而闻述所遇，则又曰："是何奇也。予来斯几百往返矣，而未有若诸君所遇者。"乃出饼炙，酌泉饮啖之。众亦相与慰喜，以为非因风之故，则谁使之一探此奇哉？凡至其地者，各理公事。以日暮而归，则见月[5]光射水，晚霞相荡。回视湖上诸宇，在于苍烟杳霭间，不啻

---

① 缨：疑为"鳗"字之误。
② 作：似为"风"字之误。
③ 揖：似为"楫"字之误。
④ 入：手抄本误写为"人"，据影印明刊本改。
⑤ 月：疑为"日"字之误。

蓬莱阆苑然。岂不信为佳丽地哉！昔欧阳文忠公以金陵、钱塘物盛人众，为一都会，兼有山川之美。盖钱塘莫美于西湖，金陵莫美于后湖，固游冶之所趋也。我皇祖奋出江表，鉴前朝沦国之故，乃建库若干楹，收天下版籍于兹储焉。设科部官各一人专司之，著为厉禁。自部长暨群寮，非有公遣，不得时至，则凡他好游者，虽极幽遐瑰瑞之所，无弗可及，独于此不能厕足焉。而吾侪今获因公而至，而又探奇于无心之会，抑岂非至幸哉！事竣，众各为诗，以舒情纪胜。宗道因为记，以书其事云。

重修湖口检阅厅记

赵官合州人。南京户科给事中。

南京太平门外，有水浩淼泓澄而汇于钟山之阴者，后湖也。湖之东南涯，去城阙可半里，是为湖口济渡之处，有检阅厅焉。厅以检阅名，所以遵国禁也。旧例，每五日一次过湖，则司湖事者晨起陟厅上，检阅官、生、吏、隶、匠役。若两京十三省之负版者，稽其文移，录其姓氏，按其奸伪，严其关防。候内监之锁钥至，而放舟以入焉。暮还，复锁其舟故柱，躬验之，加封识，焉然后归。是厅虽甚小，而所系甚大，不可无焉者也。厅之制，岁久圮坏且毁。正德壬申冬，因借户曹张君济宽□奏其事，上命南京工部为复治之，时大司空德兴孙公，以委营缮主政李君一清，董其役。经始于次岁夏季之己亥，不越月，厥功以成，视旧之规制，不加增损，而轮奂一新焉，可谓完矣。然则后湖根本重地，而此则其门户也，可无一言以识之乎？仰惟圣宗藏册后湖，法令严密，不容人之窥伺，所以重民数，息民争，维持天下之心，而保皇明亿万载无疆之业。其虑至深远矣。故湖曰禁湖，地曰禁地，例必曰禁例，而船必曰禁船。以至樵采渔牧之有罚，巡视守护之有人，而擅越湖者必以重治。人之望之，凛然知所畏惮，而毋敢有轻玩者焉。呜呼，禁令之严如此，凡我同事之人，其可苟焉而不加之意乎？夫出禁令者君也，奉君之禁而罔敢暇逸者臣也。若苟焉而不加之意，则失臣之职矣。官实菲才，而滥司是事，每湍湍[①]焉。既与偕事者更相规戒砥砺，以共厥职，又勤[②]石厅左，以志不忘，因以识岁月云。

神祠记

玄武湖西有神祠，附祠有方台，纵横可丈许。相传为洪武间都城耆民茅姓者献策，出上意表。上甚奇之，遂用其言。册库皆东西向，日朝出，册暴东影；日夕入，册暴西影，万世利也。已而作窖，筑其人于中。予尝骇斯闻而疑之，斯策也，其果良乎？无也！良矣而不用，已误；用矣而不赏，已薄。用其言，而筑其身，是可疑也。圣祖求言如渴，报言不留，陶安、姚仲实不异斯老也。彼被大赏，及其子若孙。《大诰》之书所载，王本道宥，至三犯而后杀斯人者，不赏矣，不可宥耶。是可疑也。或者圣祖嘉其人，遂以湖工委之。其人死事兹土，因藏于湖，或有他冢，宜亦有之。苟以是为茅冢，是报也，非筑也。为报，而不一题其主，以不没其姓氏，但曰土神云者，予故疑是非茅冢也。嘉靖甲申秋，予承乏湖事，时惟天下版籍□□之日，方大有事于清查，百工交作。祠台□圮岁久，为恶木所贯，而□□穿土石□□□堕。环视而莫之

---

① 湍湍：似为“惴惴”之误。

② 勤：似为“勒”字之误。

敢葺者，久矣。予惟神惟湖□不然自庇，而以庇人，末也。于人，为不报；于神，为不昌。予其葺之。或曰，神墓也，无敢葺者。予不虞防墓乎？子其奈何！予曰："非墓也，固宜葺也；信墓耶，尤宜葺也。以为崇报，可也；以为掩骼，可也。"予其葺之。时方秋零，乃命执事者方銎长锯，循其穿穴者而渐次除去，他无所见，惟枯根数抱，乃一土丘耳。旧台，坻平而方，下有梯，上有槛，以凭以升，以眺湖中，一览可望，或曰望湖台。台者，理或非耶。然曰冢，不坟而方，不鬣而梯，始予固已疑之已。圣祖凡建侯之地，必聚土为方台，以依五土之神。此其聚土，以依湖神耶？苟以依神，梯可彻也。是日，仍聚土甃[①]石，为方台如初。噫，百年之诬，庶其解矣。予遂书台上，以告来者云。

祖洲

初始为禁地，以贮天下民数，非六朝歌舞地。圣祖规模弘深者如此。是洲建库最先，自洪武十四年始大造，今百五十年，凡建库一十二连，始满其地云。

仙擘洲

洲与龙引，俱自西发。龙引南折而东，最长，如人偃掌。洲则东折而南，稍短三分之一，如掌有巨擘，环抱相向云。

龙引洲

祖洲之南。旧有龙潭，祷者辄应。是洲自西而南，南折而东，蜿蜒[②]六七里，空有伸缩偃仰之状云。

---

① 甃：手抄本缺，据影印明刊本补。

② 蜒：手抄本误写为"蜓"，据影印明刊本改。

陵趾洲

洲在湖东。□[①]陵在洲东。自祖洲注望，皇陵正出洲上，而洲为山麓若趾焉。长发其祥，是足占矣。

莲萼洲

引洲走其南，擘洲走其北，皆环山有情。而洲之西，有翠红堤，与方□□□□□祖洲。洲正当南北之中，四无根著。舟中望之，真如□□生水上，殆天巧也。

太平洲

俗呼为将军洲。岂以其为湖门耶？然无谓矣。洲在□[②]陵之西南，去太平门数里许。城上可见。然亦砥平方正，不如他洲之圜长偃仄也。

郭公冈

世传为晋郭璞冢。东晋都建康，正斯地也。璞精地理书，岂尝登眺[③]其上耶？必以为郭璞冢，未可知也。冈最高，登之可眺远。他洲皆沙土，惟冈土独黄。嘉靖甲申冬具奏，建圣谕亭其上云。

龙津

旧有祠，可祷。湖中，惟津下深不可测。志载，有黑龙起其中。而祠废久，不可踪迹矣。

翠红[④]堤

堤长二百余尺，卧引、擘二洲之西。夹以蒲莲榆柳，翠色可

---

①② 缺字：似为“皇”字。

③ 眺：手抄本原字漫漶，难以辨认，据影印明刊本而定。

④ 红：当为“虹”字之误。

爱，隐隐一长虹也。

芳桥

桥在翠虹堤中。

鹤桥

桥在莲萼洲。

飞云汀

湖西空阔，为小汀一片，如过空之云。湖水动荡，图画不可言矣。

聚凫汀

小湖相集，如群凫然。

伴星汀

湖心有汀，明净可爱，如小星随月云。

湖有六洲，大小颇相若。每吏人巡逻，及新旧长负之名以相，则实歉事也。同承乏后湖，遂各题以佳名。或是旧洲，或以其为祖洲，仍而以旧洲为祖洲，则以志圣祖弘远之意。凡之疏十字河，以其意且远矣。按：《东海十洲记[1]》亦以第一洲为祖洲焉。夫以祖洲计之，大约百五十年余始满，则六洲已历千载，而小汀之渐生者又不可穷，则我□□万年之历，固可□矣。是为[2]……

祭文

册库神文

① 《东海十洲记》：应为《海内十洲记》，旧题汉东方朔撰，实为六朝人依托所作。

② 以下文字原缺。

翰林院奉敕撰

维弘治几年，岁次某甲子某月朔某日，皇帝遣某官，致祭于南京后湖册库之神，曰：惟兹册库，建于后湖。民数登藏，实国重务。神典斯土，默佑清吉。时维仲春秋，祇修常祀。用答神休，益期利济。尚享。

工部开荒破土告神文

维嘉靖几年，岁次某甲子某月朔某日，南京工部尚书某、侍郎某，谨以牲醴致祭于司工之神，曰：兹者祇奉钦命，起盖册库三十间。择于是日兴工，谨用祭告，惟神其相之。谨[①]……

① 以下文字原缺。

历代

诗类

晋

金陵阻风雪书寄杨江宁[①]

陶潜字渊明，晋处士，号靖节先生。

潮水定可信，天风难与期。清晨西北转，薄暮东南吹。以此难挂席，洄沿颇淹迟。使索金陵书，又叨贤宰知。弦歌止过客，惠化闻京师。海月破团景，菰蒋生渌池。昨日北湖花，初开未满枝。今看白门柳，夹道垂青丝。岁物忽如此，我来复几时。纷纷江上雪，草草客中悲。明发板桥浦，空吟谢眺[②]诗。

刘宋

从上乐游苑中观北湖收田勤苦应诏元嘉十年

颜延之字延年，江左人。官至青紫光禄大夫。

周御穷辙迹，夏载历山川。蓄轸岂明懋，善游皆圣仙。帝晖膺顺动，清跸巡广廛。楼观眺□颍[③]，金驾映松山。飞奔互流

① 《金陵阻风雪书寄杨江宁》诗为唐代李白所作。此处误载陶潜名下。杨江宁，名利物，唐天宝年间润州江宁令。

② 眺：当为"朓"字之误。

③ 跳□颍：据《景定建康志》作"眺丰颖"三字。

缀，缇縠代回环[①]。□行埒[②]浮景，争光溢中天。开冬眷祖[③]物，残悴盈化先。阳陆团精气，阴谷曳寒烟。攒素既森蔼，积翠亦葱仟[④]。息飨报嘉岁，通急戒无年。温渥浃舆隶，和惠属后筵。观风久有作，陈诗愧未研[⑤]。疲弱谢凌遽，取类非缠牵。

唐

北湖[⑥]

张九龄字子寿。开元中为中书令，谥文献。

南国更数世，北湖方十洲。天清华林苑，日晏景阳楼。幕[⑦]下回仙骑，涯[⑧]傍驻彩斿。凫鹥喧凤管，荷芰斗龙舟。七子陪诗赋，千人和棹讴。应言在镐乐，不让横汾秋。风俗因纾慢，江山成易由。驹王信不武，孙叔是无谋。佳气日将歇，霸功谁与修。桑田东海变，麋鹿姑苏游。否□[⑨]争三国，康时劣九州。山虽幕府在，馆岂豫□[⑩]留。水淀还相阅，菱歌亦故遒。雄图不足问，□想是[⑪]风流。

---

① 环：手抄本作“缳”据影印明刊本改。

② □行埒：据《景定建康志》作“神行埒”三字。

③ 祖：据《景定建康志》作“徂”字。

④ 仟：手抄本作“阡”，据影印明刊本改。《景定建康志》作“芊”。

⑤ 研：据《景定建康志》作“妍”字。

⑥ 诗题：《全唐诗》，作《经江宁览旧迹至玄武湖》。

⑦ 幕：据《全唐诗》，作“果”字。

⑧ 涯：据《全唐诗》，作“津”字。

⑨ 缺字：据《全唐诗》，作“运”字。

⑩ 缺字：据《全唐诗》，作“章”字。

⑪ □想是：据《全唐诗》，作“唯想事”三字。

春日陪杨江宁及诸官宴北湖感古作

李白字太白，号谪仙，蜀人。天宝初供奉翰林。

昔闻颜光禄，攀龙宴京湖。楼船入天境[①]，帐殿开云衢。君王歌大风，如乐丰沛都。延年献佳作，邈与诗人俱。我来不及此，独立钟山孤。杨宰穆清风，芳声腾海隅。英僚满四座，粲若琼林敷。鹢首弄倒景，峨眉缀明珠。新弦采梨园，古舞娇吴愉。曲渡才[②]云汉，听者皆欢娱。鸡栖何嘈嘈，沿月拂笙竽[③]。古之帝官[④]苑，今乃人樵苏。感此劝一觞，愿君覆瓢壶。荣盛当作乐，无令后贤吁。

金陵

地拥金陵势，城回江水流。当时百万户，夹道起朱楼。亡国生春草，王[⑤]公没古丘。空余后湖月，波上对江州。

游金陵赠同旅

朝登北湖亭，遥望瓦屋山。天清白露下，始觉秋风还。游子托主人，仰观眉睫间。日色送飞鸿，邈然不可攀。长吁相劝勉，何事来吴关。闻有贞义女，振穷溧水湾。清光了在目，白日如披颜。高坟五六墩，崒兀栖猛虎。遗迹翳九泉，芳名动千古。子胥昔乞食，此女倾壶浆。运开展宿愤，入楚鞭平王。凛冽天地间，闻名若怀霜。壮夫或未达，十步九太行。与君拂衣去，万里同翱翔。

---

① 境：据《全唐诗》，作"镜"字。

② 渡才：据《全唐书》，作"度绕"二字。

③ 拂笙竽：据《全唐诗》，作"沸笙竽"三字。

④ 官：据《全唐诗》，作"宫"字。

⑤ 王：据《全唐诗》，作"离"字。

题玄武师屋壁[①]

杜甫字子美，襄阳人。工部员外郎。

何年顾虎头，满壁画瀛洲。赤日石林气，青天江水流。锡飞常近鹤，杯度不惊鸥。似得庐山路，真随[②]远游。

玄武湖[③]

李商隐字义山，号玉溪子，怀州人。吏部员外郎。

玄武湖中玉漏催，鸡鸣埭口绣襦[④]回。谁言琼树朝朝见，不及金莲步步来。

陈宫[⑤]

玄武开新苑，龙舟燕幸频。渚莲参法驾，沙鸟犯勾陈。寿献金茎露，歌翻玉树尘。夜来江令醉，别诏宿麟[⑥]春。

秋夕游练湖有感

许浑字用晦，润州丹阳人。郢州刺史。

西风渺渺月连天，同醉兰舟未十年。鹏[⑦]鸟赋成人已殁，嘉鱼诗在世空传。荣枯尽寄浮云外，哀乐犹惊逝水前。日暮长堤更回首，一声邻笛旧山川。

---

① 诗题：据《全唐诗》，作《题玄武禅师屋壁》。题下有言："屋在中江大草原雄山。"诗，似与后湖无关。

② 此处：据《全唐诗》，缺一"惠"字。

③ 诗题：据《全唐诗》，作《南朝》。诗共八句，后还有四句，未录。

④ 繻：据《全唐诗》，作"襦"字。

⑤ 诗题：据《全唐诗》，作《陈后宫》。

⑥ 麟：据《全唐诗》，作"临"字。

⑦ 鹏：应为"鵩"。许浑该诗原名《尝与故宋补阙秋夕游练湖南亭，今复登赏，怆然有感》。《鵩鸟赋》为汉代贾谊（前200—前168）谪居长沙时所著。鵩鸟，猫头鹰也。

五代

后湖

朱存金陵人。

雷轰叠鼓火翻旗，三异翩翩式[1]水师。惊起黑龙眠不得，狂风猛雨不多时。

宋

同王胜之游蒋山

苏轼字子瞻，号东坡居士，眉山人。元佑中除翰林学士，谥文忠公。

到郡席不暖，居民空惘然。好山无十里，遗恨恐他年。欲款南朝寺，同登北郭船。朱门收画戟，绀宇出青莲。夹道苍髯古，迎人翠麓偏。龙腰蟠故国，鸟爪寄层巅。竹杪飞华屋，松根泣细泉。峰多巧障日，江远欲浮天。略钓[2]横秋水，浮屠插暮烟。归来踏人影，云细月娟娟。

和

王安石

金陵限南北，形势岂其然。楚役六千里，陈亡三百年。江山空幕府，风月自觥船。主送悲凉岸，妃埋想故莲。台倾凤久去，城踞虎争偏。司马壖庙域，独龙层塔巅。森疏五愿木，蹇浅一人泉。棁杖穷诗[3]岭，蓝舆罣半天。朱门园绿水，碧瓦第青烟。墨客真能赋，留诗野竹娟。

---

① 式：据《全唐诗》，作"试"字。

② 钓：另本作"彴"字，当是。略彴，即小木桥也。

③ 诗：另本作"诸"字。

忆金陵

覆舟山下龙光寺，玄武湖畔五龙堂。想见旧时游历处，烟云渺渺水茫茫。

后湖晚出

陈师道字无己，号后山，彭城人。建中靖国初，为正字。

水净偏明眼，城荒可当山。青林无尽意，白鸟有余闲。身致江湖上，名成伯季间。目随归雁尽，坐待暮鸦还。

放生池

王十朋字龟龄，号梅溪，永嘉人。太子詹事、龙图阁学士。

畏死贪生物我同，仁心要在扩而充。江湖鱼鳖知多少，尽在恩波浩渺中。

郭璞墓

刘克庄字潜夫，号后村，莆田人。秘阁修撰。

先生精数学，十冗未应疏。因捋虎须死，还寻鱼腹居。如何师鬼谷，却去友灵胥。此理凭谁诘，人方宝葬书。

北湖怀古

马之纯号野亭。承议郎充江南东路转运司主管文字。

万顷冥茫水拍堤，当时于此习舟师。长江天险虽堪恃，斗舰人谋可勿施。莫使黑龙离旧窟，且教玄武入新词。如何入①作蓬瀛景，时节来游看水嬉。

① 入：据《景定建康志》，作"又"字。

玄武湖

黄公度莆田人。翰林学士。

玄武湖中春草生，依稀想见竹篱城。后来万堞如云起，方恨图王事不成。

又

前人

万骑连山噪虎熊，千艘激浪泣鱼龙。变迁陵谷有如此，应笑铜驼无定踪。

又

鲁极

当日湖光彻镜心，龙旗风吹此登临。而今铁马回旋地，斜照黄尘一尺深。

皇明

古风

过玄武湖

储巏泰州人。南京户部左侍郎。

北山飞翠凝吾杯，舟人举棹相徘徊。城隅捩舵踏冰入，船底轧轧闻春雷。霜风吹衣衣欲裂，湖天泱漭凝飞雪。司空劝饮夕郎酬，始觉微酣生颊热。中流咫尺冰尽开，沙禽水鸟忘惊猜。新洲昨夜梅花发，暗香偏逐诗人来。湖波为带城为被，册府图书真得地。却笑前朝建此都，只将山水供游戏。

钟山龙蟠几百里，下有龙宫藏剑履。山中老树尽成龙，夜夜飞来饮湖水。湖波只与银河通，背城一派垂晴虹。柏梯高寒石梁迴，十洲三岛蓬莱宫。长堤隐隐湖心路，堤上行人日[①]来去。春风杨柳夏天渠[②]，换尽年光颜色故。世间万事如云烟，湖光山绿直[③]依然。不及湖中鱼与鸟，涵泳恩波今百年。

和

张滐浔州人。参赞机务、南京兵部尚书。

玄武湖前同泛杯，司徒司空各徘徊。诗肠汩汩元气壮，得酒似闻殷其雷。一声长啸山石裂，绮语散空洒晴雪。但疑落井坐眼花，岂解仰天夸耳热。湖中举棹图画开，居人见惯行人猜[④]。若使蓬壶不在世，此间那得神仙来。冲寒坐拥青绫被，版籍咨询根本地。神仙胜迹许谁攀，想象高唐聊自戏。

湖心舆图几万里，湖面双凫飞赐履。经营王事得奇观，暂向扁舟弄云水。洪涛巨浸海眼通，长堤蜿[⑤]蜒如渴虹。图书说有神物护，月明照见骊龙宫。瀛洲不断衣冠路，十日循环来复去。乘槎自昔有仙缘，世人那复知其故。晒册诸人谨爨烟，湿薪破灶午初然。规规垂统非今日，仰首轩皇铸鼎年。

和

杨廉

群公湖上欣持杯，此会难再须徘徊。百年籍册如铜版，俗传军匠后湖有铜版，不得□窜。祖皇严令如春雷。就中半字谁敢裂，冤抑叩之自能雪。环以波光水气寒，六月那知有炎热。千椟万牖诸

---

① 日：另本作“自”字。

② 天渠：另本作“芙蕖”，当是。

③ 直：另本作“只”字。

④ 猜：手抄本作“倩”，据影印明刊本改。

⑤ 蜿：手抄本误为“婉”，据影印明刊本改。

库开，我初见之犹疑猜。承平户石转增益，但视万国梯航来。我朝声教皆渐被，周礼司徒掌舆地。示来诗句何鉴[①]锵，剩有高才敌宾戏。

中洲去岸六七里，犹忆宿湖宵拽履。画船上锁金钥收，极目惟见渺㳽水。一来五日耗不通，纱窗夜夜明晴虹。神清不寐歌达旦，余音下撼蛟龙宫。廿年不到湖上路，回首光阴如箭去。澄波照影衰鬓蓬，自笑容颜已非故。沿堤高柳仍含烟，钟山一幅纍画然。无端往事不可问，惟有景物如当年。

湖亭晚兴

章概会稽人。监察御史。

南薰满虚牖，皓月明前除。萧萧杨柳林，湛湛蛟龙陂。翼翼民数堂，层层储数居。劳劳王事客，了了公事余。累道神自适，野趣同樵渔。达人悟玄妙，岂以形迹拘。俯仰天地宽，兀然倾一壶。

次韵王侍御湖斋夜坐见寄

赵官

清时重民数，寰宇争斗息。惠此中国人，安居而粒食。规模独宏远，法禁更严密。户口无伪增，编造皆核实。万年不磨灭，一字谁敢易。珍藏鳌背中，世比金与石。我来此二载，湖事嗟[②]未饰。喜同王碧峰，握手道今昔。君诚鸣世英，良会宁易得。对榻坐更残，湖心月沉白。

---

① 鉴：疑为“铿”字之误。

② 嗟：音义均同“嗟”。

五言律诗

湖中闲咏

蒋钦常熟人。监察御史。

湖云行忽恍，亲舍邈江东。水落仍遮月，草深还耐风。宦途三载外，仙径十洲中。雁鹜鸣何切，霞销星满空。

禁湖刚起早，红日却升东。阶过入砖影，门开两扇风。云容浓淡处，山色有无中。步上层台望，秋旻万里空。

和

吕盛建平人。南京户部郎中。

公余偶乘兴，观物过桥东。竹叶含秋露，芦花散晓风。山居湖水里，人在画图中。翘首斜阳下，云开天正空。

郭璞墩怀古

邹旸

周遭涵巨浸，中窆有崇冈。义欲摧凶逆，才非歉智囊。堂前烟锁草，物外雨欺棠。千古英雄恨，遥知耿不亡。

别岛

左唐扬州人。南京户部主事。

扁舟临别岸，景物亦奇哉。野树闲生长，沙鸥信往来。水浮尘世隔，天远画图开。我欲为招隐，何人爱草莱。

鱼浦

吴宗周

为爱沧洲趣，溶溶水拍天。烟花如有约，风月阔无边。幽鸟能驯棹，游鳞或跃渊。捕求明主禁，谁复欲投筌。

同乔户曹联句

李熙上元人。监察御史。

片雨孤城黑，三洲一水通。竹深喧宿鸟，天远断归鸿。魏阙心迢递，钟山气郁葱。云程须共勉，莫遣鬓如蓬。

簿书偶成暇，缓步小桥东。袖拂芦花雪，堤翻落叶风。观鱼临水次，访古过林中。回首斜阳外，孤鸿自远空。

湖上

陆礼无锡人。南京户部主事。

冷落西风外，微茫水国边。断云寒不雨，孤爨湿无烟。树暝投归鸟，湖深绝去船。尘心此消释，试学静中禅。

七言绝句

郭璞墓

吴绶

波心孤冢草芊绵，犹占无名土一拳。风水纵令归妙术，先知何不保生前？

黑龙潭

灵物蜿蜒勺水容，水腥犹带湿云封。凭谁唤起为霖雨，莫护明珠作卧龙。

后湖

朱璠合州人。南京户部主事。

王者从来重所天，六朝无计置民编。后湖藏册高千古，永保皇图亿万年。

七言律诗

玄武湖

薛瑄蒲州人。礼部左侍郎兼大学士，谥文清。

北湖清浊自天开，势协龙图一水来。百里烟霞环岛屿，绕城波浪动楼台。九霄气迥通银汉，五夜天低转斗魁。绝胜蓬莱山下水，洪源终古不尘埃。

湖中即事

张贲成都人。南京户部郎中。

玄武湖头好放船，春风几度宿湖边。烧残竹矩交三鼓，读罢《南华》第二篇。孤枕梦中家渺渺，寒梅枝上月娟娟。晚来凝望多诗思，独对钟山雪满巅。

和

杨廉

五日萧然锁禁船，湖光万顷渺无边。案头公事惟陈纸，物外诗情亦短篇。山色连城浮紫翠，水华隔浦斗婵娟。尘埃不到中洲地，人在蓬壶最上巅。

廖漠武昌人。

远水村居不见船，太平人住禁湖边。风光有限家千里，景色无端诗一篇。画舫迎风分藻渡，钟山邀月映波娟。宦途何幸逢佳事，水到源头山到巅。

陆崑湖州人。监察御史。

杨柳堤头漫放船，凝眸南望幸无边。好山远近开图画，陈迹荒凉炤简篇。曙色遥连云漠漠，波光常映月娟娟。几多公事湖中了，身在蓬莱阆苑巅。

张杜□州人。南京户部主事。

联辔城南却上船，一湖风景入吟边。好怀有酒皆千日，漫兴无诗不百篇。充栋图书诚浩瀚，透窗新月正婵娟。劳劳王事惭无补，功业最先到绝巅。

乔瑛云南临安人。南京户部主事。

垂柳阴阴十二船，碧天无际水无边。石头城古饶形胜，鳌背洲长富简编。仕路几年人聚散，乾坤千古月婵娟。相期不负清朝托，壮志峥嵘太华巅。

毋恩蓬州人。监察御史。

晓开金钥上湖船，水色山光绕四边。一统华夷弘大业，万户版籍富连篇。龙潭波漾晴空碧，雁塔烟联夜月焰。谩倚阑干翘首望，五云□□翠微巅。

洲中书事

王璟建水人。监察御史。

玄武湖边放禁船，船头吟罢乐尧天。寻诗自叹今兼古，对酒谁分圣与贤。风带水声来枕上，云连树色过窗前。太平有象惭无补，报国丹心日日悬。

雨中过湖

陈大中蕲州人。南京户部主率。

雾雨霏微过后湖，水天聊尔乐真吾。鹅黄柳色匀仍淡，螺黛山光远却无。性里鸢鱼飞跃处，个中人物笑谈图。停桡历历瞻民数，稽颡高皇仰庙[1]谟。

---

① 庙：手抄本缺，据影印明刊本补。

公余散步

张鸣凤东昌人。监察御史。

册府当中水绕回，内宫金钥许谁开。山光含翠时舒卷，鸥鸟忘机任往来。民数登藏天共久，圣谟丕显日昭回。幸陪诸俊叨同事，匡济惭无补衮才。

壬申秋南京诸户曹过后湖公事

杨亘建安人。南京户部郎中。

一棹凉风入后湖，逼人诗景未应孤。黄芦宿雾连群岛，碧树晴云隔九衢。寰宇版图今代盛，皇家制度古来制[①]。兹行已惬平生愿，公暇何妨倒玉壶。

和

吕盛

侵小楼船入禁湖，楚天寥廓雁声孤。敢将佳句酬黄菊，滥逐清班下紫衢。水落寒潭群石出，风来别渚一尘无。公余缓步斜阳下，疑踏神仙碧玉壶。

陈恩东莞人。南京户部郎中。

自有乾坤有此湖，几人谋国见忠孤。一朝尽扫腥膻秽，万姓咸归坦荡衢。凭式乐闻宗版籍，核玄差睹事虚无。小臣何幸逢兹盛，感激狂歌载击壶。

马文郴州人。南京户部郎中。

桂殷蒋白水平湖，归雁追群势不孤。一道木桥横别岛，万年版籍隔通衢。波光浴日开还阖，树色迷烟淡若无。地主相携

① 制：应为“无”。

看滕概，浑如寒露置冰壶。

杨捷潞州人。南京户部郎中。

秣陵自昔重斯湖，景物宜人未可孤。十顷秋光分地脉，五洲树色接天衢。门前负版皇华至，座上赓诗俗客无。万斛陈器成一洗，何须海上问方壶。

张愈严眉州人。南京户部主事。

南畿胜地说玄湖，民数登藏信不孤。四面还巡照大禁，中洲守护绝通衢。蠹惟细检方能尽，弊待精研庶得无。瘝旷是忧心未歇，泛舟恍似在冰壶。

后湖管册赵黄门惟贤、章侍御世衡、张户部济宽

与有两科场屋之雅念，别来劳于清理，辄寄小诗道意

吴一鹏长州人。南京国子监祭酒。

诸生分馆俨成行，册籍纷然校勘忙。日共齑盐官亦冷，夜无灯烛漏偏长。湖明最爱山如画，地湿应防雨作殃。料得公余酬倡[①]富，吟哦声里正连床。

春日，遣六馆诸生查册后湖，勉之以诗

图籍承传岁月深，后湖台榭锁春阴。贤劳莫起诗人叹，邦本当知圣祖心。水次流光共检阅，民间宿弊在搜寻。吾言用致惓惓意，朝夕聊为座右箴。

过后湖

计宗道

玄武湖宽一鉴开，尘寰须信有蓬莱。双双白鸟冲洲去，隐

① 倡：应为“唱”。

隐青峰入座来。醉眼路迷盘岛屿，波心影蘸动楼台。九洲图籍归天府，万载珍藏亦富哉。

即事

王崧临清人。监察御史。

山绕平湖水绕洲，珍藏民数出神谋。版图尽向当时定，夷夏同归此处收。地僻□教烟雾锁，天空惟放羽翰投。几番稳坐扁舟过，仿佛乘槎入斗牛。

送赵给谏先生过湖清册

汪伟广信人。南京国子监司业。

湖中册府似联艖，面面晨晖夕照多。云水壁环烟火隔，版图金铸鬼神呵。身登鳌背人瞻望，手把蝇头自勘磨。独有东山伴岑寂，支顺时作短长哦。

王子谟

民数登藏属九洲，堂堂册府万年猷。屏开岚影三千嶂，鳌驾烟光四五洲。画舫时过龙窟外，典官近出凤池头。东涪志就皇家范，从此南都美不休。

宿湖有感

许洪宥潮州人。监察御史。

水作金汤柳作衙，清波隔断世途赊。皇明有道期千岁，幽岛承图足万车。花鸟谩供熙载客，烟霞不领钓鱼艖。公余散步间回首，肯信神仙别有家。

过湖偶题

叶溥龙泉人。南京兵科给事中。

谁向玄湖凿此源，上通龙窟下通泉。鳌浮州峙如山稳，天转波涵似镜妍。册府无涯窥岁月，官舟有岸泊云烟。公余不问当年事，坐对钟巅独悄然。

天泽备员工部，曾有事于后湖，距今已十又二年矣。追忆有作

徐天泽余姚人。南京吏部郎中。

忆自当年泛渺漫，扁舟一叶镜光寒。千年王气蟠无际，万国图书示不刊。踪迹空余鸿指雪，经营曾竭寸心丹。芳洲咫尺仙凡别，似隔回风欲到难。

宿湖偶成

高公甲内江人。南京户部员外郎。

五里湖光一叶舟，飘然送我过瀛洲。万年版籍于斯在，四海图舆尽此收。钟顶王衡清电彻，金陵黄屋紫云浮。仰窥圣祖神谋远，后乐当先天下忧。

[①]至日过湖得首二句，偶合高松厓韵，因续之

陆礼

冬至来登湖上舟，萋萋风物动皇洲。梅花涧暖泉将发，葭管灰飞冷欲收。树锁春云佳气合，窗笼晓日瑞光浮。万邦民数阳和里，当宁今无南顾忧。

秋湖一首

彭汝寔嘉定州人。南京吏部给事中。

秋湖拍拍比春湖，消得秋光转画图。霜后丹枫纷点缀，晚来白雁未招呼。最便吏隐浮华远，独抱时艰意念孤。天府有藏云物护，迂疏真愧赋西都。

---

① 应漏一“冬”字。

湖亭二首

湖亭结处费板跻，湖上飞云直与齐。虚阁不扃星下上，归鸿无定月高低。六朝此地穷歌舞，昭代何人为品题。佳气郁葱陵树合，夜深芳影蘸玻璃。

天府图书锁碧涔，岚风烟霭护森阴。山藏佳丽环陵趾，洲涌危峦出水心。善地百年民数会，禁湖千雉渚莲深。飞潜自信看王化，鱼泳寒渊鸟构林。

咏后湖并跋

黄希英蒲田人。南京户部主事。

正德甲戌，希英既述职归，自京师两越月，蒙圣恩擢为南京户部主事，专漕饷。不旬日，又奉本部札，兼协黄门赵君惟贤等，理版籍于后湖。于是登湖船，可五里许，跻民数堂，同校勘。由堂之背而西行，则为度阁所，屋宇鳞鳞，截然齐整。既而守者启锁钥，乃因得而遍观其中，始知国家一统之盛，人物生齿之繁，与我太祖之规模创制，宏远周密，皆得悉焉。按：志湖之来，旧矣。钟山峙其东，而鸡鸣、幕府诸峰环拥南北。泉之汇潴而为湖。昔称佳丽，是当称最焉者也。我太祖定鼎金陵之后，既考天下之图矣，乃相方度土，即湖之中洲，建度阁数百楹，使天下负版而至者，悉于此而登藏焉。潜惟圣虑，当谓湖为胜地，所以启侈丽之观而门靡漫之乐者，固在兹也。因即而用之，使万世名之曰：此天下图籍府也。赋税之盛，我太祖勤劳缔造之勤；生齿之繁，我太祖容养生息之力。则夫列圣相承，思所以承籍祖德而轸念元元，自有不可遏者矣。希英既挹湖之胜，因仰思圣祖遗谋之深，遂拜手稽首以书。

胡尘汛扫八方清，玉辇曾来此地行。不作神山遗嗣主，深藏图籍重苍生。鳞鳞庋阁知繁庶，渺渺湖波识圣明。南望钟山玄德远，只将匪懈答升平。

九月十一日，后湖寓直，奉答司勋皇甫白泉见赠诗，兼呈同事诸君

王廷干宁国人。南京户部员外。

高皇方息战，于此浚澄湖。日月光玄览，乾坤启睿谟。万年修《禹贡》，九译献周图。版籍封疆远，丝纶诏命敷。分方谁后至，奏计竞先驱。户口嬴前代，风烟入旧都。上林芝草满，禁苑贝花殊。秋兴感黄菊，羁怀咏绿芜。水寒天映淡，木落雁飞孤。波静星文彻，南中丽景无。

槎泛三秋日，舟横两岸荃。台观鸣凤处，池想跃龙边。法驾营丰芑，神河似洛川。馆邻金阙后，渠绕御沟前。晋苑唐朝改，秦图汉室先。山从云里见，水即镜中旋。青锁承符重，紫微寓直厥。荷花残羽扇，桂叶引炉烟。旧典贻千代，新洲纪千年。东南今草奏，首曰重民天。

帝里天生水，王居石作城。星辰朝北极，图籍重西京。雄览河山列，素华院宇清。书疑芸阁校，直似凤楼荣。鸟忆当歌集，鱼如望幸迎。亭花含露色，朝露带泉声。淮畔黄云聚，钟陵紫气盈。北窗人五夜，南斗月三更。灵液沾恩渥，孤松比节真。闲将民数略，对草谒承明。

余先祖名达，在宪庙时历户曹，专司后湖，最有声称。今榜禁湖上，实其奏请遗事。后六十年，孙廷干亦备此官，过湖感赋

封章传是旧臣栽，民署王孙步武来。古柏已闻前代植，甘棠犹向此时开。夜看夜月寒蝉集，泣向秋风旅雁哀。不见门前湖上水，年年新雨长青苔。

宿湖

周冕滁阳人。监察御史。

胜概来天地，神谋代所关。图收民志集，山远水云环。飞跃便鱼鸟，孤高远世寰。微臣良自庆，遭际获跻攀。

即事

乔佑洛阳人。监察御史。

尽日湖居静客心，小亭独上树森森。苔痕草色留春意，云影天光散午阴。谩对琴尊看鹤舞，不妨风雨听龙吟。松涛平地应千尺，徙亿[①]轩窗思转深。

湖上

沈沣监察御史。

昔年歌舞几经秋，胜地天留版籍收。万顷湖光呈素练，数声莺语过沧洲。新荷出水差差绿，紫荇牵风细细柔。窃禄自惭无补报，壮怀行处看间愁。

次韵

龚湜崇阳人。监察御史。

万顷烟岚障素秋，朝暾久上未全收。西湖安得成双胜，海外徒闻更十洲。鹳鹤自便闲唳舞，蒧[②]兰堪佩益香柔。美人不在兼葭外，犹似张衡咏四愁。

---

① 亿：疑为“倚”。

② 蒧：音、义均同“蕺”。

湖亭独坐

苟汝安蒲州人。监察御史。

日高风定小窗开，湖色山光次第来。云里城连千雉堞，林间塔矗九层台。花环芳境供吟眺，舟锁官亭禁往来。尘虑尽消公事少，不知何处更蓬莱。

新洲偶雨

郭木曲阜人。监察御史。

放鹤桥西花半开，摘花遥上郭公台。水痕飞浪野风急，山色可人烟雨来。列坞春深鸠□语，荒洲树老石生苔。诗成欲写笔床到，□□何烦故故催。

即事

朱黼安福人。监察御史。

玄湖如镜倒沉天，百卉交加逐景妍。左右峰峦疑绣画，西南垛雉枕连旋。万年王气真培壮，一统图书自永延。可慨六朝无义辟，却将福地作游畋。

宿湖即事

谭学江西人。监察御史。

七日湖上宿，隔湖锁禁航。更番人不至，偏觉夜深长。树多兼风吼，云飞趁鸟忙。高堂应念子，身在五云旁。

湖上行

傅镇同安人。监察御史。

金陵谁决天河水，泻作玄湖数十里。古帝劈成十字洲，图书秘在烟霞里。天地翻同紫禁严，人不得浮那得视。六朝失计总盘游，熙宁主议爰羊尔。岂知胜地各有需，圣祖贻谋远如此。

万年王业自兹始，不见东南千峰万峰相映紫。

宿湖

王献芝歙县人。监察御史。

芳洲究尺穿玄湖，四面灵波护版图。坐令巫地览八极，天开秘府勤千夫。雷轰桃浪鱼龙奋，雨过仙瀛花木蕴。隔岸红尘飞不来，凝山璧照摇相隐。清明野望鸟云悠，香院空同鹤鹿游。万里桑麻计盈缩，数洲松柏自春秋。皇猷丕显昭天汉，黎献共臣企浩瀚。一点犀灵魑魅藏，万丈虹光星斗贯。丈夫奋足驰康庄，神州跃景翔文章。洗心白水效葵藿，俯仰不愧歌沧浪。

春湖漫兴

钱籍常熟人。监察御史。

重携书剑过春湖，花鸟迎人兴不孤。白鹤一双清对舞，绯桃几树锦平铺。寻诗别屿多芳草，侑酒虚亭有竹壶。尽日遨游殊未足，只愁风雨恼狂人。

晚登天语亭

曹迈荥阳人。南京户部给事中。

古阜频登眺晚霞，湖天琼锦壮京华。千年王气归明代，一统神谟属帝家。春草秋花咸乐土，穷檐蔀屋尽生涯。小臣何事愁民瘼，惟有乡山在蜀巴。

初夏过湖

黄正色无锡人。监察御史。

苦厌春花不耐看，我来更喜绿荫团。芳洲暖日犹啼鸟，暗渚微风自馥兰。四海图书纡庙算，万邦休戚寄儒冠。惭予漫对壶中酒，谁为明廷策治安。

春湖杂韵

陈垲余姚人。南京吏科给事中。

频望禁湖春可怜，东风聊为借因缘。太平万国图书会，元气千年日月偏。岛屿平连瀛海窟，鸥凫占断水云天。正堪吏隐容吾僻，坐对虚无欲忘年。

湖中秋夜

何彦顺德人。南京□科给事中。

玄湖藏籍府，巨浸涵高城。飞觉映碧落，古沕接回潆。神谟良独运，规制自天城。率土咸称赋，尧天焕大明。我来事翻阅，谩寄胜游情。时乘晚秋霁，公余步前楹。荒洲云树暝，绝谷幽禽鸣。疏篱迥烟火，楼阁动寒星。庭空孤鹤下，露冷玄裳惊。摧枫撼清梦，恍若居蓬瀛。悠悠中夜心，愿献涓埃城。圣明恤民瘼，编籍常登瀛。皇图亿万年，应见泰阶平。

登天语亭，和韵

何元述晋江人。南京户部主事。

逶迤仄径蹑崇陵，烟霭微茫草树青。天上丝纶瞻北极，民间图籍仰新亭。豺孤[①]避野秋行鹿，奎璧悬湖夜放星。因忆六朝寻往事，暮钟初动日西冥。

秋日过湖

张梯山西人。监察御史。

十里湖光一鉴恢，扁舟赢得此时来。远山霜后多红叶，近水风前尚绿苔。晓色溟濛钟阜暗，秋容寥落楚天开。尽荒汀渚

---

① 孤：应为“狐”。

偏宜赏，一段清阴倚禁台。

湖居喜晴

陈常道云南人。南京户部主事。

雨霁凉生三月秋，戎戎宿雾晓来收。四山晴拱图书府，万瓦云连新旧洲。鹤浴正便春水泛，莺声偏趁惠风柔。吏情暂与尘踪远，徙倚层轩一散愁。

宿湖直重五

艾希淳米脂人。南京户部主事。

兀坐公除午梦残，龙舟深锁寂无讙。林重雾隐青油幕，荷弱风倾碧玉盘。始信鸢鱼皆自得，犹怜山水向谁弹。小瓶不尽菖蒲酒，独酌还须到夜阑。

宿湖

蒋卿山西人。南京户部主事。

不到中洲已隔年，重来风物尚依然。葵榴照眼分清署，鸥鹭忘机傍小船。客梦夜深还紫塞，斋心星散见青天。叨陪俊逸共王事，肯信鸡鸣坐未眠。

宿湖

周满四川人。南京户部主事。

钟山屯云吴山雨，石窟轰雷变绀宇。玄武湖前白浪翻，飓风披揭图书府。落花飞絮可奈何，鸣鸠乳燕亲如许。潮溅鱼龙海眼空，夜深泉泣松根语。悠然迟丽见南山，五洲烟霁春千里。苍然郁然静可探，飞者跃者妙斯理。鉴湖澄沏青天留，草树阴森红叶吐。千年王气此中含，一代神谟良自取。望中道大乾坤融，静里官闲尘俗剖。孔不饮盗吴饮贪，吾濯此湖还此主。嗟嗟阴晴无定期，物理荣枯青眼儿。人生如幻遇须臾，立柏之阴不知午。

宿湖

任佐山西人。南京户部员外。

玄武湖来几百春，六朝歌舞已成尘。天开一代图书府，万古华夷共帝臣。

湖中即事

黄宗器福建人。南京户部主事。

拓恢形胜自宸心，万国图书一鉴森。玄武渊澜含沃润，钟陵淑气破幽阴。无疆禹服光天颂，有象尧年击壤吟。叨禄微臣何所祝，嵩华增峙海增深。

宿湖

郑恭绩溪人。南京户部主事。

隔绝人寰地迥幽，飞槎曾伴使星游。云生潭底龙秋暝，月上林梢鹤唳秋。四海图书来辐凑，千年王气与天浮。虚传方外神仙境，元是三山第一洲。

萱花感意

陈文浩

青麓玄湖处处幽，山毛水藻为谁抽。钓舸禁到烟波静，茶社停烧木叶稠。图籍三年劳帝室，诗筒终日寄沧洲。应怜堂背忘忧泪，滴入孤臣枕欲流。

宿湖

马练蒲圻人。南京户部郎中。

览籍怀佳胜，启钥协沿越。银汉入湖平，金鳌浮海崛。古洞呷谺谽，老树接巀嵲。王气分蟠踞，波光映清樾。天意着兹奇，圣谟良与发。却笑放生池，甘同饮马窟。地险非无施，人谋胡乃拙。何如登繁齿，悠然控穷发。日照图书开，俗远尘氛绝。乾坤识壮居，魍魉安敢穴？浪迹荐衣冠，鹤侣疑蓬阙。偶以有仙缘，况复值芳节。天镜落花明，云衢浴鹭洁。松声韵野簧，柳絮飞晴雪。渚鸟眇难亲，药萝翠可结。触物思幽存，抚化慨生灭。洗心万里流，高视八荒列。昔聆沧浪濯，今解临河说。深持碧玉玕，惊起乌[①]龙吹。转蕙山风来，吹我衣衫□。纵步踏康庄，入道寻丹诀。试服空中曦，载[②]吸霞上月。忽忆断烟民，岂使殊燕粤。欲济无去舟，曷从慰忡惙。

宿湖

曾汝檀福建人。南京户部主事。

金陵萃佳丽，万国来舆书。藏春自天造，突□蟠玄湖。我至值和熙，柳花随云舻。物华联□身，何必觅蓬壶。不憩风景沏，所恋草木苏。□会一王极，远怅六朝墟。行行月中窟，□□天之衢。孔辄卫郊语，既庶又加[③]，诸生机恒泼，雨露时沾濡。洲光落晚照，形影原相须。帝泽方日弘，紫微镇清都。

宿湖

谢崑福建人。南京户部主事。

湖水春生淡写天，晴沙团白鹭鸥眠。红花灿灿催啼鸟，白

---

① 乌：手抄本误写为“鸟”，据影印明刊本改。

② 载：手抄本缺，据影印明刊本补。

③ 句出《论语·子路篇》：“子适卫，冉有仆。子曰：‘庶矣哉！’冉有曰：‘既庶矣，又何加焉？”据此，该句似为“既庶又加何”，或“既庶又何加”。

日寥寥锁禁船。天地几年供潦倒,湖山此日且流连。紫芝白石何地有,欲问仙翁恐未传。

湖上

李乐湖广人。南京户部主事。

烟雾苍茫湖水平,湖心浮屿迥空明。盘崖古木虬相附,曲磴青苔鹤自行。迟日云轩惊海屋,中天风筱落瑶笙。疏帘香篆多幽兴,信有沧洲共吏情。

宿湖

黄德纯莆田人。南京户部主事。

云里停[①]台镜里峰,湖天深处锁尘踪。松萝绕磴清将滴,烟霭浮空翠欲重。水槛寒光悬日月,石潭佳气护鱼龙。沧洲即在图书府,白昼应便吏隐悰。

后湖即事

周达陕西人。南京户部员外。

几番湖上坐更残,云树苍茫兴未阑。千顷波涛鲸力斗,数层台阁鹤声欢。凭凌顿觉胸襟爽,卷幕从教眼界宽。元是圣朝图籍府,谁云俗客可游观。

秋日湖上

郑普南安人。南京户部主事。

万顷湖光浸五洲,烟波滚滚与尺浮。城头树色分仙岛,云外钟声隔水楼。汉种千年寒古柏,隋流终日耀金牛。分明不遣尘踪到,恐被词人作异搜。

① 停:应为“亭”。

宿湖

董汉儒考城人。南京户部员外。

禁地荡喧嚣，登临逸兴饶。鸟争枝坠树，星蘸水穿桥。入夜千林寂，思玄百虑消。隔窗见明月，起坐达良宵。

夏日过湖

杨雷吴县人。南京工科给事中。

六月湖心省暑寒，千章乔木碧云端。图书罗列联星野，天语亭名高悬舞凤鸾。吏隐不妨频寄兴，仙才真愧谩凭栏。烟波渺渺荷花畔，闻说蓬瀛此处看。

过湖续梦

卢璧盱眙人。南京户部主事。

水国微茫路不分，红香引入白云深。取选时梦此句。仙洲恍觉非人世，民部无论有翰林。日永放衙看鹤舞，雨余凭栏听龙吟。平生剩有烟霞癖，宦海何当慰此心。

嘉靖己亥腊月立春前二日，余以摄篆冬卿过湖阅工，得兹胜览，聊成一律，以纪岁月

费寀铅山人。南京礼部侍郎。

春回岁晚梅花放，日照江城树影寒。万顷波光天上坐，四围山色画中看。禁垣自合无烟火，仙岛才临欲羽翰。形胜有余□锁密，万年创守总艰难。

秋日过湖

万虞恺南昌人。南京兵科给事中。

何人宛在水中洲，此日蒹葭白露秋。玄渚多龙吹洞雨，金陵楼阁压江流。帝图秘纳神仙府，使节时乘李郭舟。安得浮槎

通海外，一从银汉问牵牛。

春湖晚步

散步湖天晚，悠然生远心。望随江树尽，怀遂海云深。游鱼悦春水，归鸟喧暮林。芳景依□入，徘徊费苦吟。

春日过湖偶作

雨余新涨已平堤，春满昆明望欲迷。杨柳淡烟连碧树，桃花流水入青溪。幽寻独傍黄莺谷，缓步偏沾燕子泥。江国徒劳行役念，池塘芳草又萋萋。

秋日过湖

玄湖风雨正秋深，短棹轻移碧树林。沙净凫鸥犹自得，水寒荷芰渐难禁。六朝歌舞空□梦，一统图书自古今。寂寞繁华不须问，伤□涕泪一登临。

天语亭偶兴

张诏齐河人。监察御史。

云亭空翠凌洲起，树连峰环草径微。北望湖光连雉蝶[①]，南来山势拥帡帏。王言悬示为今烈，民数登藏自古稀。传与鸢鱼任去住，海天无际日晖晖。

冬日值湖

张椿山阴人。监察御史。

金陵本佳丽，风景属玄湖。天府神尧迹，车书大禹谟。万邦归统御，千古重舆图。王海鱼龙化，瑶林草树敷。源通星宿海，流绕帝王都。陵谷三山变，楼台六代殊。明沙翔白鹭，积雨

① 蝶：似为"堞"字之误。

涨平芜。鸡犬村前寂，山城水外孤。不因曾到此，应信世间无。

春湖即事

浦之浩山东人。监察御史。

闲行惊见野鸥飞，桃李枝头花未稀。日暖游鱼时牣跃，春深堤柳羡争辉。逐溪麋鹿寻芳草，傍水洲人濯故衣。坐对钟山□□□，□□鸥鸟浑忘机。

春日湖上寓直

林冕番禺人。南京户部主事。

□府弘开图籍丽，天留形胜景偏嘉。珠明万壑海生日，红发三更月浸花。彩仗气横辉璧藻，银城露冷灿瑶华。春晴人立冰壶外，绝胜琼题仙子家。

湖上即事

王廷干泾县人。南京户部员外。

湖上乘槎一水东，蒹葭洲渚映王宫。荷香带日浮仙仗，雾气流云裛古桐。烟色即看三岛外，秋声遥落百花中。忻游昭代图书外，讵识前朝歌舞风。

春湖即事

廖世魁怀安人。南京户部主事。

面面湖天杨柳风，雨余春色绕芳丛。烟花不禁晓重翠，岛屿纡回淡欲空。日月昭回掀帝籍，云霞掩霭护龙宫。恢奇千载图书府，拟向钟陵门镐丰。

再宿湖即事

马麟巴县人。南京户部主事。

入夏重游好，风烟换渼陂。桥通云外岛，柳发水中枝。日气浮城郭，天河落酒卮。松杉与芦荻，都付凯风吹。

宿湖

黄日敬莆田人。南京户部主事。

嘉靖乙巳，余以清理册籍宿直后湖，因感圣祖之远谟，生民之繁衍，且先大夫亦尝有事于此，慨然兴味，情寄短章。

万方图籍奠湖洲，迈古经营仰圣谋。华夏生民今一统，江山风物此神州。天文入夜联奎璧，使节经旬驻斗牛。身荷国恩犹未报，自惭何以继先猷。

冬湖即事

陈珪广东人。南京户部主事。

岛屿萦回翠几重，波心云拥玉芙蓉。九天睿藻红光焕，万国舆图白日封。秋老蒹葭呼雁鹜，夜寒钟鼓听鱼龙。吏情谁谓沧洲远，仗屦分明物外踪。

湖上寓直

路逵青阳人。南京□部主事。

校馆孤吟自举觞，随风村笛咽斜阳。寒莲落尽一池碧，晚菊犹舒半槛黄。鹜影淡沉烟树远，山容浓抹画图长。版书纵有逃亡屋，永赖君心照四方。

直湖漫兴

周爻宜宾人。南京户部主事。

五洲环抱自天开，胜绝灵湖紫气催。一统舆图归秘藏，万年命脉重兹培。碧潭鱼跃占朝候，落日霞飞见鹜回。方丈蓬壶浑忘却，鸡鸣钟阜两崔嵬。

秋直

牛恒武功人。南京户部主事。

玄武湖光涵碧岛，紫金佳气隐仙源。地僻偏觉蓬壶近，人静还多雁鹜喧。六代风流歌舞尽，万年天子版图尊。夜寒庭树西风急，民瘼遥思达帝阍。

同万掌科过湖一律

奚世亮黄冈人。南京户部主事。

玄武湖中数岛开，扁舟几度泛蓬莱。碧波荡漾乾坤浴，紫阜崔嵬泰华回。万代不刊图籍府，百王曾是芜游台。使君今喜先忧切，雅志殊惭独此陪。

南至一日宿湖上

陈庆江西永丰①人。南京户科给事中。

分垣今夕宿玄洲，渺渺平湖瑞气流。四海封疆归一统，万年图籍壮重楼。严更恐动鱼龙蛰，倒影深涵草树浮。况是初阳来昨日，坐看云物侣仙丘。

湖亭双鹤

湖中双鹤羽毛鲜，对舞阶除自岁年。照水时能憩幽岛，临风似欲振长烟。何不立向瑶池上，却乃耽栖湖省边。林端百鸟谁可比，文鸾神雀空后先。素翎朱顶江海外，绝尘高洁咄孰传。应知藉驭浮丘伯，看尔翀飞到九天。

雪日过湖二首

画舫图书府，同云雪满湖。凝华分玉树，飞影落平芜。深

---

① 丰：手抄本漏抄，据影印明刊本补。

泽鱼潜稳，坚冰雁度孤。田间占腊兆，丰谶可征符。

白下残冬候，堪舆属掌书。玄湖排冻入，素雪散空虚。豳野歌春载，汉年卜有初。遗蝗千里外，应得尽消除。

丙辰岁春日，同旧给谏郭冠山户曹过湖

二月湖水平，关关湖鸟鸣。四山初雨霁，双舸荡风轻。隐约鱼龙动，参差花柳明。昔年青琐客，今日共留京。

仲春祀湖神

册湖祠庙主，传是国初人。筹算符先帝，英灵托后身。云光浮晶晶，树色映粼粼。祀典何年定，樽罍荐仲春。

雪中同祝华峰、黄毅所二道长过湖

郭斗云南人。南京户科给事中。

望中烟霭群峰合，雪里湖光二妙过。彩鹢漫移芳树沚，银潢遥映碧山阿。岂绿[1]览物来玄境，故遣乘槎出玉河。未向十洲寻胜岛，由来此地即仙艖。

五月过湖

薰风拂面入玄湖，五月冷然暑气无。白藕作花香不断，青山迎棹景平铺。中央楼阁疑蓬岛，隔岸烟云似画图。况是圣朝藏籍地，微臣何幸窃清虚。

夏日过后湖志感

王学谟朝邑人。南京户部主事。

玄湖一望风烟好，沙岸行人树里过。十里浮光通贝阙，千年王气接金波。河中龙马负图少，海上鲸鲵扬鬣多。何幸明王

① 绿：应为“缘”。

能假楫，皇图一统听渔歌。

仲春过湖有述

慎蒙浙江归安人。监察御史。

景属玄湖胜，泉通金水迢。职方传古昔，一统是今朝。天语申威肃，红尘隔水遥。仰稽神禹迹，虑及万年饶。

晚登天语亭

六朝歌舞地，陡倚独含情。缥渺山临壑，纡回水绕城。秦淮春水漫，梁苑暮云平。独有湖边草，年年春自生。

夏四月二日，余初直湖，见芍药红、白二本，一方苞，一乍开，漫然赋此

周希哲四川人。南京户部主事。

红花白花连理枝，两丛相对交芳菲。璚瑶片片扬素眉，珊瑚冉冉燃东篱。图书天府湖水湄，幽清之地谁栽培？葳蕤袅娜绕陆离，东风不管花期迟。江梅岸柳实且垂，天葩国色方蓓蕾。凭窗无酒醉西施，倚槛徒夸如玉姿。我来剩赏未开时，三日五日颜色衰。吁嗟怪不只腾枝，见之不爱人不疑。人生显晦浑如此，君不见芍药花开花复澌。

次湖亭登舟遇雨

刘鹏

萧萧亭树倚城隈，此日初登湖畔台。鼓棹方看云渐合，凭栏忽报雨相催。残荷拂楫翩翩[①]动，飞鹤迎舟冉冉来。即此芳洲羡仙岛，更从何处访蓬莱。

---

① 翩：第二个“翩”字，手抄本误写为“牑”，据影印明刊本改。

独坐感阴雨赋此

湖上阴云郁未开，芳洲十里绝纤埃。浴凫映水时时见，落叶乘风阵阵来。六代风流难领略，一尊斟酌许徘徊。更谁为挽江湖水，净洗妖氛海寇摧。

喜晴

竟夕阴霾暗六洲，侵晨星月愰双眸。射江日气斜飞练，入水山形远倒楼。隔槛有时看浴鹤，出门随处见浮鸥，舆图正喜千年会，直宿何难五夜留。

宿湖有感

张循河南人。监察御史。

湖水浮秋入夜凉，悲秋无赖夜偏长。披图只羡江南郡，藏富何输海外航。方策我能稽影射，兵戈谁为纪疮亡。行须民牧均编户，只恐重栽纸上桑。

册湖忆地震海警，袭鹭崖道长韵

侯东莱山东人。监察御史。

二月湖天景水凉，贪春独为喜春长。千条弱柳垂青岸，一带雄峰绕禁航。秦晋无谋彻赋版，东南每计惜流亡。租绵日日闻征急，只见农夫苦树桑。

宿湖即事

马麟四川人。南京户部主事。

万顷团孤岛，浮空浩淼间。分流通御苑，涵影倒钟山。书剑沾云湿，乾坤尽日闲。扁舟忽无[①]……

① 此处：原本后缺。

湖上寓直一首

路逵直隶人。南京户部主事。

豪华六代梦中过，昭[①]代图书会禁河。民赋脂膏供廪饩，天栽景物入诗歌。昆明月浸尘氛静，钟阜云吞王气多。却忆年荒边患苦，此来民数竟如何。

过湖偶成

周山常州人。南京户部主事。

三秋百谷已穰穰，风静波恬千顷汪。民数浩繁归禁密，圣谟宏远迈虞唐。龙蟠虎踞天成险，菱角荷花水带香。政暇遍观湖外趣，金陵佳丽等天长。

湖上

廖世魁山西人。南京户部主事。

渺渺青溪上，悠然恋物华。暖烟浮日出，弱柳带风斜。不见寻春侣，虚乘招隐槎。沉吟还自酌，倚槛月明沙。

天语亭古梅歌

亭东古梅树，托根王[②]砌台。云霞连独秀，迥不染尘埃。馨香满空庭，仙侣时徘徊。由来结子调鼎实，误入诗人品题笔。倒垂直突自奇观，盘曲成阴不蔽日。禁亭隔断闲歌燕，开花落实谁能见？不与桃李争春颜，长□练湖饱霜霰。

---

① 昭：手抄本缺，据影印明刊本补。

② 王：应为“玉”。

赓寥[①]石峰一首

魏濠福建人。南京户部主事。

曳履寻幽过竹西，飞云宿雾隐长堤。前朝风物成虚井，昭代舆图在此溪。楼影从遮山远近，湖光吞吐树高低。芙蓉开遍秋潭水，采采归来路欲迷。

湖上奉迎游给舍蛟潭过直，因别归台署

张椿浙江人。监察御史。

浪静龙潭清彻底，问津有客到天台。杖前宿约青云侣，倚剑平临白玉台。露重却怜荷叶劲，霜高刚对菊花开。乘风欲借仙槎去，拟似张骞海上回。

醉湖曲二首

骢马不停鞭，苦厌风尘里。深山得醉眠，日高唤不起。

五夜西风急，寒江走沙石。黑龙潭底鸣，浪高一千尺。

恭览册府有感

何思赞广东人。南京户部主事。

圣祖开基振远猷，当年图籍已先收。承平共喜民生盛，贡赋咸忻国计优。麟趾[②]千年培芑泽，舆图万国仰灵修。微臣宣达叨民部，册府遥沾满十洲。

春日湖上遇直，次岩潭王长卿韵

林冕广东人。南京户部主事。

频泛玄湖鸥鹭迎，相看奇胜脱尘营。奎光映渚摇天府，紫

---

① 寥：似为“廖”字之误。

② 趾：手抄本缺，据影印明刊本补。

气回峦接海瀛。校籍忍刊鱼豕误，谈经方愧蠹虫名。春来花鸟知多少，几欲闲题思未成。

丙辰冬，同陈掌科秋正即湖上

费增江西人。监察御史。

天府图书开别馆，人间岛屿泛楼船。同袍况复黄门客，对酌还怜粉署仙。十里芳洲烟火隔，一双白鹤羽毛翩。此中合是胡麻饭，道骨棱层旧有缘。

暮秋宿湖感兴，用岩潭韵

张诏山东人。监察御史。

客系江亭苦自栽，登高聊为送青来。溪云淰淰穿林过，岸柳依依荡桨开。斜日远涵归雁影，秋风急引啸猿哀。持筇指点图书府，只恐王章侵绿苔。

秋荷零落禁湖东，湖外青山绕玉宫。凫影漾波翻碧浪，雁声度岭振苍桐。倚栏独酌三杯外，曲枕高眠一梦中。自信此身皆乐地，登高何必泣西风。

观芍药二绝

黄朝聘广东人。南京户部主事。

北亭旧药斗新妆，争效深红与浅黄。只恐腰肢轻善舞，终难解语动君王。

夏月春归四月天，丹英开落在尊前。古今世况须臾事，休把繁华问少年。

台[①]

远树依微入望穷，山光缥渺带残虹。六□□气浮仙岛，四面祥烟绕禁宫。楼台隐显归□里，城郭参差落照中。回首昔年歌舞地，空余萃草对孤峰。

宿湖，和西塘掌科韵

蒋春生湖广人。南京户部主事。

地灵伸臂水中洲，荡漾乾坤合众流。玉籍峥嵘罗秘府，金乌出没射危楼。城闉弄影苍龙动，巘岳凌空紫气浮。院静风和双鹤舞，人间何处觅丹丘。

宿湖，和韦轩韵

云树连湖望未穷，春堤倒影卧长虹。帝城北枕鼋鼍窟，王气南拥蓬莱宫。版籍生香花暗透，舆图焕影日当中。暂分即署叨从事，独坐高斋对紫峰。

直湖漫兴

涂麟广东人。南京户部员外。

玄湖胜地自天开，九曲萦回断俗埃。歌舞昔□成幻梦，版图昭代得神谋。人因仙岛忧还乐，鸟为乔松去复来。安得木杯浮海外，直从此处到蓬莱。

秋暮宿湖

邵惟中云南人。监察御史。

独坐虚堂寂，悠然物外心。秋声惊树杪，夜气薄衣衾。眇眇不欲寐，娟娟月华临。对此青衿客，挥我无弦琴。尘氛顿远

① 题目疑有漏字。

隔,幽景聊自吟。盈盈一水间,十洲何处寻?地灵爱清赏,六朝空荡淫。圣人起江表,贻谋良以深。连云儲天库,环水为城闉。舆图归锁钥,万架何森森。江山大一统,绝胜夸古今。神鳌奠鸿基,仙风净瑶林。樵采不复近,钓舫不敢侵。鱼龙沐恩波,杞柳多重阴。仰思培植意,千载歌纶音。

玄武湖

周叙

帝京城比[①]汇众湖,烟水茫茫入画图。波浸日华浮滉漾,树连云气接清虚。飞翻玉鹭摇天镜,光吐骊龙照夜珠。不效昆明劳习战,却怜幽胜似蓬壶。

陈淑绍

山势周遭十里湖,天开胜概壮皇都。画船晴泛鸥波净,玉镜秋涵兔魄孤。隔岸泉源通太液,中央楼阁类蓬壶。堤边驻马看来久,为爱澄清绝点污。

贺确

清波湛湛浸遥天,不侣[②]昆明习战年。杨柳绿依官署发,芙蓉红逼禁城妍。月明泪[③]鹤翔孤屿,云黑潜龙出九渊。何处深藏图籍府,满洲芳树护苍烟。

失记名

一派仙源奠北方,东风芳芷远吹香。光涵幕府山千叠,色映官堤柳万行。渊底鱼龙时变化,镜中鸥鹭自飞翔。遥应御气

---

① 比:应为“北”。

② 侣:疑为“似”字之误。

③ 泪:原手抄本“淚”,应为“唳”。

潜通处，流出恩波万里长。

后湖行十首

乔世宁陕西人。南京户部主事。

湖水遥通御苑流，青天倒映五城楼。中林烟雾开三岛，何处神仙更十洲。

湖上春云接海云，湖峰海日昼氤氲。玄精化作龟蛇影，紫气纷飞龙虎文。

六朝宫苑绕湖开，玉树金莲歌舞来。愁杀精灵花月夜，五湖烟水自蓬莱。

山似青龙吸水来，练湖浑是饮龙杯。河山王气环城阙，五色云中日月开。

晴湖日气昼葱葱，隐隐龙蟠黑帝宫。常驭飞虹来驾海，化为云雨散虚空。

莲花莲叶映仙舟，笑杀仙郎镜里游。可是当①十丈藕，今人从此望蓬丘。

天开银海映金山，龙虎由来抱水关。中有浮丘凌倒景，三辰摇荡水云间。

珠林烟岛接仙梁，别有仙洲在帝乡。自是神鳌擎海柱，金陵城阙比金汤。

册府瑶函满后湖，中天日月照黄图。金龙不动玄池水，掌上双双玩宝珠。

一从天苑跃神龙，紫气灵光照玉峰。海上三山遥献寿，寰

---

① 此句中原缺一字。

中万水尽朝宗。

玄湖并序

李世德，字继之。河南洋[①]符县人。

嘉靖乙卯秋，嵩山李世德以南京户部主事得与湖事。当宪皇、孝皇二帝之朝，先考石庵公泼以南京户科给事中曾理湖务。后二十余年，而世德生。又四十余年，来承遗矩。因仰颂皇图，并及先公之事。

昔闻玄湖盛，今上太平洲。城阙冲秋入，栏回仄岸头。菱荷辟绿水，鹳雀避兰舟。缓棹云霄上，平川日月浮。瑶台开玉宇，碧树拥丹丘。天府图书具，神祠门径幽。一王真御极，群策仰皇猷。宝库阴阳合，金鱼启闭周。披图今古异，阅载后先忧。陆海殊封井，黔黎资运筹。虚盈随化理，升降与天游。奸宄或因漏，行藏亦尽搜。两洲诚继业，万载□□谋。塔耸鸡鸣见，城严虎踞侔。双桥跨月堰，长堞倚星楼。逻卒环湖堡，宵人戒拆繇。亭高天语近，法大纪纲留。紫霭钟山晓，疏风禁苑秋。鱼龙游大壑，草木遂鲜嫈。独坐心方远，探玄虑转优[②]。市朝终浪迹，尘世亦浮沤。鹿过阶前藓，鹤窥柳外鸥。乾坤本纳纳，物理自悠悠。青琐先臣范，辞曹稚子由。匪能酬帝德，抑以竭前修。烽火时闻警，疮痍犹未收。虚窗灵气集，杰阁晓云流。穴鼠终潜迹，书虫及暗投。今王抚舆土，法祖大神休。有姓归乾统，尺田输国畴。齐秦[③]连大野，燕越贯中州。遣将平殊域，宽书到寡

① 洋：当为“祥”字之误。

② 优：疑为“忧”字之误。

③ 秦：手抄本误写为“泰”，据影印明刊本改。

俦。四灵出薮泽，三户脱铤矛。米市三钱直，人无外户愁。雍雍充閭里，皞皞达边陬。富庶还同籍，歌谣遍诸酋。小臣何以报，愿上万年讴。

湖上吟十首，次乔三石韵

砺峰康泰和福建人。南京工部尚书。

玄武湖开万顷流，晴云倒影映城楼。轻舠恍度洞庭水，飞盖俄临鹦鹉洲。

宫阙参差映水云，百年御气尚氤氲。青宵月照鼋鼍窟，白日波涵龙凤文。

高台直上一亭开，恍忆人传天语来。天语亭。水绕银河通贝阙，云移珠树作蓬莱。

芳春结伴入湖来，草色花香共酒杯。便是乘槎天上至，犹疑飞幰镜中开。

澄湖佳气郁葱葱，云水微茫绕汉宫。却忆六朝歌舞地，落花啼鸟散长空。

兰桡桂棹泛龙舟，今古人传此胜游。何似汉家开册府，万年基业奠山丘。

天外白云海外山，烟波缥渺护玄关。重门深锁人稀到，疑有神仙在此间。

六鳌海上驾虹梁，万国图书集帝乡。仿佛神山移岛屿，分明某地设金汤。

金陵风景属玄湖，万里江山入画图。更喜澄波涵日月，谁人探得骊龙珠。

湖光一碧隐鱼龙，湖外青山翠几峰。自是六飞曾驻跸，至今万国尚朝宗。

后湖吟十首，用乔三石韵

沃洲吕光洵浙江人。南京工部侍郎。

彩鹢乘春入禁流，曈曈晴日映城楼。空明疑泛苍龙窟，浩荡遥连白鹭洲。

湖上青山带白云，春深佳气总氤氲。千条弱柳垂金缕，几树飞花散绮文。

东南御气郁茏葱，湖上灵山接帝宫。万国黄图归秘府，千年云水锁长空。

琉璃波上照衣来，笑对莺花啜茗杯。最是韶光易流转，好将怀抱向春开。

湖面青烟春乍开，亭前白鸟昼飞来。兰棹谩移花外过，恍疑玩赏入蓬莱。

春天淼淼漾轻舟，水色山光引胜游。岛溆微茫人迹少，始知禁地即丹山①。

江上玄湖湖上山，青霞为障碧云关。凌风直上最高顶，万井烟花一瞬间。

三洲云构接虹梁，万雉千门拥帝乡。自是古今形胜地，高凭玉礨带金汤。

歌舞当年说练湖，从开秘苑贮瑶图。中天日月常光曜，何用神娃照夜珠。

天沼澄泠似凿龙，五云深处隐奇峰。寄语江湖千万派，由

① 山：似为“丘”字之误。

来此地是朝宗。

玄湖歌十首，用韵答砺峰、沃洲二司空

洞山尹台江西人。南京礼部尚书。

湖上堤横青涧流，湖山波映白门楼。凫鸥散戏烟花里，更着蒹葭十里洲。

钟阜翠飘湖岛云，暖风晴日散氤氲。宸游向聘三春望，御气长成五色文。

征书昔日草堂开，千古林猿笑客来。不用移文嘲隐士，久无人剪北山莱。

湖上长吟闲自来，湖光聊借洗春杯。烟霞缥渺三山接，疑有仙人楼阁开。

锦绣河山气郁葱，□□□□□龙宫。青□□石荧相映，碧水澄湖淡若空。

曾闻箫鼓振宸舟，想像当年赤水游。夹岸旌旗回翠幰，中天云雾拥丹丘。

万古湖涵玄武山，三吴势耸秣陵关。长江似带萦相抱，涌出波涛天地间。

贯城南出枭危梁，执法星躔耀帝乡。谁俯河流思大禹，更瞻亳社忆成汤。

浪说玄湖是凿湖，何人指画昆明图。洞庭宜献钧天乐，甓社合呈明月珠。

鼎湖自哭垂髯龙，冠舄①长阏桥山峰。□翠一去断消息，

① 舄：音、义均同“舄”。

此地神灵天下宗。

二月六日同陈西塘掌科过湖祀神次韵

郭立彦福建人。南京尚司卿、前管湖事。

地禁人稀到，春暄鸟和鸣。清谈同事好，行乐觉身轻。歌舞羞前代，版图羡我□[①]。治谋垂万古，卓见□为京。

图府寅宾向，深怜献策人。有功千载籍，敢惜一时身。本为能先意，非干触逆麟。年年修祀事，民数喜逢春。

读《湖志》，见麓池郭掌科拉予同游佳咏，因忆往事，次韵寄怀

黄希宪江西人。监察御史。

湖光荡漾山光合，龙引洲前喜再过。彩鹤锦鳞游曲岛，古桐芳树映崇阿。台表六年惭汗漫，滇南万里隔星河。醉中忽忆梅花调，乘兴犹疑李郭槎。

过后湖观册书怀二律

万木阴阴夏日长，兰舟共醉玉壶浆。松声隔水鸣笙巧，莲萼迎风入酒香。对景流连卑魏晋，匡时保障感龚黄。振衣天语重登览，一啸能令俗虑忘。

画□临湖逸兴长，华椐高集泛琼浆。钟陵云护蟠佳气，蓬岛风来蔼异香。歌舞六朝悲往迹，图书一统仰吾皇。杞人每切终宵虑，爱养元元未可忘。

夏日泛舟湖中漫书

入署惭联玉，观湖喜共舟。波光涵日月，山色自春秋。海宇图书会，元良经济谋。碧筒频劝饮，临别意绸缪。

---

① 缺字：似为“明”字。

玄湖远眺

俞咨益浙江人。监察御史。

平湖晶晶鉴瑶空，湛湛恩波挹帝功。云树倒涵千涧碧，晴花遥映万山红。天然图画瞻河洛，地涌楼台壮镐丰。极目更深鱼藻咏，蓬莱多在直城中。

后湖行十首时陆阳山掌科管湖事，示以乔三石司徒韵。

诸葛鲸浙江人。

金城玉垒映清流，风景依稀十二楼。词客不惊湖上去，临轩空想是瀛洲。

湖上新晴散彩云，湖中元气尚氤氲。亭台倒影经年在，是处湘帘迫水文。

重重楼阁倚云开，花柳无边春色来。可爱玄湖深处好，仙郎何异入蓬莱。

曾隔银河一水来，晴光潋滟渺浮杯。欲知此景惟堪恋，六月青莲花正开。

曾来王气郁葱葱，弱柳千条绕故宫。八月征鸿湖上过，翩翩清影落长空。

平湖如练泛仙舟，宛若人从天上游。漫说蓬壶方外景，人间亦自有丹丘。

茫茫光映紫金山，气溢东吴云水间。那得终年成滟灏，天池分出到人间。

彩虹时出驾仙梁，瑶岛琼洲入帝乡。不信金陵多胜概，令人空自说金汤。

帝室常悬玄武湖，深知此日壮皇图。秋来一镜清如洗，照见骊龙额上珠。

清波今已漾群峰，细浪曾经驾六龙。总说五湖烟景好，争如此水已朝宗。

后湖行

龙冈张舜臣

潋滟澄湖静不流，清光长映凤城楼。图书璚岛开天府，浪说仙人十二洲。

水气朝朝散海云，往来时见碧氤氲。楼阁依稀三岛秀，龙蛇隐见九宵文。

白云乌府面湖开，鸥鹭群飞日日来。绿树阴浓花尽发，路人争说是蓬莱。

承恩两度石城来，政暇寻春数举杯。圣祖宸章光灿烂，刑清曾敕对湖开。

钟山王气郁茏葱，五色云霞捧帝宫。日上澄湖苍萃满，浮光遥映九霄空。

万方一统泛宸舟，想像高皇御浦游。夹岸旌幡排晓日，中朝词赋擅丹丘。

苍苍绵亘紫金山，虎踞龙蟠壮帝关。圣祖过江先定鼎，千秋神武照人间。

六朝漫自说齐梁，龙虎今看作帝乡。一统河山开锦绣，万年社稷奠金汤。

奕奕苍山映碧湖，汉家天险自皇图。安危愿寄干城将，不用梁家照乘珠。

卿云长护紫霄峰，时有祥光闪六龙。圣代十年原万世，滔滔江汉水朝宗。

玄武湖次韵十首

肖泉林庭机福建闽县人。南京工部尚书。

青天倒泻银河流，紫气还通五凤楼。日日晴光摇碧落，时时笙鹤下蓬洲。

湖上长飞五色云，水光云影共氤氲。最怜落日微风动，散作波间绮縠文。

金陵楼阁镜中开，瑞鸟祥凫日日来。已有丹丘在人境，不须苍海问蓬莱。

万叠云山拥翠来，山如图画沼如杯。乘流赤鲤时双跃，照眼红蕖忽并开。

玄湖灵气郁葱葱，下有百尺蛟龙宫。等闲白日走雷电，飞雨倏然来满空。

六朝曾此泛龙舟，歌舞当年说胜游。蔓草野花成往迹，丹山碧水自林丘。

万年形胜此江山，白日雄开虎豹关。银海互通霄汉上，乘槎欲泛斗牛间。

飞流万仞绕山梁，黑帝分明镇此乡。共说皇家根本固，九朝城阙自金汤。

历历河山拥练湖，煌煌日月照舆图。波摇恐化延津剑，泽媚惊还合浦珠。

川流一派宛游龙，倒映中天万仞峰。须识兴王元此地，江淮河汉尽朝宗。

秋日湖中直宿即夜有怀

张焕山东人。南京户部给事中。

共有玄湖役，相看清庙才。泛舟过竹里，握手一登台。暝色[①]洲前尽，钟声水外来。渡头归路渺，惆怅夜难裁。

击柝严灯火，传更遍水涯。残荷零玉露，宿雁抱寒沙。焚草时忧国，瞻云更忆家。鸡栖聊假寐，梦里惜年华。

芍药轩

追随七载五经春，每遇春来对尔频。艳蕊珍奇南国赠，娇姿仿佛故园新。风前时有暗香度，雨后无妨翠叶蓁。玩赏不缘王事过，湖中那得看花人。

月食直宿湖中，和吴一洲计部韵

月华清冷遍蓬瀛，薄食亏残惊变生。谁障金波泻转细，共愁玉魄复难成。喧天铙鼓声闻远，望日湖山夜不明。烽火未消征税急，诸君横槊莫峥嵘。

直宿湖上步韵

胡用宾婺源人。南京湖广道监察御史。

玄湖忻共役，相对更怜才。掬藻鱼吹浪，移罇月傍台。虹堤天外翠，凫渚榻前来。为有风雩趣，狂歌取次裁。

默坐幽窗下，超然眇畔涯。鹊喧迎晓曙，鸥梦稳晴沙。茶灶消尘俗，湖云共一家。惺惺时对越，莫使负勋华。

湖上玩《易》，前韵

先天非窈嘿[②]，何事想无涯。苦海自迷法，恒河幻说沙。弥

① 色：手抄本误写为“前”，据影印明刊本改。

② 嘿：音义均同“默”。

高皆实际，万象总为家。戒惧求仁体，毋令愧岁华。

秋日直湖次韵

郑准苏州人。南京山东道监察御史。

留都喜挹玄湖胜，仙棹仍陪通省才。晓涨欲平龙卧窟，秋空应见凤游台。瀛洲境界寰中得，天府舆图海上来。倦客不妨留信宿，尽教鱼鸟属新裁。

天语亭用韵

野服载循葭菼径，山亭还眺水云涯。鲛宫倒映藏书府，雉蝶[①]平临宿艇沙。六代风流今泽国，五湖烟景旧吾家。坐深更作莼鲈想，怪得秋来鬓易华。

直湖

刘维湖广人。南京四川道监察御史。

冬日仙舟偶渡湖，湖中景物迥然殊。草枯烟敛十洲见，荷尽波澄一练铺。寒暑带星归驯鹤，暮汀凝露待眠凫。严更夜坐惭无补，自是鸿谟奠版图。

登天语亭望钟山

乘兴来登天语亭，分明钟粤献山灵。浮龙瑞彩连城紫，护玉松杉照水青。背倚薇垣雄岳镇，气通江汉酿沧溟。东南胜概曾披览，还谢晴窗总不扃。

再登天语亭

重到危台上，拂开四面云。湖深龙卧稳，沙浅雁移勤。嘉茗约薪煮，醇醪戏束分。对此已成趣，鹤鸾况足闻。

---

① 蝶：似为“堞”字之误。

读湖署诸雅次韵

七后壁间作，篇篇见异才。如挥鹦鹉赋，似咏凤凰台。停枻歌晨起，焚膏玩夜来。续貂自肠涩，胡漫欲成裁。

直玄武湖次韵

方沆福建人。南京户部郎中。

宴坐图书府，翻惭经国才。湖云涵一镜，春树抱曾台。鸥渚参差见，虹堤天娇来。居然人世隔，幽思渺难裁。

不道玄湖胜，风烟各一涯。雄图天作堑，春水浪排沙。昼静喧双鹤，洲回隐万家。东来钟阜色，屹屹奠京华。

登天语亭，相传龙潭在其下

湖上青山入座青，振衣延眺树冥冥。孤亭清切悬天语，万堞回环拥地灵。风乱渚蒲鸿雁度，波摇潭影卧龙醒。十洲总属神仙吏，松径无人昼自扃。

湖中阅籍

玄湖吴别沼，六合汉封疆。天府图书闷，地形岛屿藏。苍生存负版，华省愧含香。为喜疮痍息，临流兴不忘。

芍药轩读怀洲给事高咏漫赋

仙吏避喧处，孤芳振水涯。云霄悬谏草，诗句纪名花。细蕊争春吐，寒条媚日斜。姚黄与魏紫，迟尔斗繁华。

湖上晚坐次韵

胡世祥广东人。南京户部郎中。

乘槎同博望，览籍尽仙才。薄泛芙蓉浦，还登阆苑台。残霞随雁度，飞翠逐船来。为听阳春调，幽怀未易裁。

玄湖烟火绝，亦自兴无涯。龙卧寒潭月，禽喧隔浦沙。白云悬海峤，紫气仰皇家。忧国曾何补，能无惜物华。

次韵

许天赠黟县人。南京户部郎中。

蓬洲仙子集，不数汉宫才。泛棹窥龙穴，抠衣绕凤台。晚风吹叶落，朝雨送寒来。欲寄南征雁，云笺取次裁。

湖水连天碧，天涯即水涯。月明鱼弄影，风急浪飞沙。幽径迷三岛，寒烟锁万家。钟山多紫气，千载护京华。

秋日宿湖次韵

刘伯缙山东人。南京户部主事。

玄洲开册府，傈[①]直愧非才。波乱舟前荇，秋深湖上台。渊鱼时牣跃，野鸟倦飞来。共有疮痍念，封章次第裁。

镜里秋光淡，停舟宿水涯。寒风疏老树，细雨落平沙。形胜疑三岛，湖山共一家。端居仍画省，空自惜年华。

湖上次韵

吴道迩福建人。南京户部主事。

禁湖烟景好，栖集尽仙才。赋就龙吟水，歌残凤下台。蓬壶三岛里，图籍万方来。俯仰多幽兴，新诗次第裁。

夜来喧暂息，抱膝啸云涯。雨湿眠鸥渚，烟笼宿雁沙。一杯聊共适，得趣自成家。莫待流光迈，临岐感物华。

喜晴

经旬烟霭锁蓬瀛，此日湖山百媚生。静里鸢鱼观不尽，空中楼阁画难成。六朝歌舞悲陈迹，万国舆书仰大明。总是皇家

① 傈：音“暴”，古代官吏值班人。

培植厚，无端云树亦峥嵘。

宿湖次韵

郑昊广东人。南京户部主事。

喜逢张仲侣，愧乏郑玄才。忧国时披籍，看花共上台。云深龙隐见，天晚鹤归来。不尽悠悠思，聊赓白雪裁。

萧然栖籍院，缥渺在云涯。霜点苍葭露，风飞隔岸沙。版章盈前堵，天下喜为家。独有孤怀客，惊添两鬓华。

湖中雨霁即事，用吴一洲韵

十洲游览亦登瀛，丽景偏多雨后生。波底日涵龙窟见，柳条风细鸟歌成。东西掩映皇图润，红紫参差春昼明。更上高台望钟阜，倚云松桧倍峥嵘。

步韵喜芍药初生

湖里苍茫不记春，忽看奇卉出芳尘。未夸艳蕊临风吐，且喜灵芽带雨新。日至可知香冉冉，时来旋见叶蓁蓁。仙郎已约倾樽兴，应□金□报主人。

莫春直湖次韵

杨云鹍云南人。南京户部郎中。

静览春湖色，欣逢济世才。柳飞云外雪，波漾月中台。惊鸟冲花去，游鱼约藻来。京华佳丽地，不惜苦心裁。

负版通天下，珍藏一水涯。山环松倒影，湖阔浪翻沙。鸣鹤疑三岛，停舟隔万家。清幽惭退食，何日咏皇华。

重会怀洲长科于芍药轩，次元咏

相逢七稔复经春，春日来看不厌频。棠树娇时花未发，牡丹开后蕊初新。窗前冉冉霞光灼，槛外重重玉叶蓁。非尔巧裁成国色，神仙久作植培人。

直湖次韵

唐可封四川人。南京户部郎中。

玄洲开册府，览胜附仙才。倚棹回莲渚，寻芳止古台。烟霞湖外合，鸥鸟镜中来。欲纪皇图胜，天然未易裁。

乾坤春意足，到处是生涯。鹤唳洲前月，凫喧雨后沙。松云封曲径，湖色淡千家。坐看钟山气，年年此物华。

湖中即事次韵

王之士山东人。南京户部郎中。

共役玄湖署，相逢廊庙才。看花临曲槛，步月俯层台。雁度平沙远，禽喧隔浦来。欲赓春雪倡，摇笔转难裁。

选胜开天府，停舟忽水涯。烟霏巢鹤树，波荡浴凫沙。紫气浮三岛，苍生属一家。悠然尘世外，兀坐惜年华。

春日直游[①]

云间钟南京兵科给事中。

偶随鹓鹭得从容，面面湖光面面峰。天启图书悬日月，波涵岛屿浸芙蓉。花源半踏天台路，曙色犹闻紫禁钟。便忆沧洲寻旧隐，春云天矫欲从龙。

夏日直湖

□外得招寻，鹤空意转深。呼更白鸟净，负□碧山阴。莲华开佛面，水月印禅心。南薰方解阜，况复对虞琴。

---

① 游：疑为“湖”字之误。

直后湖登天语亭

王嗣美关中人。南京户科给事中。

红亭结构碧云巅，烺烺龙章瑞日悬。岂为湖山清宦履，直教版籍重民天。藕花夹岸香风散，鱼队迎舟锦浪圆。午夜凭栏频极目，波光遥映使星躔。

后湖水亭观双鹤

万载皇图归册府，九天玄鹤下湖浔。风前对舞怜仙羽，石上齐鸣斗好音。官署肯忘霄汉志，鸥群宁识稻粱心。使君亦有远公兴，迟尔双飞碧落阴。

冬日过玄武湖会杨一中谏议、马洛川、丁思林、王用吾、许对葵省丈，次韵

丁一中丹阳人。南京户部郎中。

舆图辐集际升平，寓直频偕仙侣行。共向天亭瞻丽藻，还披玉籍抚苍生。湖山自昔符三岛，根本于今壮二京。联佩也知无俗骨，赓歌况复有同声。

丁亥五月，汝南子宿湖，偶见短屏上有少鹤题咏。及检志阙焉，因感散逸者或不止此也，乃命之刻而复识之。

夏日宿湖即事

吴之鹏毘陵人。南京户科给事中。

胜地绝行舟，闲观物外幽。云阴山翠合，风卷水纹流。睥睨横千堞，参差半十洲。登临无限意，来往任轻鸥。

孤亭临水畔，斜日报传更。夜静鱼争跃，波澄月倍明。环堤垂树影，旷野杂虫声。吏隐无逾此，沧洲若有盟。

湖上有怀喻邦相

政尔渡芳洲，天涯书忽投。风神犹自远，藻思莫能酬。素

食惭同志，青山忆旧游。所怀聊寄酒，日暮未言休。

后湖夜直

陈奇谋秀水人。南京陕西道监察御史。

圣祖当年重所天，天开蓬岛此中偏。湖澄碧练涵新月，山起红云接暮烟。四国图书鳞栉盛，千家词赋日星悬。惭余伴食诚何事，拜手编摩颂万年。

楼中远眺

凭栏四望海天开，朵朵芙蓉入座来。恍在十洲仍隔水，疑从三岛更层台。轻鸥点点随飘泊，短棹摇摇自往回。正是六朝歌舞地，几人能抱济世才。

后湖直宿有感

刘绮沔阳人。南京户部广西司主事。

几从册府度官航，喜见皇舆奄万方。不比秦图收相国，由来周礼重天王。紫金山拥东南胜，玄武湖澄日月长。闻道流移劳圣虑，小臣何以慰明光。

后湖春日

伍文焕四川人。南京户科给事中。

玉液喷龙窟，练光接御河。停杯花欲笑，凭槛鸟为歌。雨过兰舟晚，烟笼翠嶂峨。春游观不尽，得似北湖何。

秋月独坐

林密月初映，云峰入望遥。蛩声鸣翠壁，松声拂虹桥。波漾惊鱼阵，楼空引凤箫。五湖宁胜此，秋染许由瓢。

玄武湖直宿

金士衡长洲人。南京户科给事中。

钟山郁葱吐晴烟，下有玄湖光接天。极目弥漫杳无际，十洲三岛水中悬。图书秘府绝人迹，沙鸥野鸟时出没。岸芷汀兰暗送香，晴空喷雪蛟龙窟。乘风鼓棹登蓬莱，携羽把酒心花开。片云入座留不住，双蝶迎杯去复来。花阴半压栏杆外，飞[①]点点春犹在。长堤柳色翠欲流，好景嘉辰如有待。亭台倒映波心里，日落西山烟雾起。暝色苍黄归路迷，萧然独步长松底。忽向窗前看月明，千林万籁寂无声。从来色相皆空幻，从此湖山悟得真。

癸酉甲戌岁，余长兄为山任南京户曹，直宿后湖，曾次诸长者韵，作五言二首。阅三十余年为丁未，绶亦以上元尹量移民部，冒滥湖差。读《湖志》忽见先兄作，不觉感怆，因漫次其韵，且喜得观其盛，又以一律纪其事，总之不免续貂。顾绶素不谙诗律，至情所触，不觉溢诸言然，仰观大方，实愧非才。又念兄弟后先，人生异庆，恐孤其遇而泯之，不得已而不避丑拙，识数言于此。若曰以诗名勒诸长者后，愧汗淫淫下矣。观者谅之。

刘伯绶山东人。南京户部主事。缙之弟。

玄湖天设险，惭乏济川才。捧檄游灵沼，乘槎趋禁台。一人开册府，万国负图来。民数登藏富，取次为君裁。

眷彼图书府，群芳傍水涯。鱼龙翻碧浪，鸥凫伴丹霞。钟山分曙色，宜亭湖边有四宜亭逼仙家。圣主恩难报，忧思鬓欲华。

---

① 此句中似缺一字。

又七言一律

郁葱佳气帝城限，玄武湖光一鉴开。萦堤杨柳含烟翠，出水荷花带露培。岛屿参差连星汉，鸢鱼飞跃任往回。人传此地蓬瀛近，天语湖中有天语亭遥闻玉辇来。

版署请葺，爰索《湖志》，稽建置所由，睹乔司马、康司空、尹宗伯诸公各有唱和十绝。病中勉步呈给谏金崐源、版曹刘吾山二公

王尧封金坛人。南京户部郎中。

玄武波通太液流，晴光掩映傍城楼。扃藏秘籍人稀到，始信环瀛有十洲。

烟树霏霏带午云，园陵紫气倍氤氲。花颜柳色春无限，都作涟漪水上文。

突兀高亭俯鉴开，玉音犹忆自天来。周遭翠霭重重合，恍惚跻攀在阆莱。

渴龙吸水向东来，潋滟湖光似酒杯。形胜版图收不尽，玉虹时共绮霞开。

佳气南阳羡郁葱，还疑海藏睡龙宫。颔珠径寸无人探，每夜晶光透碧空。

缅想从前战覆舟，承平何岁不盘游。圣朝睿算储邦本，行乐空谈晋代丘。

重湖灏渺籥崇山，水势居然玄牝关。生齿籍名多挂漏，总皈圣泽浑涵间。

巨浸茫茫沮济梁，高皇眷此白云乡。只今版籍重玄阙，创业讦谟迈禹汤。

册府依稀甓社湖，不通钉燧护瑶图。波深毓得千龄蚌，应

有冥宵赛月珠。

淮甸当年起应龙，鼎成弓剑镇钟峰。寰中负版梯航至，岂只西来江汉宗。

王计部尔祝示后湖和诗十章，次韵

唐鹤征武进人。南京太常寺少卿。

城上高楼俯碧流，湖中秀色泛虚楼。帝乡原是神仙府，知此东瀛第几洲。

波面英英起白云，帝城佳气更氤氲。信知丰芑钟祥厚，常见龙形五彩文。

册府冯波锁不开，锦帆惟许琐郎来。百年版籍增寥廓，蚕是三农辟草莱。

灵液钟山万顷来，谁能飞渡试浮杯。烛龙夜半衔珠到，宝鉴横空划地开。

翠岫沉波青似葱，洞庭休问碧云宫。异时十里红妆艳，一片明霞散碧空。

昆明鼙鼓肆龙舟，凝碧笙歌展豫游。圣祖独怜民数重，不将胜地作糟丘。

春涨平来欲拍山，黄睢白鸟竞关关。普天化育称繁庶，总在恩波浩瀚间。

城里风尘正陆梁，城边漠漠水云乡。更闻地底通灵脉，山外温泉出似汤。

万里江山一片湖，龙[①]踞抚雄图。神孙圣子钟灵秀，频现摩

---

① 此句中，原文似缺二字。

尼顶上珠。

长堤蛇蟥未云龙，垂柳阴阴接远峰。独倚波光聊俯仰，落霞孤鹜见禅宗。

咏后湖

黄希英福建莆田人。南京户部主事。

湖尘泛扫八方清，玉辇曾来此地行。不作神仙遗嗣主，深藏图籍重苍生。鳞鳞庋阁知繁庶，渺渺湖波识圣明。南望钟山玄德远，只将匪懈答升平。

宿湖

黄日敬福建莆田人。南京户部主事。

万方图籍奠湖洲，迈古经营仰圣谋。华夏生民今一统，江山风物此神州。天文入夜联奎璧，使节经旬驻斗牛。身荷国恩犹未报，自惭何以[①]先猷。

癸卯初冬，同张民部宿直湖上作

祝世禄江西德兴人。南京吏科给事中。

湖边草长碧芊芊，湖上堂开铸鼎年。烟锁禁城归路断，钟山静对笔床前。

万顷湖光一掬收，每随独鹤立芳洲。青天不动金鳌背，掩映仙人十二楼。

华林舞罢水师陈，千载悲凉野马尘。金版深藏天语烂，汉家经略重司民。

天家亭榭倚云开，表里湖山亦壮哉。树古风高发灵籁，直

---

① 此句中，原文似缺一字。

疑天语自天来。

亭开面面俯涟漪，傍晚频风故故吹。把酒坐邀明[1]上，青天倒映碧琉璃。

长天片月逗湖光，湖水湖天接混茫。歌罢天风吹露冷，十洲瑶草郁苍苍。

东风吹水水生春，隔水桃花最可人。已向沧洲称傲吏，不从渔父问通津。

水国鱼龙出没多，夜窗明灭下星河。坐穷天上图书府，民力东南近若何。

和曾大父斗塘公咏后湖韵

黄起龙福建莆田人。吏科给事中。

湖天十里日澄清，款款凫鸥傍岸行。杰阁烟开青汉出，帝城树绕彩云生。光涵幕府繁花映，影荡钟陵积翠明。自是圣图天广大，致身何以报隆平。

和从兄壶宗宿湖韵

澄泓湖水镜沧洲，草昧当年燕翼谋。玉溆清连星汉析，金陵丽信帝王州。明珠月色遥开蚌，神剑寒光上射牛。万里版图归圣主，升平更欲策嘉猷。

己未秋八月既望，同晏掌科怀泉过湖履任，雨中乍晴

胡继先四川汉州人。南京户部主事。

霁色初开湖上船，荷残犹带晚香怜。鹤巢树下尘埃净，龙引湖中版籍鲜。王气百年千嶂合，皇图万姓一家传。忝余疏直

① 此句中，原文似缺一字。

来游此，指点天工别有仙。

玄湖积雨

积雨深秋湖水平，翠虹堤畔柳珠莹。郭冈浴雾悬天语，陵趾连云护帝京。吏放早衙思日霁，官乘虚舸带风清。从来仙地无烟火，饱看蓬莱醉海瀛。

过湖漫兴

朝瞰湖色弄晴霞，水荇浮空翠带奢。光散城隅千堞满，波回山曲万松斜。飞凫岛里曾游鹤，种桂亭中政着花。凉意萧萧官事简，何辞五日一乘槎。

玄湖闲适

紫山烟重白云愁，霜尽湖莲碧水秋。别屿流霞芝草翳，新洲曜日瑞图收。自公有暇修花史，执事无机伴海鸥。多少堤边松共柳，亭亭翠色助清幽。

己未仲冬，和胡掌科无功宿湖八绝

冬日湖霜草尚芊，低回堂构忆当年。官家不作昆明制，为有龙蟠在面前。

山光城景镜中收，滆滆[①]湖波拥十洲。圣世经营开册府，俨然天语寄高楼。

宁论齐宋与梁陈，游宴豪华隙里尘。岂若万间藏户口，太平无事独观民。

一道晴霞锦练开，湖天一色景奇哉。空中不许游人往，鸥凫忘机解日来。

---

① 滆：音“西”，义“水深且白貌”。

寒光淡淡弄清漪，为祝冬风且莫吹。只待疏星中夜发，应移璧月映琉璃。

芙蕖芰尽澈天光，岛屿依微入渺茫。独鹤一声云外叫，宛疑举翮厉青苍。

一阳初动喜邻春，湖畔梅花早报人。欲向上林问莺啭，盈盈一水不知津。

优游闲署事无多，极目川源隔绛河。有意乘槎归去好，五湖风月更如何。

跋《后湖志》

夫后湖有禁，人弗得至。人弗得至，其得而知耶？弗得而知！而志者，志其形胜、沿革、法令、禁戒数事，俾天下知其至重且大而不敢弊也。夫今天下之弊多矣，莫甚弊于□籍图籍之弊，缘此，或可以少警。志其可以无耶？若夫天下阨塞、户口，多少、疆弱之处，藏在图籍，非惟人不能具知，虽志亦有所不能以具载焉者。

正德甲戌秋九月望，南京刑科给事中河东史鲁谨识。

跋《后湖志》

自有山川即有此湖，而版藏则自我朝姑[1]；自置版藏即有此文实，而志则自此编始。按：《周礼》职方氏掌天下之图，其后萧何入咸阳，收秦图籍。历汉晋以来，或下省左人曹，或东、西二库，实在内府，而未有若后湖之天险也。是湖，四围巨浸，一洲中起，天下上籍，惟时收藏，火盗不虞，诚天府也。然山水形胜，禁令沿革，关防启闭，虽有成案，不系寻检，录而志之则主者有所考据，而观者知所敬慎，盖一代要典也。若吾祖宗岂非恢廓前古贻谋之远，而吾同年赵惟贤洎张济宽又非仰承休命效职之勤邪？呜呼！在德不在险，湖果足恃乎？在圣子神孙仁以守之耳！然则因此志而知黄籍之当重，因黄籍而知后湖之当谨，则版籍与国祚相为悠久，而国祚与此湖相为流峙于无疆矣。

南京礼科给事中徐文涛识。

---

① 姑：似为“始”字之误。

跋《后湖志》

《后湖志》，志一湖之事耳，而凡为天下国家之志者，莫大于此志。所以载当时之行事，以为训于后世，使观者知警鉴焉耳。而此书之志，实天下之版籍，而生民之息耗见焉。天之立君，君之设官，凡以为民[①]民之息耗，则气运之盛衰，政治之得失，从可推矣。一展卷间，而天运、人事了然在目，可警可鉴。天下国家之为志，孰有大于此哉！赵君莅后湖而汲汲以成此志，盖有见于大且重者。予愧无以助赵君，于是乎跋。

赐进士、文林郎、南京户科给事中临川乐頀。

① 民：疑为“生”字之误。

跋《后湖志》

古人谓,修史之难,无出于志,以志者宪章之所系,非老于典故者不能为也。合州县惟贤氏为给事中,职典后湖。湖,明朝图籍之府也。惟贤以志不可不修,谂诸同事者张主事济宽氏,乃取古今而搜辑焉。加公取积勤二年有奇,修乃成。宪意具在,而颠末沿革如指如掌。载诗文,所以广证义也。亦老于典故者哉。夫一湖耳,昔用之家,今用之国,废兴久近所不能无者。深思之,良用惕然。于戏,安得续志来者,有如此湖。

正德甲戌秋九月庚午,赐进士、文林郎、南京吏科给事中楚辰潘棠跋。

右，官所编《后湖志》全集也。志之编，昉于正德癸酉岁之春。既成而镂诸版，在甲戌岁之秋。凡八易草乃克，粗有所成。日月流迈，盖二年于兹矣。凡为卷八，为附录诗文卷二，为版总七十有奇。始，官髫龀时，僻居于蜀，闻父老相传，金陵后湖有所谓铜版册者，藏之中洲，非公事罔敢擅越，望之若仙山。然时虽听焉，而莫能究其实也。正德辛未秋，承乏补南京户科给事中，实司是事。莅湖之初，因历览洪武以来册库，及诸制度禁例之详，然后仰叹祖宗贻谋之尽善，而非前代之可跂及也。今姑就其易见者言之，如民数之多包乎四海，则舆图广矣；府库之藏垂及万年，则版籍全矣。洪武以来册籍，各处多散逸废缺，惟后湖独全。编造有定式，而隐漏伪增之弗容，则奸弊除矣；如洪武十四年编造黄册及二十四年奏准格式之类。往来有定期，而舟楫、火烛之必禁，则窥□绝矣。如洪武二十四年令，五日一次过湖，收掌锁钥，禁革往来、火烛之类。以至清查之有法，如大造委官会查，及各处查军民间籍，不许概都之类。晒晾之有时，如令官员□生人等五日晒晾，及册库有窗东、西向之类。巡视之有人，如巡湖职各之类。而侵越之有禁。如置立界碑，禁绝樵采之类。盖虽一湖之中，而宏规远范实见乎此，则所谓册如铜版者，岂欺我哉？惜其历年既远，诸例散逸磨灭，而莫肯为之志者，使夫有事于湖者茫然无所执持，懵然无所遵守，官窃有惧焉。间因公暇，即杨月湖先生谋之。月湖曰："此缺典也，子试辑之，而我为校正可乎？"于是，乃与同年张君济宽，参互考订，期底于成。未几月，湖有京兆之迁，而湖中负版者纷至，日不暇及。寝而不举者，又数月矣。一日，过罗整庵先生，偶论及此。整庵且赞成之，而为校勘。湖之志，自是始就编焉。顾识见肤浅，燕石之诮，若夫国初创制立法之意既非所知,累朝沿革事例之详亦未精考,补其阙略,以成其愚,而传之永永,实有望于后之君子云。

正德九年秋八月既望,官拜手谨记。

《后湖志》后序

不佞滥竽册署，业已两期。直湖之暇，翻阅旧志，见其模糊漶灭，几不可句。思更新之，谋于户垣。时署湖事高公欣然见允，爰付剞劂，且手制为序，弁诸首简而载，属不佞以跋于后，何能无说？而处于此，尝谓天下有虚文、有实政，有实政迹乎虚文、虚文关乎实政者，则湖册是也。我太祖高皇帝混一寰宇，建都白下，举版籍贮于斯。成祖文皇帝再造区夏，定鼎北平，仍举版籍贮于斯。列圣相承，率由弗改，岂非以规制尽善，内可远祝融，外可防窥伺。虽圣人代起，不能复易欤。历稽载籍，吴称练湖，晋称北湖，五代称玄武湖，而唐宋迄今俱称后湖。其间有乞为宅者，后来徐铉之讥；请为田者，只重临川之拗。即塘开饮马，池拟放生，不过追汉武下风，袭梁皇陋辄，而于安危治乱漫无补裨。惟是图书一贮，永世弗磨，岂不度越百王、卑视千古耶？顾开创之初，法令严肃；承平之后，事势陵夷。迄今，则献数衍期，故楮塞责，癸延于壬，甲淆于乙。加以万里而外，辽邈难稽；三辅之邦，沿习成玩。以近日负版之人心，回视先朝立法之初意，大不侔矣！不几于玉卮无当乎？虽然政变为文，而文乃政之征；实极为虚，而虚有实之用。试观图册，人丁、事产为经，管收、除在为纬，上而田租国赋之烦，下而舟车牛马之细，远而日南漠北、闽滇瓯粤之区，近而圭窦筚门、亩亩沟塍之处，莫不具载。盖赤县黄卢指诸掌上，玄鬐白发近在目前者也。以是献之当宁。倘动周天王拜受之诚，萧相国先收之虑，安知不按册而深惟？曰：等户口也，昔何以登，今何以耗？等土田也，昔何以治，今何以荒？等人土也，昔何以闾阎乐生，山川效顺，酿成治平；今何以饿殣载道，水旱频年，结成沴疠？则必廑若保切如伤，扩四海以为家，收八荒于我闼。灾祲疾疫、病吾民者，必轸；关榷店税、竭吾民者，必蠲；疆御掊克，害吾民者，必剪；采矿捞珠，摸金斫木，断我地脉，惊我山灵者，必罢。如是，则因文见政，政不离文；课实于虚，虚即是实。予故曰：天下有虚文而关实政者，此也。若乃严生齿之条，伸隐口之禁，十八而折、二十而传，绝户有令，占租有律，俾王成不得以意增，即晋阳不得以意损，除往日之空文，成一朝之实录。此比要之事，司徒者治之，犹不足以烦庙谟而称国计也。以是言实政，犹其浅者耳。献岁为皇上龙飞之四十年，又当更阅天下民数，登诸天府。予拭目俟之。此跋。

万历辛亥冬十月，赐进士、承直郎、南京户部广西清吏司主事、白下韩国藩识。

图书在版编目(CIP)数据

后湖志/(明)赵官等编纂. —南京:南京出版社,2010.12

(南京稀见文献丛刊)

ISBN 978-7-80718-662-5

Ⅰ. ①后… Ⅱ. ①赵… Ⅲ. ①南京市—地方史—史料—明代 Ⅳ. ①K295.31

中国版本图书馆 CIP 数据核字(2010)第 213655 号

丛 书 名: 南京稀见文献丛刊
丛书主编: 李海荣 汪振和
书　　名: 后湖志
作　　者: (明)赵官 等
出　　版: 南京出版社

社址:南京市成贤街 43 号 3 号楼　　邮编:210018
网址:http://www.njcbs.com　　http://www.njcbs.net
联系电话:025-83283871(营销)　025-83283883(编务)
电子信箱:webmaster@njcbs.com

责任编辑: 陆永辉
封面设计: 杨 茼
内芯设计: 毛晓剑
制　　版: 南京新华丰制版有限公司
印　　刷: 南京市溧水秦源印务有限公司
经　　销: 全国新华书店
开　　本: 890×1240 毫米 1/32
印　　张: 10.5
字　　数: 270 千字
版　　次: 2011 年 1 月第 1 版
印　　次: 2011 年 1 月第 1 次印刷
标准书号: ISBN 978-7-80718-662-5
定　　价: 60.00 元

《南京稀见文献丛刊》

已出书目

《南唐书》(两种) (宋)马令 (宋)陆游 定价:50.00元

《六朝事迹编类·六朝通鉴博议》 (宋)张敦颐 (宋)李焘 定价:32.00元

《洪武京城图志·金陵古今图考》 (明)礼部 (明)陈沂 定价:15.00元

《金陵琐事·续金陵琐事·二续金陵琐事》 (明)周晖 定价:47.00元

《客座赘语》 (明)顾起元 定价:42.00元

《后湖志》 (明)赵官 等 定价:60.00元

《金陵世纪·金陵选胜·金陵览古》 (明)孙应岳 (清)余宾硕 定价:44.00元

《献花岩志·牛首山志·栖霞小志·覆舟山小志》 (明)陈沂 (明)盛时泰 (民国)汪闾 定价:30元

《留都见闻录·金陵待征录》 (明)吴应箕 (清)金鳌 定价:24.00元

《板桥杂记·续板桥杂记·板桥杂记补》 (明末清初)余怀 (清)珠泉居士 (清末民初)金嗣芬 定价:25.00元

《白下琐言》 (清)甘熙 定价:26.00元

《盋山志》 (清)顾云 定价:19.00元

《秣陵集》 (清)陈文述 定价:39.00元

《随园食单·白门食谱·冶城蔬谱·续冶城蔬谱》 (清)袁枚 (民国)张通之 (清末民初)龚乃保 (民国)王孝煃 定价:24.00元

《金陵琐志九种》 (清末民初)陈作霖 (民国)陈诒绂 定价:90.00元

- **《运渎桥道小志》** (清末民初)陈作霖
- **《凤麓小志》** (清末民初)陈作霖
- **《东城志略》** (清末民初)陈作霖
- **《金陵物产风土志》** (清末民初)陈作霖
- **《南朝佛寺志》** (清末民初)孙文川 陈作霖
- **《炳烛里谈》** (清末民初)陈作霖

《钟南淮北区域志》 （民国）陈诒绂

《石城山志》 （民国）陈诒绂

《金陵园墅志》 （民国）陈诒绂

《梁代陵墓考·六朝陵墓调查报告》 （清末民初）张璜 （民国）中央古物保管委员会编辑委员会 定价:60.00元

《金陵岁时记·岁华忆语》 （民国）潘宗鼎 （民国）夏仁虎 定价:13.00元

《秦淮志》 （民国）夏仁虎 定价:15.00元

《明孝陵志》 （民国）王焕镳 定价:27.00元

《金陵大报恩寺塔志》 （民国）张惠衣 定价:23.00元

《首都计划》 （民国）国都设计技术专员办事处 定价:40.00元

《总理陵园管理委员会报告》 （民国）总理陵园管理委员会 定价:138.00元

《总理奉安实录》 （民国）总理奉安专刊编纂委员会 定价:60.00元

《陷京三月记》 （民国）蒋公穀著 定价:13.00元

《南京概况》(秘密) （民国）书报简讯社 定价:60.00元